GABRIEL DELANNE

Le Phénomène Spirite

TÉMOIGNAGES DES SAVANTS

ÉTUDE HISTORIQUE
EXPOSITION MÉTHODIQUE DE TOUS LES PHÉNOMÈNES
DISCUSSIONS DES HYPOTHÈSES. — CONSEILS AUX MÉDIUMS
LA THÉORIE PHILOSOPHIQUE.

NOMBREUSES FIGURES DANS LE TEXTE

Je ne dis pas que cela est possible, je dis cela est.
WILLIAM CROOKES.

Éviter le phénomène spirite, lui faire banqueroute de l'attention à laquelle il a droit, c'est faire banqueroute à la vérité.
VICTOR HUGO.

5ᵉ ÉDITION

PARIS
CHAMUEL, ÉDITEUR
5, RUE DE SAVOIE, 5
1897
Tous droits réservés.

°R
14791

LE PHÉNOMÈNE SPIRITE

GABRIEL DELANNE

Le Phénomène Spirite

TÉMOIGNAGES DES SAVANTS

ÉTUDE HISTORIQUE
EXPOSITION MÉTHODIQUE DE TOUS LES PHÉNOMÈNES
DISCUSSIONS DES HYPOTHÈSES. — CONSEILS AUX MÉDIUMS
LA THÉORIE PHILOSOPHIQUE.

NOMBREUSES FIGURES DANS LE TEXTE

> *Je ne dis pas que cela est possible, je dis cela est.*
> WILLIAM CROOKES.

> *Éviter le phénomène spirite, lui faire banqueroute de l'attention à laquelle il a droit, c'est faire banqueroute à la vérité.*
> VICTOR HUGO.

5ᵉ ÉDITION

PARIS
CHAMUEL, ÉDITEUR
29, RUE DE TRÉVISE, 29

1897
Tous droits réservés.

DU MÊME AUTEUR

LE SPIRITISME
DEVANT LA SCIENCE

1 volume in-18 de 472 pages (3ᵉ édition) . . . .   3 fr. 50

L'ÉVOLUTION ANIMIQUE

1 volume in-18 de 370 pages (3ᵉ édition) . . . .   3 fr. 50

Le Périsprit

1 volume in-18. (Sous presse). . . . . .   3 fr. 50

La Revue Scientifique et Morale du Spiritisme

Mensuelle. — Prix : 7 fr. par an.

DIRECTEUR : M. G. DELANNE.

Rédaction : 5, rue Manuel, Paris.

Cet organe, conservé à l'exposition Scientifique des phénomènes Spirites, tient le public au courant de toutes les découvertes nouvelles. Il est orné de nombreuses gravures.

A

L'AME IMMORTELLE

DE MON VÉNÉRÉ MAITRE

ALLAN KARDEC

JE DÉDIE CE LIVRE,

ŒUVRE D'UN DE SES PLUS OBSCURS

MAIS DE SES PLUS SINCÈRES ADMIRATEURS

Gabriel DELANNE.

PRÉFACE

Le spiritisme est une science qui a pour objet la démonstration expérimentale de l'existence de l'âme et de son immortalité, au moyen de communications avec ceux qu'on a improprement appelés les morts. Depuis bientôt un demi-siècle que les premières recherches sur ce sujet ont été entreprises, des hommes de science de la plus haute valeur ont consacré de longues années d'études à constater les faits qui sont à la base de cette science, et ils ont été unanimes à affirmer l'authenticité certaine de ces phénomènes, qui semblaient les fruits de la superstition et du fanatisme.

On ne connaît pas ces recherches en France, ou on les connaît mal, de sorte que le spiritisme reste toujours, aux yeux du grand public, la farce des tables tournantes. Cependant le temps a fait son œuvre, et cette doctrine présente aujourd'hui à l'examinateur impartial une série d'expériences rigoureuses, méthodiquement conduites, qui prouvent d'une manière certaine que le moi humain survit à la désagrégation corporelle.

Ce sont ces résultats que nous voulons exposer, afin qu'ils implantent dans toutes les consciences la conviction de l'immortalité, non plus basée seulement sur la foi ou sur le raisonnement, mais solidement étayée sur la science, procédant avec sa sévère méthode positive.

La génération actuelle est lasse des spéculations métaphysiques ; elle refuse de croire à ce qui n'est pas absolument démontré, et, si le mouvement spirite, qui compte déjà des millions d'adhérents dans le monde entier, n'a pas pris la première place, c'est que ses adeptes ont trop négligé, jusqu'alors, de mettre sous les yeux du public des faits bien constatés.

La plupart des publications périodiques contiennent des communications d'Esprits qui peuvent être intéressantes à certains points de vue, mais dont l'authenticité n'est pas absolument démontrée, de sorte qu'elles ne produisent pas l'effet voulu.

Les ouvrages français parus depuis Allan Kardec sur ce sujet sont des redites, exception faite des livres d'Eugène Nus, de M. Gardy, de Genève et du Dr Gibier, ou ne présentent aucune vue originale sur la question, de sorte que le mouvement s'est ralenti. Il est nécessaire de lui donner une impulsion nouvelle.

Pour cela, il faut marcher avec son siècle et savoir se plier aux nécessités de notre époque.

Le matérialisme est partout triomphant, mais on sent déjà que son règne ne sera pas de longue durée. Pour le détruire, il suffit de lui emprunter ses armes et de le combattre sur son terrain. L'école positiviste se renferme dans l'expérimentation ; faisons comme elle : nous n'avons nul besoin de faire appel à d'autres méthodes, car les faits, comme le dit Alfred Russel Wallace, sont des choses opiniâtres dont il n'est pas facile de se débarrasser par une fin de non-recevoir.

Au lieu de présenter aux incrédules toute la doctrine formulée par les Esprits et codifiée par Allan Kardec, donnons-leur d'abord simplement à lire les travaux de ces maîtres qui sont : Robert Hare, Crookes, Wallace, Oxon, Zoëllner, Aksakof, et alors ils ne pourront récuser les témoignages de ces grands hommes, qui sont, à des titres divers, des sommités intellectuelles dans le vaste domaine des sciences.

N'oublions pas, en effet, que Crookes a fait faire à la physique un pas de géant par la démonstration de l'état radiant. Wallace est certainement, à l'heure actuelle, le premier naturaliste du monde, puisqu'il a trouvé et formulé, en même temps que Darwin, la loi de l'évolution. Les travaux de Zoëllner en astronomie sont universellement connus. Ceux de Fechner, sur la sensibilité, sont enseignés partout ; et, quant aux professeurs Mapes, Robert Hare, ils jouissent en Amérique d'une autorité non discutée.

Ce sont là les principaux champions du spiritisme ; mais le lecteur trouvera, à la fin de ce volume, une liste nombreuse des notabilités qui ont affirmé hautement le spiritisme.

Il est temps de réagir contre les bonzes officiels, qui essaient d'étouffer les vérités nouvelles en affectant une dédaigneuse indifférence. Autant nous avons de respect et d'admiration pour la science, sans parti pris, pour celle qui envisage impartialement tous les phénomènes, les étudie et les explique froidement en fournissant de bonnes raisons, autant nous nous sentons d'indignation contre la fausse science, rebelle à toutes les nouveautés, renfermée dans ses convictions acquises, et croyant orgueilleusement avoir touché les bornes du savoir humain.

Ce sont ces espèces, dirons-nous avec Wallace, qui firent de l'opposition à Galilée, à Harvey, à Jenner. Ce sont ces entêtés ridicules qui repoussèrent les preuves merveilleuses de la théorie des ondulations lumineuses de Young ; ce sont eux qui bafouèrent Stephenson quand il voulut employer des locomotives sur les lignes ferrées de Liverpool et Manchester. Ils n'avaient pas assez de sarcasmes contre l'éclairage au gaz, et ils repoussèrent Arago, dans le sein même de l'Académie, lorsqu'il voulut discuter sur le sujet de la télégraphie électrique. Ne sont-ce pas ces mêmes êtres ignares qui prétendaient que le magnétisme n'était que charlatanisme et fourberie, et qui, dernièrement encore, qualifiaient la découverte du téléphone de *canard américain* ?

Ce n'est pas pour le vain plaisir de montrer combien l'esprit humain, même dans les classes les plus éclairées, est sujet à l'erreur, que nous avons cité quelques-uns des exemples les plus frappants de l'entêtement des corps savants et de leur horreur pour les nouveautés ; c'est pour susciter un mouvement sérieux en faveur de ces recherches, qui ont une portée considérable, aussi bien dans le domaine matériel que dans le champ psychique.

Si réellement l'âme ne meurt pas et qu'elle puisse agir sur la matière, nous nous trouvons en présence de forces inconnues qu'il est intéressant d'étudier ; nous constatons, par cela même, des modes nouveaux de l'énergie qui peuvent nous conduire à des résultats grandioses ; de même la personnalité se conservant après la mort nous met en face d'un autre problème : celui de la pensée produite sans les organes matériels du cerveau.

Laissons de côté les routiniers, les gens obstinément enfermés dans leurs systèmes, ouvrons tous grands les yeux quand des hommes probes, savants et impartiaux nous parlent de découvertes récentes, et fermons les oreilles aux clabauderies de tous les eunuques de la pensée, impuissants à sortir de l'ornière des idées préconçues.

Nous dirons, avec un savant qui ne craint pas de s'écarter des chemins battus, avec M. Charles Richet, qu'une bonne et complète expérience vaut cent observations, et nous ajouterons : vaut dix mille négations, alors même qu'elles émaneraient des sommités les plus en vue, si ces sommités ne se sont pas donné la peine de répéter ces expériences et d'en démontrer la fausseté.

Ce simple résumé n'a d'autres prétentions que de mettre sous les yeux du public des expériences faites par des hommes éminents, par des maîtres dans cet art si difficile de l'observation exacte ; il ressortira de cet exposé la preuve évidente de l'immortalité de l'être pensant, car elle s'affirmera de plus en plus nette, de plus en plus évidente, au fur et à mesure que se développera le magnifique enchaînement des phénomènes, depuis le mouvement des tables jusqu'aux apparitions visibles, tangibles et photographiées des Esprits.

Tel est notre but en écrivant ce petit ouvrage de vulgarisation. Après un historique succinct des origines du spiritisme, nous passerons en revue les travaux des savants, en faisant ressortir ce qu'ils ont de probant et d'incontestable. Ensuite nous consacrerons un chapitre à l'exposé des méthodes par lesquelles on peut évoquer les Esprits ; enfin nous terminerons par les conséquences philosophiques qui résultent de ces recherches.

Nous espérons que cet exposé consciencieux et impartial portera la conviction dans l'esprit de tout lecteur sachant se dégager des préjugés vulgaires et des idées préconçues, pour envisager froidement cette science nouvelle, dont les fruits seront si importants pour l'humanité. C'est au nom de la libre pensée que nous convions les chercheurs à s'occuper de nos travaux ; c'est avec instance que nous leur demandons de ne pas repousser sans examen ces faits, si nouveaux et si mal connus, et nous sommes persuadés que la lumière luira à leurs yeux, comme elle a éclairé les hommes de bonne foi qui, depuis cinquante années, ont bien voulu étudier ce problème de l'au-delà, si troublant et si mystérieux avant ces découvertes.

GABRIEL DELANNE.

LE PHÉNOMÈNE SPIRITE

PREMIÈRE PARTIE
HISTORIQUE

CHAPITRE PREMIER
ANTIQUITÉ

Le spiritisme est aussi vieux que le monde. — Preuves tirées des Védas. L'initiation antique. — Phénomènes d'évocation chez les Égyptiens, les Hébreux. — En Grèce les pythonisses. — Les tables tournantes chez les Romains. — Les sorciers du moyen âge — Perpétuité de la tradition à travers les âges.

Les croyances à l'immortalité de l'âme et aux communications possibles entre les vivants et les morts, étaient générales parmi les peuples de l'antiquité.

Mais, à l'inverse de ce qui a lieu aujourd'hui, les pratiques par lesquelles on arrivait à entrer en rapport avec les âmes désincarnées étaient l'apanage exclusif des prêtres, qui avaient soigneusement accaparé ces cérémonies, non seulement pour s'en faire de lucratifs revenus, pour maintenir le peuple dans une ignorance absolue sur le véritable état de l'âme après la mort, mais aussi pour revêtir à ses yeux un caractère sacré, puisque seuls ils pouvaient révéler les secrets de la mort.

Nous trouvons dans les plus antiques recueils religieux la preuve de ce que nous avançons.

Les annales de toutes les nations constatent que

depuis les époques les plus reculées de l'histoire, l'évocation des Esprits était pratiquée par certains hommes qui en avaient fait une spécialité.

Le plus ancien code religieux que l'on connaisse, les Védas, paru plusieurs milliers d'années avant Jésus-Christ, relate l'existence des Esprits. Voici comment le grand législateur Manou s'exprime à ce sujet :

« Les Esprits des ancêtres, à l'état invisible, accompagnent certains Brahmes invités (pour les cérémonies en commémoration des morts) ; sous une forme aérienne, ils les suivent et prennent place à côté d'eux lorsqu'ils s'asseyent[1]. »

Un autre auteur hindou déclare : « Que, longtemps avant qu'elles se dépouillent de leur enveloppe mortelle, les âmes qui n'ont pratiqué que le bien, comme celles qui habitent le corps des Sannyassis et des Vanaprastha —*Anachorètes et Cénobites* — acquièrent la faculté de converser avec les âmes qui les ont précédées au Swarga ; c'est le signe, pour ces âmes, que la série de leur transmigration sur la terre est terminée[2]. »

De temps immémorial, les prêtres, initiés aux mystères, façonnent des individus nommés Fakirs à l'évocation des Esprits et à l'obtention des phénomènes les plus remarquables du magnétisme. Louis Jacolliot, dans son ouvrage : *le Spiritisme dans le monde*, expose tout au long la théorie des Hindous sur les *Pitris*, c'est-à-dire les Esprits vivants dans l'espace après la mort du corps. Il résulte des recherches de cet auteur

---

[1] Manou, Slocas, 187, 188, 189.
[2] Texte de l'ancien *Bagavatta* cité dans le proœmium de l'*Agrouchada-Parickchai*.

que le secret de l'évocation des morts était réservé à ceux qui pouvaient réaliser *quarante ans* de noviciat et d'obéissance passive.

L'initiation comportait trois degrés :

Dans le premier étaient formés tous les Brahmes du culte vulgaire et les desservants des pagodes chargés d'exploiter la crédulité de la foule. On leur apprenait à commenter les trois premiers livres des Védas, à diriger les cérémonies, à accomplir les sacrifices ; les Brahmes du premier degré étaient en communion constante avec le peuple, ils étaient ses directeurs immédiats, *ses gourous*.

Le second degré comprenait les *exorcistes*, les *devins*, les *prophètes*, les *évocateurs d'esprits*, qui, à certains moments difficiles, étaient chargés d'agir sur l'imagination des masses, par des phénomènes surnaturels. Ils lisaient et commentaient l'Atharva-Véda, recueil de conjurations magiques.

Dans le troisième degré, les brahmes n'avaient plus de relations directes avec la foule ; l'étude de toutes les forces physiques et naturelles de l'Univers était leur seule occupation et, quand ils se manifestaient au dehors, c'était toujours par des phénomènes terrifiants, et de loin.

Depuis des temps immémoriaux, on se livre en Chine à l'évocation des esprits des ancêtres. Le missionnaire Huc rapporte un grand nombre d'expériences qui ont pour but de faire communiquer les vivants et les morts, et, de nos jours, ces pratiques sont encore en usage dans toutes les classes de la société.

Avec le temps, et par suite des guerres qui forcèrent une partie de la population hindoue à émigrer, le secret des évocations se répandit dans toute l'Asie, et on retrouve chez les Égyptiens et les Hébreux la tradition qui leur vint de l'Inde.

Tous les historiens sont d'accord pour accorder aux prêtres de l'ancienne Egypte des pouvoirs qui semblaient surnaturels et mystérieux. Les magiciens des pharaons accomplissent ces prodiges qui sont racontés dans la Bible ; mais, en laissant de côté ce qu'il peut y avoir de légendaire dans ces récits, il est bien certain qu'ils évoquaient les morts, puisque Moïse, leur disciple, défend formellement aux Hébreux de se livrer à ces pratiques : « Que, parmi vous, personne n'use de sortilège et d'enchantements ou n'interroge les morts pour apprendre la vérité (1). »

Malgré cette défense, nous voyons Saül aller consulter la pythonisse d'Endor et, par son intermédiaire, communiquer avec l'ombre de Samuel. C'est ce qu'on appellerait de nos jours une matérialisation. Nous verrons plus loin comment on peut obtenir ces manifestations supérieures.

En dépit de l'interdiction de Moïse, il y eut toujours des chercheurs qui furent tentés par ces évocations mystérieuses ; ils se communiquaient les uns aux autres une doctrine secrète, qu'ils nommaient la Kabbale, mais en s'entourant de précautions et en faisant jurer à l'adepte un secret inviolable pour le vulgaire.

« Quiconque, dit le Talmud, a été instruit de ce secret (l'évocation des morts) et le garde avec vigi-

---

(1) Deutéronome.

lange dans un cœur pur, peut compter sur l'amour de Dieu et la faveur des hommes ; son nom inspire le respect, sa science ne craint pas l'oubli, et il se trouve l'héritier de deux mondes : celui où nous vivons maintenant et le monde à venir.

En Grèce, la croyance aux évocations était générale. Les temples possédaient tous des femmes nommées pythonisses, chargées de rendre des oracles en évoquant les dieux ; mais parfois le consultant désirait voir et parler lui-même à l'ombre désirée, et, comme en Judée, on parvenait à le mettre en communication avec l'être qu'il voulait interroger.

Homère, dans l'Odyssée, décrit minutieusement par quelles cérémonies Ulysse put converser avec l'ombre du divin Tirésias. Ce cas n'est pas isolé et ces pratiques étaient fréquemment employées par ceux qui désiraient entrer en relation avec les âmes des parents ou amis qu'ils avaient perdus. Apollonius de Thyane, savant philosophe pythagoricien et thaumaturge d'une grande puissance, possédait des connaissances très étendues sur les sciences occultes ; sa vie fourmille de faits extraordinaires ; il croyait fermement aux Esprits et à leurs communications possibles avec les vivants.

Chez les Romains, les pratiques d'évocation étaient excessivement répandues, et, depuis la fondation de l'empire, le peuple ajoutait la plus grande foi aux oracles. Les sibylles romaines évoquant les morts, interrogeant les Esprits, sont sans cesse consultées par les généraux, et nulle entreprise un peu importante n'est décidée sans qu'on ait, au préalable, pris l'avis de ces prêtresses.

Il arriva en Italie ce qui avait eu lieu dans l'Inde, en Égypte et chez les Hébreux. Le privilège d'évoquer les esprits, primitivement réservé aux membres de la classe sacerdotale, se répandit peu à peu dans le peuple, et, si nous en croyons Tertullien, le Spiritisme s'exerçait chez les anciens par les mêmes moyens qu'aujourd'hui.

« S'il est donné, dit-il, à des magiciens de faire apparaître des fantômes, d'évoquer les âmes des morts, de pouvoir forcer la bouche des enfants à rendre des oracles, si ces charlatans contrefont un grand nombre de miracles, s'ils envoient des songes, s'ils ont à leurs ordres des *Esprits messagers* et des démons par la vertu desquels les chèvres et *les tables qui prophétisent sont un fait vulgaire*, avec quel redoublement de zèle ces esprits puissants ne s'efforcent-ils pas de faire pour leur propre compte ce qu'ils font pour le service d'autrui (1). » A l'appui des affirmations de Tertullien, on peut citer un passage d'Ammien Marcellin, au sujet de Patricius et d'Hilarius traduits devant un tribunal romain pour crime de magie, qui se défendirent en racontant « qu'ils avaient fabriqué, avec des morceaux de laurier, une petite table (*mensulam*) sur laquelle ils avaient placé un bassin circulaire, fait de plusieurs métaux, et contenant un alphabet gravé sur les bords. Alors, un homme vêtu de lin, après avoir récité une formule et fait une évocation au dieu de la divination, tenait suspendu au-dessus du bassin un anneau en

---

(1) Tertullien, *Apologétique*, 23.

fil de lin très fin et consacré par des moyens mystérieux. Que l'anneau sautant successivement, mais sans confusion, sur plusieurs des lettres gravées et s'arrêtant sur chacune, formait des vers parfaitement réguliers, qui étaient les réponses aux questions posées. »

Hilarius ajouta :

« Un jour, il avait demandé qui succéderait à l'empereur actuel et, l'anneau, ayant sauté, donna les syllabes *Théo*. Ils n'en demandèrent pas davantage, persuadés que ce serait *Théodore*. » Mais les faits, dit Ammien Marcellin, démentirent plus tard les magiciens, mais non la prédiction, car ce fut *Théodose*.

La défense d'évoquer les morts, que nous voyons édicter par Moïse, fut générale dans l'antiquité.

Le pouvoir théocratique et le pouvoir civil étaient trop intimement liés pour que cette prescription ne fût pas sévèrement observée. Il ne fallait pas que les âmes des morts vinssent contredire l'enseignement officiel des prêtres et porter la perturbation chez les hommes, en leur faisant connaître la vérité. Aussi l'Église catholique, qui plus que toute autre a besoin d'une fois aveugle, sentit la nécessité de combattre ces détestables pratiques, et nous voyons pendant le moyen âge des milliers de victimes brûlées sans pitié sous le nom de sorciers et de magiciens, pour avoir évoqué les Esprits. Quelle sombre époque que celle où les Bodins, les Delancre, les Del-Rio, s'acharnaient sur les chairs pantelantes des victimes pour y chercher la marque du diable ! Combien de misérables hallucinés périrent au milieu des tortures dont le récit fait passer dans l'âme des frissons d'effroi et de dégoût, et cela pour la plus grande gloire d'un Dieu de miséricorde et d'amour !

L'héroïque et chaste figure de Jeanne d'Arc, la grande Lorraine, montre que le commerce avec les Esprits peut donner des résultats aussi grandiose qu'inattendus. L'histoire de cette bergère chassant l'étranger de son pays, guidée par les puissances spirituelles, semblerait une merveilleuse fiction si l'histoire ne lui avait donné son inattaquable consécration.

Malgré toutes les persécutions, la tradition se conserva : on peut la suivre dans l'histoire avec les noms de Paracelse, Cornélius Agrippa, Swedenborg, Jacob Boehm, Martinez Pascalis, le comte de Saint-Germain, Saint-Martin, etc. Parfois, les manifestations des Esprits étaient publiques et atteignaient un développement extraordinaire. Ce n'est pas sans étonnement qu'on lit les récits concernant les possédées de Loudun, les faits étranges attribués aux trembleurs des Cévennes et aux crisiaques du cimetière Saint-Médard ; mais cette revue nous entraînerait trop loin. Il nous suffit d'avoir montré que, de tout temps, l'évocation des morts a été pratiquée universellement et que ces phénomènes, qui nous apparaissent comme nouveaux, sont, en réalité, aussi vieux que le monde. Arrivons donc maintenant à l'étude du mouvement spirite contemporain et montrons l'importance considérable qu'il a conquis à notre époque.

CHAPITRE II

LES TEMPS MODERNES

La famille Fox. — Le premier frappeur. — Les persécutions à Rochester. — Développement considérable du phénomène, ses multiples aspects. — Les savants étudient. — Le professeur Mapes. — Le juge Edmonds. — Robert Hare, ses expériences. — Robert Dale Owen. — Le spiritisme à l'heure actuelle — EN ANGLETERRE. — Les recherches de Crookes. — La Société Dialectique de Londres. — Les témoignages de Alfred Wallace, Varley, de Morgan, Oxon. Dr Sexton, Dr Chambers, Dr Gully. — EN FRANCE. — Travaux du baron de Guldenstubbé. — L'œuvre d'Allan Kardec. — Les adversaires du spiritisme. — Agénor de Gasparin, Thury, Desmousseaux, Chevillard, etc. — Les adhésions d'hommes célèbres. — Etat actuel. — EN ALLEMAGNE. — Les recherches du Dr Kerner, les faits de Mottlingen, les expériences de Zoëllner, Fechner, Ulrici. — Enumération des spirites illustres dans le reste de l'Europe — Les principaux journaux qui traitent de la doctrine. — Importance du mouvement. — Résumé.

En Amérique

En 1847, la maison d'un nommé John Fox, demeurant à Hydesville, petit village de l'Etat de New-York, fut troublée par des manifestations étranges ; des bruits inexplicables se faisaient entendre avec une telle intensité que rapidement le repos de la famille en fut troublé.

Malgré les plus minutieuses recherches, on ne put trouver l'auteur de ce tapage insolite ; mais bientôt on remarqua que la cause productrice semblait être intelligente. La plus jeune des filles de M. Fox, nommée Kate, familiarisée avec l'invisible frappeur, dit : « Fais comme moi, » et elle frappa de sa petite main un certain nombre de coups que l'agent mystérieux répéta. Mme Fox lui dit : « Compte dix, » L'agent frappa dix fois. « Quel âge ont nos enfants ? » La réponse fut correcte. A cette question : « Êtes-vous un homme, vous qui frappez ? » aucune réponse ne vint ; mais à celle-ci : » Êtes-vous un Esprit ? » il fut répondu par des coups nets et rapides.

Des voisins appelés furent témoins de ces phénomènes. Tous les moyens de surveillance furent pratiqués pour découvrir l'invisible frappeur, mais l'enquête de la famille, et celle de tout le voisinage, fut inutile. On ne put découvrir de cause naturelle à ces singulières manifestations.

Les expériences se suivirent, nombreuses et précises. Les curieux, attirés par ces phénomènes nouveaux, ne se contentèrent plus de demandes et de réponses. L'un d'eux, nommé Isaac Post, eu l'idée de réciter à haute voix les lettres de l'alphabet, en priant l'Esprit de vouloir bien frapper un coup sur celles qui composaient les mots qu'il voulait faire comprendre. De ce jour, la télégraphie spirituelle était trouvée : ce procédé est celui que nous verrons appliqué aux tables tournantes.

Voilà, dans toute sa simplicité, le début du phénomène qui devait révolutionner le monde entier. Nié par les savants officiels, raillé par la presse des deux mondes, mis à l'index par des religions craintives et jalouses, suspect à la justice, exploité par des charlatans sans vergogne, le spiritisme devait cependant faire son chemin et conquérir des adhérents, dont le chiffre s'élève à plusieurs millions, car il possède cette force plus puissante que tout au monde : la vérité.

Les visiteurs remarquèrent que les phénomènes ne se produisaient qu'en présence des demoiselles Fox ; on leur attribua un certain pouvoir qui fut appelé *médiumnité*.

L'esprit qui se manifestait aux demoiselles Fox déclara se nommer Joseph Ryan et avoir été colporteur pendant sa vie terrestre. Il engagea les jeunes filles à donner des séances publiques dans lesquelles il convaincrait les incrédules de son existence. La famille Fox alla se fixer à Rochester et, suivant les conseils de leur ami de l'espace, ces jeunes missionnaires n'hésitèrent pas à braver le fanatisme protestant en proposant de se soumettre au plus rigoureux contrôle (1).

Accusés d'imposture et sommés par les ministres de leur confession de renoncer à ces pratiques, M. et Mme Fox, se faisant un devoir suprême de propager la connaissance de ces phénomènes, qu'ils considéraient comme une grande et consolante vérité, utile pour tous, refusèrent de se soumettre et furent chassés de leur Église. Les adeptes qui se réunissaient autour d'eux furent frappés de la même réprobation.

On sait que l'esprit clérical est le même, quelle que soit la latitude sous laquelle il règne. Intolérance et fanatisme : telle est sa devise, et, si le bras séculier

---

(1) Voir Eugène Nus : *Choses de l'autre monde*. Nous citerons librement cet auteur, qui a fort bien résumé les travaux spirites, et nous engageons nos lecteurs à consulter ce livre, aussi spirituel que bien écrit.

n'est plus en son pouvoir, il lui reste encore mille moyen de poursuivre ceux qui ne veulent pas s'incliner sous son joug.

Les conservateurs fanatiques de la *foi des aïeux* ameutèrent contre la famille Fox le populaire. Les apôtres de la foi nouvelle offrirent alors de faire la preuve publique de la réalité des manifestations devant la population réunie à Corynthial-Hall, la plus grande salle de la ville. On commença par une conférence où furent exposés les progrès du phénomène depuis les premiers jours. Cette communication, accueillie par des huées, aboutit pourtant à la nomination d'une commission chargée d'examiner les faits ; contre l'attente générale, et contre sa conviction propre, la commission fut forcée d'avouer qu'après l'examen le plus minutieux, elle n'avait pu découvrir aucune trace de fraude.

On nomma une seconde commission qui eut recours à des procédés d'investigation encore plus rigoureux ; on fit fouiller et même déshabiller les médiums, — par des dames, bien entendu, — toujours on entendit des *rappings* (coups frappés dans la table), des meubles en mouvement, des réponses à toutes les questions, même mentales ; pas de ventriloquie, pas de subterfuges, pas de doute possible. Second rapport plus favorable encore que le premier, sur la parfaite bonne foi des spirites et la réalité de l'incroyable phénomène. Il est impossible — dit Mme Hardinge (1) — de décrire l'indignation qui se manifesta à cette seconde déception.

(1) Emma Hardinge, *History of American Spiritualism.*

Une *troisième* commission fut immédiatement choisie parmi les plus incrédules et les plus railleurs. Le résultat de ces investigations, encore plus outrageantes que les deux autres pour les pauvres jeunes filles, tourna plus que jamais à la confusion de leurs détracteurs.

Le bruit de l'insuccès de ce suprême examen avait transpiré dans la ville. La foule, exaspérée, convaincue de la trahison des commissaires et de leur connivence avec les imposteurs, avait déclaré que, si le rapport était favorable, elle *lyncherait* les médiums et leurs *avocats*. Les jeunes filles malgré leur terreur, escortées de leur famille et de quelques amis, ne se présentèrent pas moins à la réunion et prirent place sur l'estrade de la grande salle, tous décidés à périr, s'il le fallait, martyrs d'une impopulaire mais indiscutable vérité.

La lecture du rapport fut faite par un membre de la commission qui avait juré de découvrir le *truc*, mais il dut avouer que la cause des coups frappés, malgré les plus minutieuses recherches, lui était inconnue. Aussitôt eut lieu un tumulte effroyable : la populace voulut lyncher les jeunes filles, et elles l'eussent été sans l'intervention d'un quaker, nommé Georges Villets, qui leur fit un rempart de son corps et ramena la foule à des sentiments plus humains.

On voit, par ce récit, que le Spiritisme fut étudié sévèrement dès son début. Ce ne sont pas seulement des voisins, plus ou moins ignorants, qui constatent un fait inexplicable, ce sont des commissions régulièrement nommées qui, après enquêtes minutieuses sont obligées de reconnaître l'authenticité absolue du phénomène.

La persécution a toujours pour résultat de faire des adeptes aux idées qu'elle combat. C'est pourquoi, peu d'années après, en 1850, on comptait déjà plusieurs milliers de spirites aux Etats-Unis. La presse, comme toujours, n'avait pas assez de sarcasmes contre la nouvelle doctrine. On riait des tables tournantes et des esprits frappeurs, et il n'était si mince écrivassier, si morne plumitif, qui ne se tint pour autorisé à dauber sur ces illuminés, qui croyaient sincèrement que l'âme de leur parent pouvait faire agir le pied d'un meuble.

Il faut dire, ici, que le phénomène avait pris un autre aspect. Les coups, au lieu de se produire dans les murs ou sur les planchers, se faisaient entendre maintenant dans des tables autour desquelles étaient réunis les expérimentateurs. Cette manière de procéder avait été indiquée par les esprits eux-mêmes. On remarqua aussi qu'en mettant les mains sur la table, cette dernière était animée de certains mouvements de bascule, et on trouva dans ce fait un second moyen de communication. Il suffisait d'appeler les lettres de l'alphabet, et le meuble frappait successivement sur chacune des lettres qui composait le mot que l'esprit voulait dicter.

La manie de faire tourner les tables se propagea rapidement. On peut difficilement se figurer aujourd'hui l'engouement dont ces expériences furent l'objet, pendant les années 1850 et 1851. Toutes ces recherches eurent pour résultat d'amener à la nouvelle croyance des hommes d'une autorité morale et intellectuelle reconnue.

Des écrivains, des orateurs, des magistrats, de révérends ministres, prirent fait et cause pour la doctrine bafouée ; des missionnaires éloquents se mirent en voyage ; des écrivains fondèrent des journaux, des brochures, des pamphlets répandus à profusion frappèrent à coup redoublés sur l'opinion publique et ébranlèrent les préventions.

Le mouvement s'accéléra si bien qu'en 1854, une pétition revêtue de 15,000 signatures, fut adressée au congrès siégeant à Washington ; elle avait pour but de faire nommer par le congrès une commission chargée d'étudier les phénomènes nouveaux et d'en découvrir les lois. Cette pétition fut mise de côté, mais l'essor du spiritisme n'en fut pas entravé, car les faits devenaient plus nombreux et plus variés, à mesure que l'étude en était poursuivie avec persévérance.

Le phénomène des tables tournantes fut bientôt connu dans toutes ses particularités. Ce mode de conversation, au moyen de coups frappés et de mouvements de bascule de la table, était long et incommode. Malgré l'habileté des assistants, il fallait beaucoup de temps, beaucoup de patience pour obtenir un message de quelque importance. La table enseigna elle-même un procédé plus prompt. Sur ses indications, on adapta à une planchette triangulaire trois pieds munis de roulettes, et à l'un d'eux on attacha un crayon, puis on mit l'appareil sur une feuille de dapier, et le médium posa les mains sur le centre de cette petite table. On vit alors le crayon tracer des lettres, puis des phrases, et bientôt cette planchette écrivit avec rapidité et donna des messages.

Plus tard encore, on s'aperçut que la planchette était tout à fait inutile, et qu'il suffisait au médium de poser simplement sa main armée d'un crayon, sur le papier, et que l'esprit la faisait agir automatiquement. Ce genre de communication fut nommé écriture mécanique ou automatique, car le sujet, dans ce cas, n'a nulle conscience de ce que sa main trace sur le papier.

D'autres médiums obtinrent de cette manière des dessins curieux, de la musique, des dictées au-dessus de la portée de leur intelligence, et parfois même des communications dans des langues étrangères qui leur était notoirement inconnues.

L'étude de plus en plus approfondie de ces manifestations nouvelles, amena les chercheurs à des constatations encore plus étranges et plus inattendues des sceptiques.

Le raisonnement avait conduit les premiers observateurs à se dire que, puisque les esprits pouvaient agir sur les tables, sur les médiums, il ne devait pas leur être impossible de faire mouvoir directement un crayon et d'écrire sans le secours des humains. C'est ce qui eut lieu. Des feuilles de papiers blanc, enfermées dans des boîtes parfaitement scellées, furent trouvées ensuite couvertes d'écriture. Des ardoises, entre lesquelles se trouvait une petite touche de crayon, contenaient, après l'apposition des mains du médium des communications intelligentes, des dessins, etc.

Le phénomène réservait encore d'autres surprises. Des lumières, de forme et de couleurs variées et de divers degrés d'intensité, apparaissaient dans des chambres sombres, où il n'existait aucune substance capable de développer une action chimique ou une illumination phosphorescente, et ce, en l'absence de tous les instruments par lesquels l'électricité est engendrée et la combustion produite.

Ces lueurs prenaient parfois l'apparence de mains humaines, de figures enveloppées d'un brouillard lumineux. Petit à petit, à mesure que le médium se développait, les apparitions acquirent une consistance plus grande, et il fut possible, non seulement de voir, mais de toucher ces fantômes qui se produisaient dans de si singulières circonstances. On fit mieux : on put les photographier par la suite, ainsi que nous le verrons plus tard.

Les récits de ces expériences étaient accueillis par une incrédulité universelle ; mais, comme les faits se reproduisaient en grand nombre, que les spirites ne reculaient devant aucun moyen de propager leur foi, l'attention du public savant et lettré se porta sur cette étude et amena bientôt l'adhésion publique d'hommes très haut placés et très compétents.

Nous négligeons, volontairement, de mentionner les innombrables déclarations faites par des publicistes, des médecins, des avocats, afin de réserver toute l'attention du lecteur pour les témoignages authentiques des hommes de science renommés qui se sont occupés de cette question.

Les Savants

En première ligne, nous pouvons citer une des personnalités les plus considérables de la magistrature, le juge Edmonds, chief justice de la suprême cour du district de New-York, où il avait été élu membre des deux branches de la législature, et nommé président du Sénat. Sa conversion au nouveau spiritualisme fit grand bruit dans l'Union, et lui attira force invectives des feuilles évangéliques et des journaux profanes. Le juge Edmonds y répondit par un livre intitulé : *Spirit manifestation*, qui fit dans les États-Unis une sensation profonde, et, grâce au secours de quelques hommes de science, dont les expériences vinrent confirmer ses affirmations, les quinze mille signataires de la pétition adressée au Congrès virent leur nombre s'élever à plusieurs millions.

Voici comment la conviction naquit dans l'âme du grand juriste américain :

« Le 23 avril 1851, dit-il, je fis partie de neuf personnes qui s'assirent autour d'une table placée au milieu de la chambre, et sur laquelle était une lampe allumée. Une autre lampe était placée sur la cheminée. Bientôt, à la vue de tous, la table fut enlevée au moins à un pied du parquet, et secouée, en avant ou en arrière, aussi aisément que je pourrais secouer un goblet dans ma main. Quelques-uns de nous essayèrent de l'arrêter en employant toutes leurs forces, mais en vain. Alors nous nous retirâmes tous loin de la table, et, à la lumière des deux lampes, nous vîmes ce lourd meuble d'acajou suspendu en l'air. Je résolus de poursuivre ces investigations, pensant que c'était une déception, et décidé à éclairer le public ; mais mes recherches m'amenèrent à un résultat tout opposé. »

Ce qu'il faut observer dans les témoignages apportés par les savants, c'est que tous ont entrepris des recherches sur le *modern spiritualism* (nom américain du spiritisme), avec la ferme conviction que c'était une imposture, et avec le désir de guérir leurs contemporains de cette folie contagieuse.

« J'avais d'abord repoussé dédaigneusement ces choses, dit le professeur Mapes, qui enseignait la chimie à l'Académie nationale des États-Unis, mais, quand je vis que quelques-uns de mes amis étaient complètement immergés dans la magie moderne, je résolus d'appliquer mon esprit à cette matière, pour sauver des hommes qui, respectables et éclairés sur tous les autres points étaient, sur celui-là, en train de courir tout droit à l'imbécillité. »

Le résultat des investigations du professeur Mapes fut, comme pour le juge Edmonds, une immersion complète dans les eaux du spiritisme.

Il en fut exactement de même pour l'un des savants les plus éminents de l'Amérique, le célèbre Robert Hare, professeur à l'Université de Pensylvanie. Il commença ses recherches en 1853, époque où, selon ses propres paroles, « il se sentit appelé, comme par un devoir envers ses semblables, à employer ce qu'il possédait d'influence pour essayer d'arrêter le flot montant de démence populaire qui, en dépit de la science et de la raison, se prononçait si opiniâtrément en faveur de cette grossière illusion appelée *spiritualism* ».

Robert Hare eut connaissance des travaux de Faraday sur les tables tournantes (recherches que nous signalons plus loin), et crut que le savant chimiste en avait trouvé la véritable explication ; mais, en répétant ses expériences, il reconnut qu'elles étaient insuffisantes et s'ingénia, pour les compléter, à inventer des appareils nouveaux.

Il prit des billes de billard en cuivre, les plaça sur une plaque de zinc, fit poser les mains du médium sur les billes, et, à son profond étonnement, la table remua. Alors, il fit plonger les mains du médium dans l'eau, de manière à n'avoir aucune communication avec la planche sur laquelle était placé le vase qui contenait le liquide, et, à sa grande stupéfaction, une force de dix-huit livres fut exercée sur la planche. Non convaincu encore, il essaya d'un autre procédé : le long bout d'un levier fut placé sur une balance en spirale, avec un indicateur mobile et le poids marqué. La main du médium était posée sur le petit bout du levier, de façon qu'il lui fût impossible de faire pression vers le bas, et, qu'au contraire, sa pression, s'il en exerçait une, ne pût produire que l'effet opposé, c'est-à-dire soulever le long bout. Quel ne fut pas l'abasourdissement du célèbre professeur, lorsqu'il constata que le poids était augmenté de plusieurs livres sur la balance !

Nous verrons plus loin qu'en semblable occurrence, William Crookes, pour se mettre à l'abri d'une illusion des sens, construisit un appareil qui enregistrait automatiquement toutes les variations de poids de la balance. Robert Hare, convaincu de l'existence d'une nouvelle force physique, s'exerçant dans des conditions encore peu connues, voulut s'assurer si une intelligence dirigeait cette manifestation. Il adapta à une table un disque contenant les lettres de l'alphabet et diposé de telle sorte que le médium ne pût voir les lettres, le cadran où elles étaient rangées faisant face aux spectateurs, placés à quelque distance de la table, à l'autre bord de laquelle se tenait le médium, qui ne voyait le disque que par derrière.

Une aiguille mobile, fixée au milieu du cadran, devait indiquer successivement les lettres des mots dictés, complètement à l'insu du médium.

Tous ces détails se trouvent dans un livre publié en 1856, par le D' Hare : *Experimental Investigation of the Spirit Manifestation*, qui eut un succès retentissant, et dont l'effet fut plus considérable encore que celui du juge Edmonds. C'est qu'on n'avait plus ici affaire à quelques jeunes filles obscures ou à des charlatans essayant de surprendre la bonne foi publique; c'était la science officielle qui se prononçait par la bouche d'un de ses membres les plus autorisés. Dès ce moment, la polémique s'engagea furieuse. Il y eut des luttes passionnées. Des savants prirent fait et cause contre la sorcellerie moderne, mais n'apportèrent aucune preuve que les expériences précitées eussent été mal faites ; la victoire resta aux spiritualistes.

En somme, on le voit, les plus importantes recrues

du spiritisme se firent parmi les hommes qui avaient pris pour mission de le combattre. Nous ne saurions trop insister sur ce point, car la même chose eut lieu plus tard en Angleterre. Les hommes de science de ces pays, soucieux de leur dignité, n'ont pas voulu reculer devant ce qu'ils considéraient comme une superstition populaire. Ils se mirent bravement à l'étude, et, lorsque, contrairement à leur attente, ils furent forcés de reconnaître la réalité des phénomènes, ils proclamèrent loyalement la vérité, sans crainte de la raillerie et du sarcasme, arme ordinaire de l'ignorance et du parti pris.

Un des derniers convertis, parmi les grands noms américains, est Robert Dale Owen, qui jouit à la fois d'une réputation de savant et d'une renommée spéciale d'écrivain dans la langue anglaise. Son dernier livre, imprimé à Philadelphie en 1877, sous le titre original : *Foot-Falls on the Boundary of Another World* (faux pas sur la limite d'un autre monde), est plein d'idées élevées, d'aperçus ingénieux et d'instructives anecdotes.

Le mouvement spirite est en ce moment même plus vivace que jamais aux Etats-Unis. Dans presque toutes les grandes villes existent des sociétés qui ont pour but l'étude et la démonstration du spiritisme. Vingt-deux journaux et revues tiennent le public au courant des travaux entrepris. Le *Banner of Light*, publié à Boston depuis vingt-deux ans, est en quelque sorte le moniteur du *Modern Spiritualism*.

Ce qui démontre la vigueur et l'intensité du mouvement spirite, ce sont les camps-meetings, c'est-à-dire les réunions qui se tiennent tous les ans au lac de Cassadaga.

Les spirites ont construit en cet endroit des habitations pouvant contenir plus de dix milles personnes, et cependant l'affluence est telle, que des centaines de familles sont obligées de camper autour de la ville.

Ces faits prouvent l'importance du Spiritualisme moderne (nom américain du Spiritisme), puisque des campements similaires existent au bord de l'océan Atlantique et de l'océan Pacifique, comme sur toutes les rives des grands et superbes lacs américains.

Ajoutons, en terminant, que toutes les grandes villes de l'Union ont des sociétés spirites parfaitement organisées. On comptait déjà, en 1870, vingt associations d'état et cent cinq sociétés de spiritualistes, deux cent sept conférenciers, et à peu près vingt-deux médiums publics. Le nombre total des spirites est, d'après Russell Wallace, d'environ onze millions rien qu'aux Etats-Unis.

En Angleterre

C'est surtout en Angleterre que nous trouvons une pléiade de grands esprits qui se sont adonnés à ces études. Nous voulons citer en première ligne un témoignage éminent, celui de William Crookes. Nous croyons inutile de rappeller au lecteur les titres de ce grand homme à la reconnaissance publique. Il nous suffira de dire que c'est à lui qu'on doit la découverte du thallium et la démonstration expérimentale de l'existence de la matière radiante, entrevue par Faraday. Cette voie nouvelle, ouverte aux investigations scientifiques, a dévoilé un horizon immense et grandiose à la spéculation contemporaine, et l'on peut dire que c'est l'une des plus grandes découvertes du siècle.

Un esprit aussi éminent ne s'aventure pas sur un terrain inconnu sans prendre toutes les précautions imaginables contre l'erreur ou la fraude. Écoutons ce qu'il dit au sujet du spiritisme, dans un article publié par le *Quaterly Review* en juillet 1870 :

« Le spiritualiste parle de corps pesant 50 ou 100 livres, qui sont enlevés en l'air sans l'intervention de force connue ; mais le savant chimiste est accoutumé à faire usage d'une balance sensible à un poids si petit, qu'il en faudrait dix mille comme lui pour faire un grain. Il est donc fondé à demander que ce pouvoir, qui se dit guidé par une intelligence, qui élève jusqu'au plafond un corps pesant, fasse mouvoir, dans des conditions déterminées, sa balance si délicatement équilibrée.

« Le spiritualiste parle de coups frappés dans les différentes parties d'une chambre, lorsque deux personnes, ou plus, sont tranquillement assises autour d'une table. L'expérimentateur scientifique a le droit de demander que ces coups se produisent sur la membrane tendue de son phonographe.

« Le spiritualiste parle de chambres et de maisons secouées, même jusqu'à en être endommagées, par un pouvoir surhumain. L'homme de science demande simplement qu'un pendule, placé sous une cloche de verre et reposant sur une solide maçonnerie, soit mis en vibration.

« Le spiritualiste parle de lourds objets d'ameublement se mouvant d'une chambre à l'autre sans l'action de l'homme. Mais le savant a construit des instruments qui diviseraient un pouce en un million de parties, et il est fondé à douter de l'exactitude des observations effectuées, si la même force est impuissante à faire mouvoir d'un simple degré l'indicateur de son instrument.

« Le spiritualiste parle de fleurs mouillées de fraîche rosée, de fruits et même d'êtres vivants apportés à travers de solides murailles en briques. L'investigateur scientifique demande naturellement qu'un poids additionnel (ne fût-ce que la millième partie d'un grain) soit déposé dans un des plateaux de sa balance, quand le plateau est fermée à clef ; et le chimiste demande qu'on introduise la millième partie d'un grain d'arsenic à travers les parois d'un tube de verre, dans lequel de l'eau pure est hermétiquement scellée.

« Le spiritualiste parle des manifestations d'une puissance équivalente à des milliers de livres, et qui se produisent sans cause connue. L'homme de science, qui croit fermement à la conservation de la force, et qui pense qu'elle ne se produit jamais sans un épuisement de quelque chose pour la remplacer, demande que lesdites manifestations se produisent dans son laboratoire, où il pourra les peser, les mesurer, les soumettre à ses propres essais (1). »

(1) Pour être juste à cet égard, je dois dire qu'en exposant ces vues à plusieurs spiritualistes éminents et à des médecins les plus dignes de confiance de l'Angleterre, ils ont exprimé leur parfaite

On voit avec quelle méfiance, quelles précautions le savant chimiste avance dans son induction. Il ne veut accorder sa confiance qu'à la condition expresse que le phénomène se produira dans son laboratoire, sous son aile en quelque sorte, afin d'être bien sûr que nulle supercherie, nulle illusion n'influencera les résultats qui pourront se produire : voilà la vraie sagesse. Combien nos savants français, qui nient à priori, sont loin de suivre son exemple ! Les lignes que nous citons plus haut ont été écrites en 1870, mais en 1876, après quatre ans d'investigations tenaces, le grand physicien écrit : « JE NE DIS PAS QUE CELA EST POSSIBLE, JE DIS QUE CELA EST. » Nous verrons tout à l'heure les expériences qui ont servi à asseoir l'opinion du savant anglais.

La Société Dialectique de Londres, fondée en 1867 sous la présidence de sir John Lubbock, et comptant au nombre de ses vice-présidents Thomas-Henry Huxley, un des professeurs les plus savants de l'Angleterre, et M. Georges-Henry Lewes, physiologiste éminent, décida, dans sa séance du 6 janvier 1869, qu'un comité serait nommé pour étudier les prétendus phénomènes du spiritisme et en rendre compte à la Société. Le débat qui s'éleva au sujet de cette décision montra que la plupart des membres ne cro-

---

confiance dans le succès de l'enquête, si elle était loyalement poursuivie dans l'esprit que j'ai indiqué ici. Ils m'ont offert ed m'assister de tout le pouvoir de leurs moyens, en mettant à ma disposition leurs facultés particulières. Et, jusqu'au point où je suis arrivé, je puis ajouter que les expériences préliminaires ont été satisfaisantes.

(*Note de William Crookes*).

yaient pas au spiritualisme, et les journaux anglais accueillirent avec des cris de joie cette nomination d'un comité qui, on le pensait, coulerait à fond le *modern spiritualism*.

A la profonde surprise du public anglais, la commission, après dix-huit mois d'études, conclut en faveur de la réalité des manifestations. Nous donnerons le texte de son rapport au moment où nous exposerons les expériences spirites.

Parmi les membres qui prirent part à cette enquête, était le grand naturaliste anglais Alfred Russel Wallace, émule et collaborateur de Darwin, et déjà, lui, convaincu de la réalité des phénomènes. Comme Mapes, comme Hare et tant d'autres, M. Wallace, vaincu par l'évidence, a fait courageusement sa profession de foi dans un livre : *Miracles and modern Spiritualism*, qui passionne encore les esprits en Angleterre.

Au nombre des témoins entendus par le comité de la Société Dialectique, figuraient M. le professeur Auguste de Morgan, président de la Société mathématique de Londres, secrétaire de la Société royale astronomique, et M. Varley, ingénieur en chef des compagnies de télégraphie internationale et transatlantique, inventeur du condenseur électrique, qui a résolu définitivement le problème de la télégraphie sous-marine.

M. de Morgan s'est affirmé hautement par un livre : *From Master of spirit ;* et nous verrons plus loin une lettre de M. Varley, dans laquelle il rend un public hommage aux esprits.

Un semblable concours de grands noms pourrait paraître suffisant pour établir solidement la théorie spirite, mais dans des matières aussi controversées il ne faut pas craindre de multiplier les affirmations autorisées. Voici encore d'autres témoignages :

M. Oxon, professeur de l'Université d'Oxford, étudia pendant cinq ans le phénomène dit de l'écriture directe, c'est-à-dire de l'écriture produite sans l'intervention d'aucune personne vivante. Il publia un livre intitulé *Spirit Identity*, qui aura son utilité dans la discussion qui succédera à cet exposé.

Nous nous ferions un scrupule de passer sous silence le témoignage d'un autre homme éminent, Serjeant Cox, jurisconsulte, philosophe, écrivain, qui, lui aussi, est arrivé à la conviction par l'examen.

Rappelons de même que M. Barkas, membre de la Société de géologie de Newcastle, raconta ses expériences dans un livre fort intéressant intitulé *Outliness of Investigation into Modern Spiritualism*, et nous invitons les personnes qui voudront se convaincre à lire attentivement cet ouvrage.

La lutte ne fut ni moins vive ni moins ardente en Angleterre qu'aux États unis ; les adversaires du spiritisme devaient, là aussi, faire tous leurs efforts pour détruire la vérité nouvelle, mais dans ce pays de libre discussion où la crainte du ridicule est moins vive que chez nous, les convertis ne reculèrent pas devant l'affirmation nette et carrée de leur changement de front.

Parmi les sceptiques les plus endurcis se trouvait le Dr Georges Sexton, célèbre conférencier, qui avait fait une campagne des plus vives contre la nouvelle doctrine. L'étude attentive des faits l'amena *après quinze années* de recherches à la conviction.

« J'ai obtenu, dit-il, dans ma propre maison, en l'absence de tous médiums autre que des membres de ma famille et des amis particuliers et intimes, chez lesquels le pouvoir médianimique avait été développé, la preuve irréfutable et de nature à frapper la froide raison, que les communications reçues venaient d'amis et de parents décédés (1).

Un autre savant, le D' Chambers, longtemps adversaire déclaré du spiritisme, fut obligé de se rendre à l'évidence et confessa loyalement son erreur passée dans le *Spiritual Magazine*.

Citons aussi, en terminant, parmi les spirites illustres, le D' James Gully, auteur de *Névropathie et Névrose* et de *l'Hygiène dans les maladies chroniques*, qui fait autorité en Angleterre.

Comme on le voit, le spiritisme a surtout recruté ses adeptes parmi les hommes de science. Le côté phénoménal a été étudié avec toute la rigueur qu'y apportent les savants, et il est sorti triomphant des épreuves multiples auxquelles il a été soumis.

Depuis dix ans, une société intitulée : *Society for Psychical Researches* a ouvert une vaste enquête sur les apparitions. Elle a publié régulièrement le récit de ses travaux, dans les *proceedings*, elle a édité un livre : *Phantasms of the Living* (fantômes de vivants) qui relate plus de deux cents cas d'apparitions bien cons-

---

(1) Wallace, *les Miracles et le Moderne spiritualisme*, page 240

tatés. MM. Myers, Gurney et Podmore, les auteurs, attribuent ces phénomènes à ce qu'ils nomment la *Télépathie*, c'est-à-dire à l'action, à distance, de l'esprit d'un humain sur un autre humain ; l'apparition se nomme alors une hallucination véridique. C'est là une tentative scientifique pour faire rentrer ces phénomènes dans le cadre des lois connues. Cette investigation a eu pour résultat de donner au spiritisme un regain d'actualité, et nous voyons des savants comme Lodge, surnommé le Darwin de la physique, adjurer, à l'Association Britannique pour l'avancement des sciences, ses confrères de marcher de l'avant et d'aborder résolument ces études si captivantes et encore si nouvelles. Nous mentionnerons parmi les nombreux journaux anglais *The Light,* édité sous la direction de M. Oxon, et *The Medium and Daybreak.* Voyons maintenant ce qui a eu lieu en France.

En France.

L'annonce des phénomènes mystérieux qui se produisaient en Amérique suscita en France une curiosité des plus vives, et bientôt la vogue des tables tournantes atteignit un degré extraordinaire.

Dans les salons, la mode était d'interroger les guéridons pour les questions les plus futiles. C'était un passe-temps d'un goût nouveau et qui fit fureur.

Pendant les années 1851 et 1852, chacun ne vit dans ces pratiques qu'un agréable divertissement ; on ne prenait pas le phénomène au sérieux, et, comme on ignorait les remarquables travaux dont cette étude était l'objet de l'autre côté de l'Océan, on ne tarda pas à délaisser les tables tournantes, qui n'avaient eu, pour la masse, que l'attrait de la nouveauté et l'étrangeté des procédés.

Cependant, des littérateurs comme Eugène Nus, des hommes du monde comme le comte d'Ourche et le baron de Guldenstubbé, avaient été frappés par le caractère intelligent que révélait le mouvement de la table, et ce dernier publia, en 1857, un livre intitulé : *de la Réalité des Esprits*. On trouve relatées, dans ce volume, les premières expériences d'écriture directe qui aient été obtenues dans notre pays.

Cette publication ne fit pas grand bruit. La presse, suivant sa louable coutume, railla délibérément les quelques fidèles qui avaient persévéré dans ces intéressantes études, et tout semblait oublié lorsque parut, en 1857, le *Livre des Esprits*, par Allan Kardec. Cette publication alluma la guerre. Le public apprit avec étonnement que ce qu'il avait considéré jusque-là comme une distraction, renfermait les plus profondes déductions philosophiques, que du mouvement des tables tournantes se déduisait la preuve de l'immortalité de l'être pensant, et qu'on se trouvait en face d'une nouvelle théorie sur l'avenir de l'âme après la mort.

De pareilles affirmations ne pouvaient être acceptées sans contestations. De toutes parts, il s'éleva un tollé contre le malencontreux auteur. Les journaux, les revues, les académies protestèrent, mais, à l'honneur de notre pays, on ne vit pas se reproduire en France les scènes de violence qui avaient accueilli le spiritisme en Amérique.

On reprit l'étude des tables tournantes, et deux courants d'opinion se dessinèrent nettement. Pour les uns, le phénomène n'avait aucune réalité ; les coups frappés, les mouvements de la table étaient produits par la supercherie ou bien par des mouvements inconscients de la part des opérateurs. Telle fut l'opinion de l'Académie et de MM. Babinet et Chevreul. Nous étudierons plus loin ce qu'il y a de fondé dans cette manière de voir. Pour les autres, les déplacements de la table et ses réponses sont dus simplement à une action magnétique s'exerçant d'une manière encore indéterminée. On peut compter, parmi les partisans de cette théorie, le comte Agénor de Gasparin qui fit de minutieuses recherches sur ce sujet, et publia un volume sous le titre : *Des Tables tournantes, du surnaturel en général et des Esprits.*

Cette interprétation fut adoptée par un certain nombre d'écrivains, tels que M. Chevillard, et le professeur Thury, de Genève, donnant pour cause au phénomène un agent spécial qu'il nomme psychode, fluide qui traverse les nerfs et toutes les substances organiques et inorganiques, de la même manière que l'éther lumineux des savants. Un écrivain américain, M. Roggers, avait admis, dès l'origine, les manifestations ; mais il les expliquait par l'action automatique des centres nerveux : le cerveau, la matière active de la moelle allongée, le cordon spinal, et les nombreuses glandes des nerfs sympathiques répandues dans l'abdomen — ces centres divers agissant au moyen de ce fluide impondérable et universel découvert par Reichenbach, et nommé par lui *od* ou *odyle*.

Toutes ces recherches, toutes ces controverses, amenèrent le plus grand nombre de ceux qui s'en occupèrent à conclure que, dans les mouvements des tables, il y avait autre chose qu'une pure action physique. On admit l'existence de forces psychiques pouvant agir sur la matière dans certaines conditions. Mais, ici encore, il y eut deux camps. Les philosophes « spiritualistes » conclurent en faveur des communications des âmes de personnes décédées, alors que les écrivains religieux s'efforcèrent de démontrer que ces faits étaient produits par l'esprit du mal, par Satan. On peut classer dans cette dernière catégorie le marquis Eudes de Mirville qui, dans son livre : *des Esprits et de leurs manifestations fluidiques*, cite un grand nombre d'observations et les attribue au démon. Dans le même ordre d'idées, M. le chevalier Gougenot des Mousseaux, intitule le spiritisme : *la Magie moderne* et, avec le père Ventura, s'évertue, textes en main, à démontrer que la manifestation des mauvais anges est signalée dans l'évangile et par les pères de l'Eglise. Enfin, nous citerons encore les livres de M. l'abbé Poussin, de Nice, et de l'abbé Marousseau, qui concluent dans le même sens.

La diversité des opinions que nous venons de signaler n'a rien de singulier. En face d'un phénomène encore mal connu, il est permis de différer dans son explication, suivant l'école à laquelle on appartient ; mais nous sommes sûr qu'il ne viendra à l'esprit de personne de trouver une cause aussi extraordinaire, aussi cocasse, du mouvement des tables, que celle de l'Académie, mise au jour par cet illustre corps en 1859, dans la séance dite : du *long péronier*.

L'Académie de médecine découvrit que les coups produits dans les tables étaient dus à un certain muscle craqueur de la jambe qui, de temps à autre, se livrait à des facéties que les bons spirites prenaient pour des manifestations d'Esprits.

C'est Jobert de « Lamballe », un certain jour, qui fut illuminé par cette trouvaille géniale, et l'Académie s'empressa de louer le perspicace savant qui avait découvert dans les mollets humains des propriétés aussi inattendues.

Le public n'adopta pas aussi facilement que nos sommités médicales l'explication des mollets chantants, et nous pouvons citer bon nombre d'illustrations qui ont donné une adhésion pleine et entière au spiritisme.

Avec son style nerveux et poétique, Auguste Vacquerie raconte, dans *les Miettes de l'Histoire*, les expériences qu'il fit en compagnie de Mme de Girardin chez Victor Hugo, à Jersey ; nous lirons plus loin cette narration instructive. Le célèbre littérateur écrit cette phrase typique : « Je crois aux esprits frappeurs d'Amérique attestés par 15,000 signatures. »

Le plus grand de nos poètes moderne, Victor Hugo, dit d'autre part :

« La table tournante et parlante a été fort raillée : parlons net. Cette raillerie est sans portée. — Nous estimons que le devoir étroit de la science est de sonder tous les phénomènes. Faire banqueroute au spiritisme de l'attention à laquelle il a droit, c'est faire banqueroute à la vérité. »

M. Victorien Sardou a fait du spiritisme, et il est devenu un excellent médium dessinateur. La *Revue Spirite* a publié une série de dessins obtenus mécaniquement par lui, qui sont des chefs-d'œuvre d'exécution délicate et d'une fantaisie vraiment *spirituelle*.

L'historien Eugène Bonnemère a écrit :

« J'ai ri comme tout le monde du spiritisme, mais ce que je prenais pour le rire de Voltaire n'était que le rire de l'idiot, beaucoup plus commun que le premier. »

L'illustre astronome Flammarion a, lui aussi, étudié longtemps ces phénomènes et popularisé, dans son style merveilleux, les doctrines philosophiques chères aux spirites. Théophile Gautier, le poète exquis, intitule *Spirite* une de ses nouvelles les plus captivantes, et on retrouve à chaque instant dans ses œuvres les traces de ses croyances en la nouvelle doctrine.

Maurice Lachâtre, l'auteur du dictionnaire, est aussi un partisan convaincu de ces idées Le Dr Gibier, lauréat de l'Académie de médecine, chargé à plusieurs reprises de missions scientifiques, a réuni ses expériences sur le spiritisme en deux volumes : *le Spiritisme ou Fakirisme occidental* et *Analyse des choses*. On trouve dans ces livres des faits bien observés et des confirmations de travaux antérieurs sur le même sujet.

Nous ne pouvons donner ici une bibliographie complète des œuvres spirites ; l'espace nous ferait défaut et, de plus, nous préférons ne citer que des savants notoirement connus, afin de laisser aux documents que nous produisons toute leur autorité. Mais il nous serait facile de citer une quantité de noms de médecins, d'avocats, d'ingénieurs, d'hommes de lettres qui établiraient sans conteste que le spiritisme a pénétré principalement dans les classes instruites de la société, où il se trouve fort répandu aujourd'hui.

Le mouvement actuel est plus florissant que jamais. A l'instar de la Société de recherches psychiques de Londres, il s'est formé à Paris une Société de psychologie physiologique, dont le but est d'étudier les phénomènes télépathiques, c'est-à-dire d'apparitions. Cette société a nommé une commission dont le rôle est de contrôler les faits présentés. Voici les noms des commissaires : M. Sully Prudhomme (de l'Académie française), président ; G. Ballet, professeur agrégé de l'Académie de médecine; Beaunis, professeur à la faculté de médecine de Nancy ; Charles Richet, professeur à la faculté de médecine ; lieutenant colonel de Rochas, administrateur de l'école polytechnique ; et M. Mariller, maître de conférence à l'École des Hautes Études, secrétaire.

Un journal mensuel : *les Annales Psychiques*, sous la direction du Dʳ Dariex, relate les travaux de la Société.

C'est, en quelque sorte, un commencement de consécration officielle de ces études, mais les spirites n'ont pas attendu ces encouragements et, depuis longtemps, ils ont des groupes d'études en nombre considérable dans toutes les parties de la France.

A Paris, il existe des quantités de petits centres où ont lieu des évocations. Deux sociétés ouvrent leurs portes au public ; c'est la FÉDÉRATION SPIRITE, 55, rue du Château d'Eau, et la SOCIÉTÉ DU SPIRITISME SCIENTIFIQUE, 183, rue Saint-Denis. Parmi les associations les plus importantes de la province, nous mentionnerons : LA FÉDÉRATION SPIRITE LYONNAISE, laquelle a pour organe : *la Paix universelle* ; ensuite l'UNION SPIRITE DE REIMS et l'UNION SPIRITUALISTE DE ROUEN, dont les travaux paraissent tous les trois mois dans un journal intitulé : *la Pensée des morts*.

Les villes de Marseille, Avignon, Toulouse, Bordeaux, Nantes, Tours, Le Mans, Orléans, Lille, Bar-le-Duc, Nancy, Rennes, Besançon ont une organisation de propagande bien établie, aussi le nombre des adhérents va sans cesse en augmentant. Les principaux journaux spirites sont : *la Revue Spirite, la Revue Scientifique et morale du Spiritisme, le Progrès spirite, la Lumière, la Religion laïque, la Revue des étudiants swedenborgiens* et *le Phare de Normandie*.

La recrudescence du mouvement spiritualiste est due au Congrès spirite qui s'est réuni à Paris en 1889. Le compte rendu (1) des travaux établit que ce congrès comptait 40,000 adhérents. Les groupes spirites du monde entier s'y étaient fait représenter.

Nous allons voir, en effet, que le mouvement créé aux États-Unis s'est répandu non seulement en Europe, mais dans toutes les parties du monde.

(1) *Congrès spirite et spiritualiste*. Librairie Spirite, 1, rue de Chabanais.

En Allemagne

Le docteur Kerner, une des célébrités de l'Allemagne contemporaine, fut amené à constater des phénomènes spirites, vers 1840, en donnant des soins à Mme Hauffe, plus connue sous le nom de *voyante de Prévorst*, du nom d'un village de Wurtemberg où elle naquit au commencement de ce siècle.

Le docteur raconte qu'elle était souvent tourmentée par des apparitions de fantômes qu'il était impossible de mettre sur le compte de l'hallucination, car des personnes qui étaient présentes entendaient, aussi distinctement qu'elle, les coups frappés sur les cloisons, ou voyaient certains objets placés dans la chambre, changer de place.

Son nom de voyante lui vient de ce qu'elle pressentait les dangers qui menaçaient les siens ; elle prévenait alors ces derniers, et l'événement justifiait toujours ses prévisions.

Vers 1840, il se produisit aussi des manifestations à Mottlingen (Wurtemberg) et, dès cette époque, on constate des phénomènes de vision, d'audition, de communication provenant incontestablement de l'action des Esprits. Ces faits, bien que significatifs, n'avaient pas eu de portée, lorsque la nouvelle des événements d'Amérique produisit en Allemagne le même bruit qu'en France et détermina un grand mouvement d'opinion. Nous ne pouvons étudier en détail les faits ; il nous suffira de signaler les hommes de science qui furent convaincus et qui publièrent leurs recherches.

En premier lieu, nous citerons le célèbre astronome Zoëllner, professeur à l'université de Leipzig. Ce savant raconte dans ses papiers scientifiques *(Wissenschaftliche abhandlungen)* les expériences qu'il fit en compagnie du médium Slade. Il avoue que, fort méfiant vis-à-vis de ces nouveautés, il n'avait pas une grande croyance en leur possibilité, mais que l'enquête à laquelle il s'est livré l'a parfaitement convaincu. Nous verrons plus loin qu'il fût témoin de phénomènes nouveaux : tels que la pénétration d'une matière par une autre matière, sans qu'il soit possible de distinguer de solution de continuité dans l'un ou l'autre corps, par exemple : un anneau plein encerclant la jambe d'une table, sans que l'on puisse constater de brisure de quelque nature que ce soit.

Il admet l'action d'intelligences désincarnées dans la production de ces faits, et, pour expliquer leur action, il imagine une quatrième dimension de la matière. Son témoignage est confirmé par ceux de Weber, l'éminent physiologiste, de Fechner, dont les recherches sur les lois de la sensibilité sont classiques, et par le professeur Ulrici.

Voici donc encore une réunion d'hommes illustres, de savants renommés, qui affirment, une fois de plus, la véracité des faits.

Une remarque bien digne d'attention, c'est que les phénomènes spirites ont été, dès l'origine, soumis aux contrôles les plus sévères, les plus variés, et par des investigateurs aussi éclairés que perspicaces ; cependant ces observateurs, sceptiques à l'origine, ont été convaincus et sont devenus les défenseurs de ces doctrines. N'est-ce pas la meilleure preuve que l'on puisse fournir que le spiritisme est bien une vérité nouvelle et que les faits sur lesquels il repose sont inattaquables ?

La presse allemande est représentée par le journal *le Sphinx* et par la revue *Psychische-Studien*.

Dans le reste de l'Europe

EN RUSSIE, nous devons citer, parmi les sommités spirites, le professeur Boutlerow qui, en compagnie de Home, reproduisit la plupart des expériences de Crookes. Le conseiller Alexandre Aksakof est un savant dont les recherches ont porté sur les apparitions matérialisées. Nous aurons l'occasion de citer ses travaux, qui confirment absolument ceux de l'illustre physicien anglais, quant à l'objectivité des apparitions.

Tout dernièrement, l'ITALIE a été le théâtre d'une démonstration éclatante de la véracité des expériences spirites. Le professeur Ercole Chiaia, de Naples, obtint avec un médium du nom d'Eusapia Paladino la répétition de tous les hauts phénomènes du spiritisme : apports, matérialisations, lévitation, etc. Il publia ses recherches qui furent l'objet de critiques de la part du grand criminaliste Lombroso.

M. Chiaia se fit fort de reproduire ces expériences

devant son illustre contradicteur. Des séances eurent lieu à la fin de l'année 1891. Le résultat, en Italie, fut le même qu'en Amérique, qu'en Angleterre et qu'en France. Assisté des professeurs Tamburini, Virgilio, Bianchi, Vizioli, il put constater, à différentes reprises, que les affirmations spirites étaient absolument exactes. Quant à leur explication, il n'admet pas la présence des Esprits, mais nous verrons que la théorie qu'il imagine, pour rendre compte de ce qu'il a vu, est notoirement insuffisante.

Lorsque Lombroso aura étudié aussi longtemps que Wallace, Crookes ou M. Varley, il changera certainement d'opinion, car ses devanciers dans ces recherches avaient commencé, comme lui, par croire à une action inconsciente du médium, mais un examen plus attentif des faits les a convaincus de l'existence des Esprits.

La presse spirite est représentée par *Lux*, revue mensuelle qui mentionne les travaux de l'académie spirite et magnétique de Rome, par *la Sfinge*, sous la direction de M. Ungher, et par le *Vessillo Spiritista*, directeur M. Volpi.

EN HOLLANDE, le journal qui défend ces idées est intitulé : *Op de Gresen* ; il se publie à La Haye.

EN BELGIQUE, le mouvement est aussi ardent et aussi bien organisé qu'en France. Liège et Bruxelles sont des centres actifs de propagande ; des fédérations régionales centralisent les travaux des groupes, et deux organes, *le Messager* et *le Moniteur Spirite* enregistrent les résultats obtenus. Des conférences ont lieu fréquemment, et des brochures, distribuées gratuitement, ont porté la connaissance du spiritisme dans les bassins houilliers, où les adeptes se comptent maintenant par milliers.

LA SUÈDE et LA NORVÈGE ont pour organe le journal *Morgendœmringen*, dont le siège de la rédaction est à Christiania.

L'ESPAGNE est, sans contredit aujourd'hui, le pays où la propagande est le plus active, et où le nombre des spirites est proportionnellement le plus grand. Toutes les villes importantes ont des journaux, organes de sociétés fortement organisées. Citons parmi les publications les plus en vue : *la Revue des Études Psychologiques* de Barcelone, qui existe depuis vingt-trois ans ; elle est actuellement dirigée par le vicomte de Torres-Solanot, investigateur savant et impartial. A Madrid, les spirites ont pour organe : *El criterio Espiritista*, à Lérida, la *Luz del Provenir*. Alicante a pour organe : *la Revelacion*, etc.

EN AUTRICHE, il y a quelques années, le spiritisme était peu connu ; mais les expériences faites par l'archiduc Rodolphe, en compagnie de Bastian, médium à matérialisations, expériences dans lesquelles une supercherie aurait été dévoilée, appelèrent l'attention du public sur ces phénomènes, et maintenant le nombre des partisans de la nouvelle doctrine s'est accru considérablement. Citons parmi les journaux le *Reformidende Blaetter* qui se publie à Buda-Pesth.

LE PORTUGAL, est représenté par *O Psychismo*, qui s'édite à Lisbonne.

Dans le monde entier

On peut dire, sans crainte d'être démenti, que le spiritisme a des partisans convaincus dans toutes les parties du globe. Afin de ne pas allonger démesurément cet historique, nous nous contenterons de citer simplement les pays dans lesquels des journaux ou des revues s'éditent. Il est clair que cette publicité s'adresse spécialement à des adeptes de la doctrine des Esprits. On pourra juger par le nombre des organes de l'importance de ce mouvement, créé depuis quarante années (1).

LA RÉPUBLIQUE ARGENTINE compte deux organes à Buenos-Aires : *la Constancia* et *la Fraternidad*. A Mendoza un journal : *la Perseverencia* ; à Rosario, *la Vérité*.

AU BRÉSIL s'édite à Rio-de-Janero : *le Reformador*. Dans l'Etat de Parana, trois organes : *A luz, O Regenerador* et *la Revista Espiritista*, enfin *Verdad et Luz* à Saint-Paul de Loanda.

LE CHILI est représenté par *El pan del Espiritu* à Santiago.

LE PÉROU par : *El sol* à Lima.

LA RÉPUBLIQUE DE SAN SALVADOR par *El Espiritismo*, publié à Chalchuapa.

LE VENEZUELA par *La Revista Espiritista*.

AU MEXIQUE, citons : *La Illustration Espirita* de

---

(1) Nous ne donnons que les principaux journaux de chaque pays, ne pouvant publier en entier cette liste qui deviendrait fastidieuse.

Mexico, et *El Precursor* de Cisiola, Etat de Mazatlan.

L'île de CUBA possède quatre organes : *la Alborada de Cuba* ; *la Buena Nueva* à Porto-Rico ; *la Revista Espiritista* à la Havane, et *La Nueva Allianza* à Cienfuegos.

Dans les îles CANARIES, à Santa-Cruz-de-Ténériffe, se publie *la Caridad*.

EN AUSTRALIE s'édite à Melbourne *The Harbinger of Light*.

Ajoutons, pour terminer, que le journal : *La Revue Scientifique et Morale du Spiritisme*, dont nous sommes le directeur, a des correspondants, chefs de groupes spirites, au Canada, à Suez, au Caire, à l'île Maurice et à Bornéo.

Résumé

Il est établi par l'énumération bien abrégée qui précède que des millions d'hommes adoptent aujourd'hui les croyances spirites. Le mouvement, qui a pris naissance en Amérique, s'est propagé avec une rapidité inouïe. Cent cinquante journaux ou revues instruisent le public des théories nouvelles. Les travaux des savants que nous avons cités ont été traduits dans toutes les langues qui se parlent sur le globe, et ont semé aux quatre vents du ciel la bonne nouvelle de l'immortalité de l'être pensant.

En vain la science officielle et les académies ont fait autour de ces phénomènes la conspiration du silence, la vérité est plus puissante que toutes les coteries. Ces faits ont envahi le monde entier et ont recruté, et recrutent sans cesse, des adhérents. Ni les railleries de la presse, ni les clameurs des prêtres, ni les objurgations des matérialistes, n'auront la puissance d'entraver cet élan qui pousse l'homme à la découverte de notions certaines sur la vie future.

Malgré le mauvais vouloir des savants patentés, des princes de la science, dont le spiritisme détruit les théories néantistes, il ne viendra à l'esprit de personne de songer que ces manifestations soient indignes d'attention ; le sujet qu'elles élucident est si grave, qu'il a fait le souci des penseurs à tous les âges de l'humanité.

Bien des théories ont été émises, bien des systèmes échafaudés, sans apporter plus de certitude sur l'immortalité de l'âme, et voilà qu'aujourd'hui, nous avons le moyen d'étudier scientifiquement l'état de l'âme après la mort. Ce résultat est dû à l'intervention des Esprits dans le monde, et nous allons constater que les faits indéniables sur lesquels repose la théorie spirite sont la preuve la plus évidente, et la mieux établie, de la survivance du moi conscient.

Disons en terminant qu'il est impossible que ces faits soient le résultat de la supercherie ou d'une grossière illusion :

1° Parce qu'ils ont été étudiés par des savants éminents et que ces chimistes, ces physiciens, ces naturalistes sont les plus aptes à se prononcer, en connaissance de cause, sur la validité d'une preuve ;

2° Parce que les expériences ont été contrôlées un très grand nombre de fois par des observateurs indépendants, sceptiques à l'origine, ne se connaissant pas, et que le résultat de ces enquêtes a été identique dans tous les pays ;

3° Parce que ces phénomènes offrent, sous toutes les latitudes, les mêmes caractères fondamentaux, d'où il résulte qu'ils sont dus à une même cause ;

4° Enfin, nous pensons que la masse des témoignages, leur valeur, leur authenticité, sont telles, qu'il est impossible de les récuser sans un examen approfondi.

C'est ce que nous allons faire. Nous passerons soigneusement en revue les phénomènes ; nous les scruterons sous toutes leurs faces, nous rapporterons fidèlement toutes les hypothèses faites pour en rendre compte, et nous espérons que le lecteur restera convaincu que, seule, la doctrine spirite apporte une lumière complète sur tous ces faits en apparence étranges et surnaturels.

DEUXIÈME PARTIE

LES FAITS

CHAPITRE PREMIER

LA FORCE PSYCHIQUE

Le spiritisme chez Victor Hugo. — Premières objections. — Enlèvement de la table sans contact. — Rapport de la Société Dialectique de Londres. — Mesure de la force psychique. — La médiumnité. — La lévitation humaine.

Nous avons vu, dans la première partie, que les phénomènes spirites ont commencé par des coups frappés dans les murs et dans les planchers, mais que, bientôt, les Esprits indiquèrent eux-mêmes un moyen plus facile et plus prompt de communiquer, ce fut au moyen de la table. Les investigateurs s'asseyaient autour, posaient les mains sur le plateau, et bientôt des coups frappés dans le meuble ou des mouvements de bascule de l'un des pieds, donnaient le moyen de correspondre avec l'intelligence qui se manifestait.

Voici un récit qui fera comprendre de quelle manière les choses ont lieu d'habitude ; il est dû à Auguste Vacquerie et tiré de son beau livre : *Les Miettes de l'histoire.*

Le Spiritisme chez Victor Hugo

M⁽ᵐᵉ⁾ de Girardin fit une visite à Victor Hugo, alors en exil à Jersey, et lui parla du phénomène nouvellement importé d'Amérique ; elle croyait fermement aux Esprits et à leurs manifestations. « Le jour même de son arrivée, on eut de la peine à lui faire attendre la fin du dîner ; elle se leva dès le dessert et entraîna un des convives dans le *parloir*, où ils tourmentèrent une table qui resta muette. Elle rejeta la faute sur la table, dont la forme carrée contrariait le fluide. Le lendemain, elle alla acheter elle-même, dans un magasin de jouets d'enfants, une petite table ronde à un seul pied terminé par trois griffes, qu'elle mit sur la grande et qui ne s'anima pas plus que la grande. Elle ne se découragea pas et dit que les Esprits n'étaient pas des chevaux de fiacre qui attendaient patiemment le bourgeois, mais des êtres libres et volontaires qui ne venaient qu'à leur heure. Le lendemain, même expérience et même silence. Elle s'obstina, la table s'entêta. Elle avait une telle ardeur de propagande qu'un jour, dînant chez des Jersiais, elle leur fit interroger un guéridon, qui prouva son intelligence en ne répondant pas à des Jersiais. Ces insuccès répétés ne l'ébranlèrent pas ; elle resta calme, confiante, souriante, indulgente à l'incrédulité ; l'avant-veille de son départ, elle nous pria de lui accorder pour son adieu une dernière tentative. Je n'avais pas assisté aux tentatives précédentes ; je ne croyais pas au phénomène et ne voulais pas y croire. Je ne suis pas de ceux qui font mauvais visage aux nouveautés, mais celle-là prenait mal son temps et détournait Paris de pensées que je trouvais au moins plus urgentes. Cette fois, je ne pus pas refuser de venir à la dernière épreuve, mais j'y vins avec la ferme résolution de ne croire qu'à ce qui serait trop prouvé.

Mme de Girardin et un des assistants, celui qui voulut, mirent leurs mains sur la petite table. Pendant un quart d'heure, rien, mais nous avions promis d'être patients ; cinq minutes après, on entendit un léger craquement : ce pouvait être l'effet involontaire des mains fatigués ; mais bientôt ce craquement se répéta, et puis ce fut une sorte de tressaillement électrique, puis une agitation fébrile. Tout à coup une des griffes du pied se souleva. Mme de Girardin dit : — « Y a-t-il quelqu'un ? S'il y a quelqu'un et qu'il veuille nous parler, qu'il frappe un coup. » La griffe retomba avec un bruit sec. — « Il y a quelqu'un ! s'écria Mme de Girardin : faites vos questions. »

« On fit des questions, et la table répondit. La réponse était brève, un ou deux mots au plus, hésitante, indécise, quelquefois inintelligible. Etait-ce nous qui ne la comprenions pas ? Le mode de traduction des réponses prêtait à l'erreur. Voici comment on procédait : on nommait une lettre de l'alphabet, *a*, *b*, *c*, etc., à chaque coup de pied de la table ; quand la table s'arrêtait, on marquait la dernière lettre nommée. Mais, souvent, la table ne s'arrêtait pas nettement sur une lettre ; on se trompait, on notait la précédente ou la suivante ; l'inexpérience s'en mêlant, et

Mme de Girardin intervenant le moins possible pour que le résultat fût moins suspect, tout s'embrouillait. A Paris, Mme de Girardin employait, nous avait-elle dit, un procédé plus sûr et plus expéditif : elle avait fait faire exprès une table avec un alphabet à cadran et une aiguille qui désignait elle-même la lettre. — Malgré l'imperfection du moyen, la table, parmi les réponses troubles, en fit qui me frappèrent.

« Je n'avais encore été que témoin, il fallut être acteur à mon tour ; j'étais si peu convaincu que je traitai le miracle comme un âne savant à qui l'on fait deviner « la fille la plus sage de la société » ; je dis à la table : Devine le mot que je pense. Pour surveiller la réponse de plus près, je me mis à la table moi-même avec Mme de Girardin. La table dit un mot : c'était le mien. Ma curiosité n'en fut pas entamée. Je me dis que le hasard avait pu souffler le mot à Mme de Girardin, et Mme de Girardin le souffler à la table ; il m'était arrivé à moi même, au bal de l'Opéra, de dire à une femme en domino que je la connaissais, et, comme elle me demandait son nom de baptême, de dire au hasard un nom qui s'était trouvé le vrai ; sans même invoquer le hasard, j'avais très bien pu, au passage des lettres du mot, avoir malgré moi, dans les yeux ou dans les doigts, un tressaillement qui les avait dénoncées. Je recommençai l'épreuve : mais, pour être certain de ne pas trahir le passage des lettres, ni par une pression machinale ni par un regard involontaire, je quittai la table et je lui demandai non le mot que je pensais, mais sa traduction. La table dit : « Tu veux dire *souffrance*. » Je pensais *amour*.

« Je ne fus pas encore persuadé. En supposant qu'on aidât la table, la souffrance est tellement le fond de tout, que la traduction pouvait s'appliquer à n'importe quel mot que j'aurais pensé. *Souffrance* aurait traduit *grandeur, maternité, poésie, patriotisme*, etc., aussi bien qu'*amour*. Je pouvais donc être dupe, à la seule condition que Mme de Girardin, si sérieuse, si généreuse, si amie, mourante eût passé la mer pour mystifier des proscrits.

« Bien des impossibles étaient croyables avant celui-là ; mais j'étais déterminé à douter jusqu'à l'injure. D'autres interrogèrent la table et lui firent déterminer leur pensée ou des incidents connus d'eux seuls ; soudain elle sembla s'impatienter de ces questions puériles ; elle refusa de répondre, et, cependant, elle continua de s'agiter comme si elle avait quelque chose à dire. Son mouvement devint brusque et volontaire comme un ordre. Est-ce toujours le même esprit qui est là ? demanda Mme de Girardin. La table frappa deux coups, ce qui, dans le langage convenu, signifiait non. — « Qui es-tu, toi ? » La table répondit le nom d'une morte, vivante dans tous ceux qui étaient là...

« Ici, la défiance renonçait : personne n'aurait eu le cœur ou le front de se faire, devant nous, un tréteau de cette tombe. Une mystification était déjà bien difficile à admettre, mais une infamie ! Le soupçon se serait méprisé lui-même. Le frère questionna la sœur qui sortait de la mort pour consoler l'exil ; la mère pleurait ; une inexprimable émotion étreignait toutes les poitrines ; je sentais distinctement la présence de celle qu'avait arracheé le dur coup de vent. Où était-elle ? Nous aimait-elle toujours ? Etait-elle heureuse ? Elle répondait à toutes les questions ou répondait qu'il lui était interdit de répondre. La nuit s'écoulait, et nous restions là, l'âme clouée sur l'invisible apparition. Enfin, elle nous dit : Adieu ! et la table ne bougea plus.

« Le jour se levait, je montai dans ma chambre, et, avant de me coucher, j'écrivis ce qui venait de se passer, comme si ces choses-là pouvaient être oubliées. Le lendemain, Mme de Girardin n'eut plus besoin de me solliciter, c'est moi qui l'entraînai vers la table. La nuit encore y passa. Mme de Girardin partait au jour, je l'accompagnai au bateau, et, lorsqu'on lâcha les amarres, elle me cria : Au revoir ! Je ne l'ai pas revue, mais je la reverrai.

« Elle revint en France faire son reste de vie terrestre. Depuis quelques années, son salon était bien différent de ce qu'il avait été. Les amis n'étaient plus là. Les uns étaient hors de France, comme Victor Hugo ; les autres plus loin, comme Balzac ; les autres plus loin, comme Lamartine ; elle avait bien encore tous les ducs et tous les ambassadeurs qu'elle voulait, mais la révolution de février ne lui avait pas laissé toute sa foi à l'importance des titres et des fonctions, et les princes ne la consolaient pas des écrivains. Elle remplaçait mieux les absents en restant avec un ou deux amis et sa table. Les morts accouraient à son évocation. Elle avait ainsi des soirées qui valaient bien ses meilleures d'autrefois, et où les génies étaient suppléés par les Esprits. Ses invités de maintenant étaient Sedaine, Mme de Sévigné, Sapho, Molière, Shakespeare : c'est parmi eux qu'elle est morte. Elle est partie sans résistance et sans tristesse ; cette vie de la mort lui avait enlevé toute inquiétude. Chose touchante, que, pour adoucir à cette noble femme le dur passage, ces grands morts soient venus la chercher !

« Le départ de Mme de Girardin ne ralentit pas mon élan vers les tables. Je me précipitai éperdument vers cette grande curiosité de la mort entr'ouverte.

« Je n'attendais plus le soir, dès midi je commençais, et je ne finissais que le matin ; je m'interrompais tout au plus pour dîner. Personnellement, je n'avais aucune action sur la table, et je ne la touchais pas, mais je l'interrogeais. Le mode de communication était toujours le même, je m'y étais fait. Mme de Girardin m'envoya de Paris deux tables : une petite, dont un pied était un crayon qui devait écrire et dessiner ; elle fut essayée une ou deux fois, dessina médiocrement et écrivit mal ; l'autre était plus grande, c'était une table à cadran et à alphabet, dont une aiguille marquait les lettres. Elle fut rejetée également après un essai qui n'avait pas réussi, et je m'en tins exclusivement au procédé primitif, lequel, simplifié par l'habitude et par quelques abréviations convenues, eut bientôt toute la rapidité désirable. Je causais couramment avec la table ; le bruit de la mer se mêlait à des dialogues, dont le mystère s'augmentait de l'hiver, de la nuit, de la tempête, de l'isolement. Ce n'étaient plus des mots que répondaient la table, mais des phrases et des pages. Elle était, le plus souvent, grave et magistrale ; mais, par moments, spirituelle et même comique. Elle avait des accès de colère ; je me suis fait insulter plus d'une fois, pour lui avoir parlé avec rrévérence, et j'avoue que je n'étais pas tranquille avant d'avoir obtenu mon pardon. Elle avait des exigences ; elle choisissait son interlocuteur, elle voulait être interrogée en vers, et on lui obéissait, et alors elle répondait elle-même en vers. Toutes ces conversations ont été recueillies, non pas au sortir de la séance, mais sur place, et sous la dictée de la table ; elles seront publiées un jour et proposeront un problème impérieux à toutes les intelligences avides de vérités nouvelles. »

Cette narration est intéressante à plus d'un titre ; elle montre que les Esprits ne sont pas aux ordres des évocateurs, qu'ils viennent quand et comme bon leur semble. Les hésitations, les défaillances que présentent le phénomène, ne doivent pas arrêter les chercheurs ; ils doivent s'armer de patience et savoir persévérer s'ils veulent obtenir des résultats.

Notons aussi que Vacquerie était chez Victor Hugo, lequel assistit à ces manifestations ; or, ces écrivains, bons juges en matière de style, qualifient parfois les dictées de la table de magistrales ; on voit que les Esprits ne débitent pas toujours des banalités, comme on leur en fait très souvent le reproche.

Premières Objections

Le mouvement des tables fut accueilli par d'universelles suspicions : l'explication la plus simple était que les personnes réputées médium appuyaient purement et simplement sur la table et que les réponses justes étaient dues au hasard ; quant aux coups, on les produisait avec le pied.

Mais, quand il fut avéré que des personnes d'une honorabilité au-dessus de tout soupçon obtenaient cependant des mouvements du meuble, il fallut trouver quelque chose qui expliquât les faits en bannissant l'hypothèse d'une fraude volontaire.

C'est alors qu'apparurent les théories dans lesquelles les mouvements produits étaient le résultat d'une action musculaire inconsciente. Faraday prétendit qu'une fois l'adhérence des doigts établie avec la table, la trépidation musculaire est assez puissante pour imprimer au meuble une certaine rotation. Chevreul, frappé par cette idée, publia dans un livre intitulé : *la Baguette divinatoire et les tables tournantes*, des expériences sur le pendule d'où il résultait que les impulsions multiples et répétées dans un même sens peuvent ébranler un corps dont la masse est hors de proportion avec la cause motrice : c'est ce que M. Babinet appela les mouvements *naissants* et *inconscients*.

Il semblait donc que la science avait découvert la véritable cause de ces faits, qui émerveillaient les badauds, lorsque le phénomène revêtit un caractère nouveau : la table se levait maintenant et se mouvait *sans aucun contact de la part des opérateurs !* Adieu l'explication soi-disant scientifique. La nouvelle force semblait se jouer à plaisir des plus ingénieuses théories.

Enlèvement de la table sans contact

On croirait certains savants atteints de cécité pour tous les faits qui dérangent leurs systèmes. La lévitation de la table, sans contact, fut observée dès l'origine, mais ne parvint pas, il faut le croire, jusqu'à MM. Faraday, Chevreul et Babinet. Voici en effet ce que relate Robert Dale Owen (1), homme fort instruit, logique et extrêmement circonspect, au dire de Wallace :

« Dans la salle à manger d'un gentilhomme français, le comte d'Ourches, habitant auprès de Paris, je vis, le 1ᵉʳ octobre 1858, en belle clarté du jour, à la fin d'un déjeuner à la fourchette, une table, à laquelle avaient pris place sept personnes, s'élever chargée de fruits et de vins, et demeurer suspendue en l'air, pendant que les convives étaient debout autour d'elle et *pas un de ceux-ci ne la touchant*. Tous les assistants virent la même chose. »

M. de Morgan, professeur de mathématiques à l'université de Londres, esprit froid et méthodique s'il en fut, relate l'expérience suivante (2) :

« Le plus étonnant exemple de tables *se mouvant* dans un certain but, qui soit jamais venu à ma connaissance, se présenta chez un ami, dont la famille séjournait comme la mienne propre au bord de la

---

(1) *Faux-pas sur la frontière d'un autre monde.*
(2) De Morgan, *de la Question de l'esprit, résultat de dix années d'expériences spirites*, 1863.

mer. La famille de mon ami comprenait six personnes, et un gentleman, qui a épousé depuis l'une des filles, s'y était joint. Pour moi, j'étais accompagné d'un membre de ma propre famille. Nulle personne payée n'était présente.

« Un gentleman, qui s'était exprimé d'une manière très sceptique, non seulement quant aux manifestations spirites, mais sur le sujet de l'esprit en général, était assis sur un sopha à deux ou trois pieds de la table de la salle à manger, autour de laquelle nous étions placés. Après être demeurés immobiles quelque temps, nous sommes invités par coups frappés à joindre nos mains et à nous tenir debout autour de la table *sans la toucher*.

« Cela dura ainsi un quart d'heure ; nous nous demandions s'il se produirait quelque chose ou si nous étions mystifiés par le pouvoir invisible. Précisément comme un ou deux de la compagnie parlaient de se rasseoir, la vieille table, qui était suffisamment large pour huit ou dix personnes *se déplaça entièrement d'elle-même*, et, sans que nous cessions de l'entourer et de la suivre les mains unies, se porta hors du cercle vers le gentleman et le poussa littéralement contre le dossier du sopha, jusqu'à ce qu'il criât : « Arrêtez, assez. »

Le mouvement d'objets inertes, sans aucun contact humain, s'exerce journellement dans les expériences spirites.

Les sceptiques les plus endurcis sont à même de le constater aussi souvent qu'ils le veulent. Ainsi Lombroso a publié le 7 février 1892, dans la *Vie moderne*, le récit des faits nombreux dont il a été le témoin à Naples ; nous en extrayons les passages suivants :

« Ayant fait l'obscurité, nous commençons à sentir plus puissants les coups au milieu de la table ; ensuite une sonnette posée sur un guéridon à plus de 1 mètre d'Eusapia (le médium) se mit à sonner en tournant au-dessus de nos têtes, se posa sur notre table, et quelques instants après sur un lit distant de 2 mètres du médium.

« Tandis qu'on entendait la sonnette dans l'air, le docteur Ascenti, engagé par l'un de nous, s'étant placé derrière Eusapia, fit flamber une allumette et *put voir la clochette vibrer seule dans l'air* et aller retomber sur le lit, derrière Eusapia. »

Le célèbre physiologiste ajoute plus loin :

« Aussitôt la lumière allumée et la chaîne rompue, on vit un gros meuble qui se trouvait derrière l'alcôve, environ à 2 mètres de distance, *se mouvoir lentement vers nous*, comme s'il était poussé par quelqu'un ; il ressemblait vraiment à un gros pachyderme se mouvant lentement de notre côté. »

Dans ses expériences, en compagnie de Slade, l'astronome Zoëllner (1), après la relation de différents phénomènes, ajoute :

« Inopinément, un lit placé dans la chambre (celle de Zoëllner) derrière un écran, se transporta à 2 pieds du mur, poussant l'écran en dehors. Slade était éloigné du lit, auquel il tournait le dos, ses jambes étaient croisées, ceci était visible pour tous. »

(1) Zoëllner, *Scientifics Papers*.

Ces récits nous montrent que les phénomènes de mouvements d'objets sans contact sont depuis longtemps observés dans tous les pays, par les hommes les plus éminents. Parfois les manifestations de cette force, qui maintient en l'air ou déplace des corps pesants, sans aucune intervention humaine, affecte un caractère de grande puissance; citons encore le savant allemand :

« Une seconde séance s'organisa chez moi immédiatement avec les professeurs Weber, Schreibner et moi ; un craquement violent, tel que la décharge d'une forte batterie de bouteilles de Leyde, fut entendu ; en nous tournant, assez alarmés, l'écran mentionné ci-dessus se sépara en deux pièces ; les porte-vis en bois, épais d'un demi-pouce, étaient déchirés du haut en bas, *sans aucun contact visible* de Slade avec l'écran. Les morceaux cassés se trouvaient à 5 pieds du médium, qui tournait le dos à l'écran.

« Nous fûmes étonnés tous dans cette manifestation inattendue d'une force mécanique énorme, et je demandai à Slade ce que tout cela signifiait ; il me répondit que ce phénomène arrivait parfois en sa présence. »

Voici encore, sous une autre forme, une constatation de cette force, toujours par le même investigateur :

« Une boule de métal fut suspendue par une corde de soie, à l'intérieur d'un globe de verre : celui-ci étant placé sous la table, une lumière fut projetée dessus au moyen de bougies arrangées à cet effet, et, pendant que les professeurs Weber et Schreibner, aussi bien que le professeur Zoëllner, observaient attentivement, la boule commença à osciller et à frapper, à intervalles réguliers, contre la surface intérieure du globe de verre. »

Notons bien toujours que toutes les expériences relatées ci-dessus sont faites par des hommes de science et que, dans tous les cas, les précautions les plus minutieuses furent prises pour se mettre à l'abri de toute supercherie.

On peut lire, dans le n° 2 des *Annales psychiques* de 1892, le récit du docteur Dariex sur des mouvements d'objets sans contact qui eurent lieu dans son propre appartement, et sous les conditions du plus rigoureux contrôle.

On verra que dans une chambre fermée, dont les portes ont été scellées, et où personne n'a pu s'introduire, des meubles se sont déplacés sans qu'on pût donner aucune raison physique de ce phénomène.

Mais, si les témoignages, cependant si importants, que nous venons d'énumérer, ne suffisaient pas à porter la conviction dans l'âme du lecteur, nous sommes assurés que le travail que nous reproduisons plus loin ne trouvera pas d'incrédules, étant donnés la notoriété et le nombre des investigateurs.

Voici, en effet, une confirmation presque officielle de cette force encore peu connue ; elle nous est fournie par la Société dialectique de Londres (1), dont le rapport est ci-joint :

(1) La Société dialectique peut être comparée à notre académie des Sciences ; elle compte parmi ses membres les hommes les plus éminents de l'Angleterre ; le lecteur comprendra dès lors l'importance considérable du document que nous publions.

RAPPORT DES SOUS-COMITÉS D'EXPÉRIENCE

SOUS-COMITÉ N° 1

Report on Spirit., etc., pp. 9-13

Depuis sa création, c'est-à-dire depuis le 16 février 1869, votre sous-comité a tenu quarante séances, dans le but de faire des expériences et des épreuves rigoureuses.

Toutes ces réunions ont eu lieu dans les demeures privées des membres du comité, afin d'exclure toute possibilité de mécanisme disposé d'avance ou d'artifice quelconque.

L'ameublement des pièces dans lesquelles on a fait les expériences a été, dans chaque circonstance, leur ameublement ordinaire.

Les tables dont on s'est servi ont toujours été des tables à manger, pesantes, qui demandaient un effort considérable pour être mises en mouvement. La plus petite avait 5 pieds 9 pouces de long sur 4 pieds de large, et la plus grande 9 pieds 3 pouces de long sur 4 pieds 1/2 de large : la pesanteur était en proportion.

Les chambres, les tables et tous les meubles en général ont été soigneusement examinés à plusieurs reprises avant, pour obtenir la certitude qu'il n'existait aucun truc instrument ou appareil quelconque, à l'aide desquels les sons et les mouvements ci-après mentionnés eussent pu être produits.

Les expériences ont été faites à la lumière du gaz, excepté dans un petit nombre d'occasions spécialement notées dans les minutes.

Votre comité a évité de se servir de médiums de profession ou médiums payés, le médium *(mediumship)* étant l'un des membres de votre sous-comité, personne placée dans une bonne position sociale, et d'une intégrité parfaite, qui n'a aucun objectif pécuniaire en vue et ne pourrait tirer aucun profit d'une supercherie.

Votre comité a tenu quelques réunions sans la présence d'aucun médium (il est bien entendu que, dans ce rapport, le mot « médium » est simplement employé pour désigner un individu sans la présence duquel les phénomènes décrits, ou n'ont pas lieu, ou se produisent avec moins d'intensité et de fréquence), pour essayer d'obtenir par quelque moyen, des effets semblables à ceux qu'on observe quand un médium est présent.

Aucun effort ne fut capable d'obtenir quelque chose d'entièrement semblable aux manifestations qui ont lieu en présence du médium.

Chacune des épreuves, que l'intelligence combinée des membres de votre comité pouvait imaginer, a été faite avec patience et persévérance. Les expériences ont été dirigées avec une grande variété de conditions, et toute l'ingéniosité possible a été mise en œuvre pour inventer des moyens qui permissent à votre comité de vérifier ses observations et d'écarter toute possibilité d'imposture ou d'illusion.

Votre comité a restreint son rapport aux *faits* dont ses membres ont été collectivement témoins, faits qui ont été palpables aux sens, et dont la réalité est susceptible d'une preuve démonstrative.

Environ les quatre cinquièmes des membres de votre sous-comité ont débuté dans la voie des investigations *par le scepticisme le plus complet*, touchant la réalité des phénomènes annoncés, avec la ferme croyance qu'ils étaient le résultat : soit de l'*imposture*, soit de l'*illusion*, soit *d'une action involontaire des muscles*. Ce fut seulement après une irrésistible évidence, dans des conditions qui excluaient l'une et l'autre hypothèse, et après des expériences et des épreuves rigoureuses, souvent répétées, que les membres les plus sceptiques de votre sous-comité furent, à la longue et malgré eux, convaincus que les phénomènes qui s'étaient produits pendant cette enquête prolongée étaient de véritables faits.

Le résultat de leurs expériences, longtemps poursuivies et dirigées avec soin, a été, après des épreuves, contrôlées sous toutes formes, d'établir les conditions suivantes :

PREMIÈREMENT : Dans certaines dispositions de corps ou d'esprit, où se trouvent une ou plusieurs personnes présentes, il se produit une force suffisante pour mettre en mouvement des objets pesants, sans l'emploi d'aucun effort musculaire, *sans contact ni connexion matérielle d'aucune nature* entre ces objets et le corps de quelque personne présente.

DEUXIÈMEMENT : Cette force peut faire rendre des sons, que chacun peut entendre distinctement à des objets solides qui n'ont aucun contact ni aucune connexion visible ou matérielle avec le corps de quelque personne présente ; et il est prouvé que ces sons proviennent de ces objets par des vibrations qui sont parfaitement distinctes au toucher.

TROISIÈMEMENT : Cette force est fréquemment dirigée avec intelligence.

Quelques-uns de ces phénomènes se sont produits dans trente-quatre séances, sur quarante que votre comité a tenues. La description d'une de ces expériences et la manière dont elle a été conduite, montreront mieux le soin et la circonspection avec lesquels votre comité a poursuivi ses investigations.

Tant qu'il y avait contact ou possibilité de contact par les mains ou par les pieds, ou même par les vêtements d'une des personnes qui étaient dans la chambre avec l'objet mis en mouvement ou émettant des sons, on ne pouvait être parfaitement assuré que ces mouvements ou sons n'étaient pas produits par la personne ainsi mise en contact. L'expérience suivante a donc été tentée :

Dans une circonstance où onze des membres de votre sous-comité étaient assis depuis quarante minutes autour de l'une des tables de la salle manger, décrites précédemment, et lorsque déjà des mouvements et des sons variés s'étaient produits, ils tournèrent (dans un but d'investigation plus rigoureuse) les dossiers des chaises vers la table, à neuf pouces environ de celle-ci ; puis ils s'agenouillèrent sur les chaises, en plaçant leurs bras sur les dossiers.

Dans cette position, leurs pieds étaient nécessairement tournés en arrière, loin de la table, et par conséquent ne pouvaient être placés dessous ni toucher le parquet. Les mains de chaque personne étaient étendues au-dessus de la table, à environ quatre pouces de sa surface. *Aucun contact avec une partie quelconque de la table ne pouvait donc avoir lieu sans qu'on s'en aperçut.*

En moins d'une minute, la table, sans avoir été touchée, se déplaça *quatre* fois : la première fois d'environ *cinq* pouces d'un côté ; puis de *douze* pouces du côté opposée ; ensuite de la même manière et respectivement, de quatre et six pouces.

Les mains de toutes les personnes présentes furent ensuite posées sur les dossiers des chaises, à 1 pied environ de la table, qui fut mise en mouvement, comme auparavant *cinq* fois, avec un déplacement variant entre 4 et 6 pouces.

Enfin, toutes les chaises furent écartées de la table à la distance de douze pouces, et chaque personne s'agenouilla sur sa chaise comme précédemment, mais cette fois en tenant les mains *derrière le dos* et, par suite, le corps placé à peu près à dix-huit pouces de la table, le dossier de la chaise se trouvant ainsi entre l'expérimentateur et la table. Celle-ci se déplaça quatre fois dans des directions variées.

Pendant cette expérience décisive, et en moins d'une demi-heure, la table se r .t ainsi treize fois, SANS CONTACT OU POSSIBILITÉ DE CONTACT AVEC UNE PERSONNE PRÉSENTE, les mouvements ayant lieu dans des directions différentes, et quelques-uns de ceux-ci répondant à la demande de divers membres de votre comité.

La table a été examinée avec soin, tournée sens

dessus dessous et scrutée pièce par pièce ; mais on n'a rien découvert qui pût rendre compte des phénomènes. L'expérimentation a été faite partout en pleine lumière du gaz placé au-dessus de la table.

En résumé, votre sous-comité a été plus de CINQUANTE fois témoin de semblables mouvements sans contact, en huit soirées différentes, dans les maisons des membres de votre sous-comité ; et chaque fois les épreuves les plus rigoureuses ont été mises en œuvre.

Dans toutes ces expériences, l'hypothèse d'un mouvement mécanique ou autre a été complètement écartée, par le fait que les mouvements ont eu lieu dans plusieurs directions, tantôt d'un côté, tantôt de l'autre, tantôt en remontant vers le haut de la chambre, tantôt en descendant ; mouvements qui auraient exigé la coopération d'un grand nombre de mains et de pieds, et qui, en raison du volume considérable et de la pesanteur des tables, n'aurait pu se produire sans l'emploi visible d'un effort musculaire.

Chaque main et chaque pied étaient parfaitement en vue, et aucun d'eux n'aurait pu bouger sans qu'on s'en aperçût immédiatement.

L'illusion a été mise hors de question. Les mouvements ont eu lieu en différentes directions, et toutes les personnes présentes ont été simultanément témoins. *C'est là une affaire de mesurage et non d'opinion ou d'imagination.*

Ces mouvements se sont reproduits tant de fois, dans des conditions si nombreuses et si diverses, avec tant de garanties contre l'erreur ou la supercherie, et avec des résultats si invariables, que les membres de votre sous-comité, qui avaient tenté ces expériences après avoir été, pour la plupart, *antérieurement sceptiques* au début de leurs investigations, ont été convaincus *qu'il existe une force capable de mouvoir des corps pesants, sans contact matériel, force qui dépend, d'une manière inconnue, de la présence d'êtres humains.*

Votre sous-comité n'a pu collectivement obtenir aucune certitude relativement à la nature et à la source de cette force, mais il a simplement acquis la preuve du fait de son existence.

Votre sous-comité pense qu'il n'y a aucun fondement à la croyance populaire qui prétend que la présence de personne sceptiques contrarie la production ou l'action de cette force.

En résumé, votre sous-comité exprime unanimement l'opinion que l'existence d'un fait physique important se trouve ainsi démontrée, à savoir : *que des mouvements peuvent se produire dans des corps solides, sans contact matériel, par une force inconnue jusqu'à présent, agissant à une distance indéterminée de l'organisme humain, et tout à fait indépendante de l'action musculaire*, force qui doit être soumise à un examen scientifique plus approfondi, dans le but de découvrir sa véritable source, sa nature et sa puissance.

Mesure de la Force psychique

Cette force, dont l'existence n'est plus niable, si l'on considère le nombre et l'importance des témoignages qui l'attestent, a été soumise à des mesures présises.

Les observateurs déjà cités se sont contentés de l'évaluer approximativement, mais Robert Hare, en Amérique, et William Crookes, en Angleterre, l'ont

Fig. 1

On voit par la disposition de l'appareil qu'aucune pression ne peut être exercée par le médium pour augmenter le poids de la planche.

soumise à une investigation rigoureusement scientifique.

Nous rapportons ici la traduction d'Eugène Nus relative aux expériences de Hare, professeur de physique à l'université de Pensylvanie (1).

« Il prit des billes de billard en cuivre, les plaça sur une plaque de zinc, fit poser les mains des médiums sur les billes, et, à son grand étonnement,

(1) Robert Hare, *Expérimental Investigation of the Spirit Manifestation*.

la table remua (c'était pour éviter l'adhérence des mains et les fameux mouvements naissants et inconscients de Faraday, Chevreuil et Babinet.

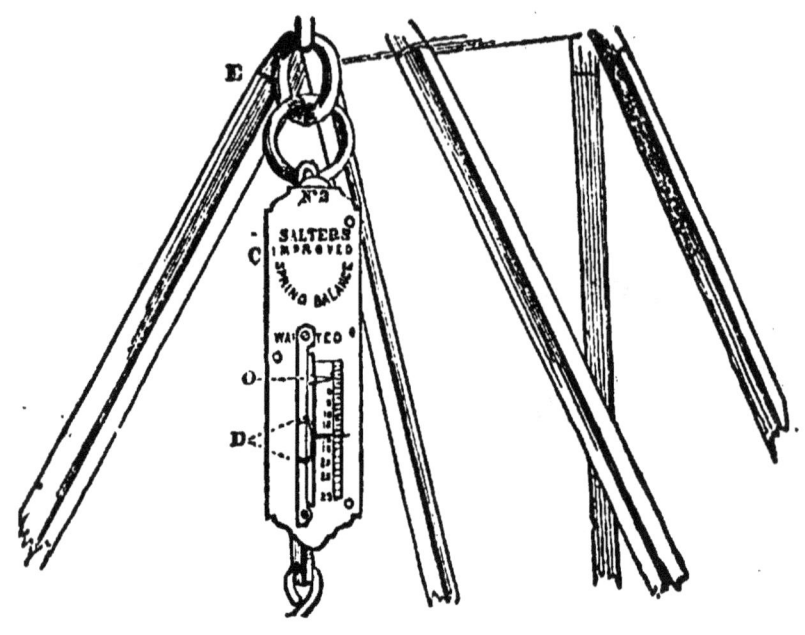

Fig. 2
Mode de suspension de la balance.

« Il essaya d'un autre procédé ; le long bout d'un levier fut attaché à une balance spirale, avec un indicateur fixe et le poids marqué. La main du médium était posée sur le petit bout du levier, de façon qu'il fût impossible de faire pression vers le bas et qu'au contraire sa pression, s'il en exerçait une, ne pût produire que l'effet opposé, c'est-à-dire soulever le long bout. A sa grande stupeur, le poid fut augmenté de plusieurs livres sur la balance. » Cette expérience est représentée dans les figures 1 et 2.

« Ensuite il fit plonger les mains du médium dans l'eau de manière à n'avoir aucune communication avec la planche sur laquelle était posé le vase qui

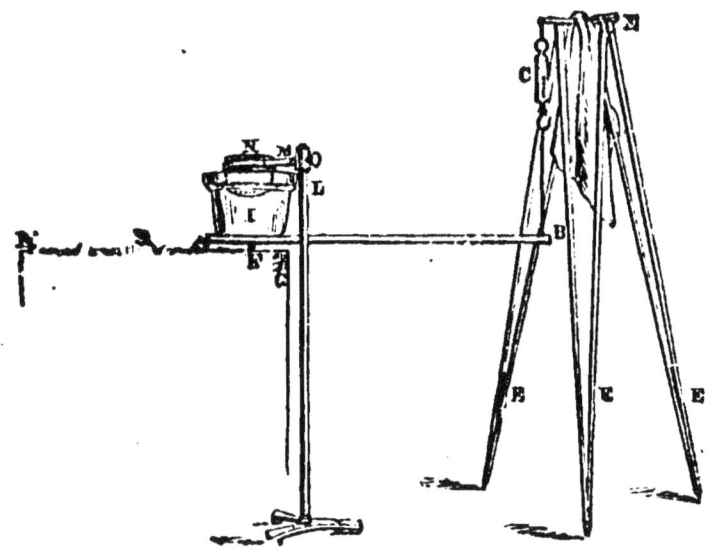

Fig. 3.

Ensemble de l'appareil où le médium n'a de contact avec la planche que par l'intermédiaire d'un liquide. — L M N support ne touchant pas le levier B ; I liquide ; F point d'appui du levier ; C maçonnerie ; B levier ; C balance ; E E E support de la balance

contenait le liquide, et, à sa grande surprise encore, une force de *dix-huit livres* fut exercée sur la planche. »

Ces résultats tout à fait remarquables établissent et mesurent nettement la force psychique qui émanent du médium. William, Crookes (1) répéta les expériences du savant américain et obtint les mêmes

---

(1) Crookes, *Recherches expérimentales sur le spiritualisme*, pp. 55-67.

résultats ; de plus, il employa un appareil très simple, mais très exact, en usage dans les laboratoires pour conserver les traces de cette force. C'est une

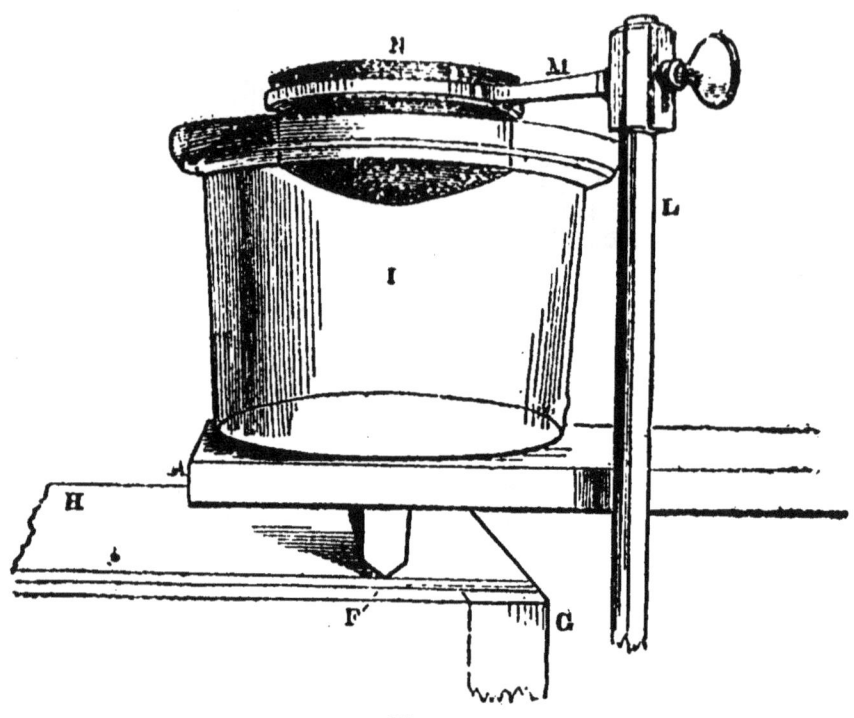

Fig. 4
Détail du support de la main du médium.

feuille de verre à vitre noircie, mue par un mécanisme d'horlogerie qui l'oblige à se déplacer horizontalement devant l'index de la balance. Lorsque aucune force ne s'exerce, la ligne tracée est droite ; si, au contraire, il se manifeste une force, la ligne tracée est courbe, et on peut facilement mesurer, à chaque instant, l'énergie exercée, autrement dit l'intensité de la force psychique.

On arrive encore à obtenir des courbes par un

autre dispositif. Sur un cadre de bois était tendue une feuille de parchemin. L'extrémité la plus courte d'un levier B était équilibrée de manière à suivre rapidement les mouvements du centre du disque en parchemin. A l'autre bout du levier se trouvait une aiguille faisant saillie horizontalement, de manière à toucher une lame de verre enduite de noir de fumée et qu'un mouvement d'horlogerie faisait déplacer latéralement.

Crookes s'assura d'abord qu'aucune secousse ou vibration de la table ne pouvait troubler les résultats, puis, sans expliquer le but de l'instrument, il introduisit dans la chambre une dame médium et la pria de poser ses mains, non sur l'appareil, mais sur la table qui le supportait. Crookes plaça ses mains sur celles de cette dame, afin d'éviter tout mouvement conscient ou inconscient de sa part. Bientôt, on entendit des coups frappés sur le parchemin, semblables à ceux qu'auraient produits des grains de sable qu'on aurait jetés sur sa surface. A chaque coup, on voyait un fragment de graphite, placé sur la membrane, être projeté en l'air, et l'extrémité du levier se mouvait légèrement et descendait. Quelquefois, les sons se succédaient aussi rapidement que ceux d'une machine d'induction, tandis que d'autres fois il y avait plus d'une seconde d'intervalle. Cinq ou six courbes furent ainsi obtenues sur le verre fumé, et toujours on vit le mouvement de l'extrémité de l'aiguille coïncider avec chaque vibration de la membrane.

Les figures numéros 5 et 6 montrent le dispositif de l'appareil.

« Ayant obtenu ces résultats, dit le savant chimiste, en l'absence de M. Home, j'étais impatient de voir quelle action sa présence produirait sur l'instrument.

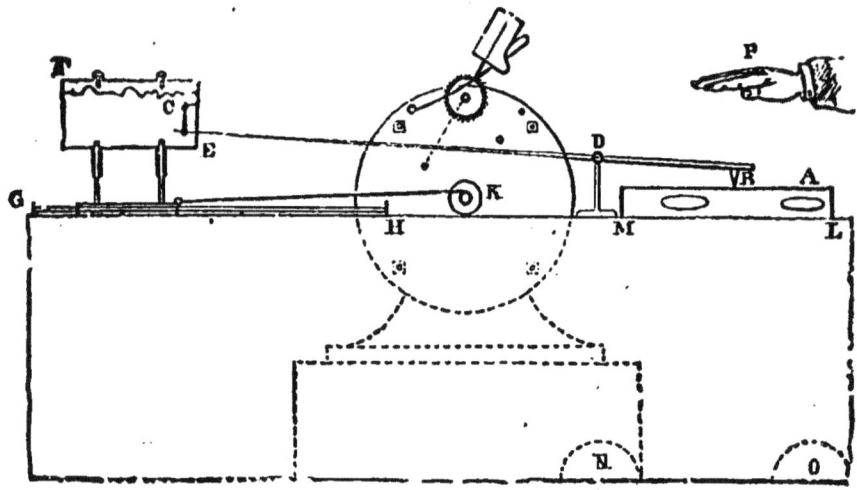

Fig. 5

Vue en élévation de l'appareil de Crookes destiné à mesurer l'intensité de la force psychique. — A feuille de parchemin ; B. D. E. levier ; C pointe qui appuie sur la glace noircie ; E. H. K. appareil produisant le mouvement rectiligne de la glace ; L. M. N. O. points où les médiums posent les mains.

« En conséquence, je le priai de l'essayer, mais sans lui en donner l'explication

« Je saisis le bras de M. Home au-dessus du poignet, et je maintins sa main AU-DESSUS *de la membrane, à environ dix pouces de sa surface.* Un ami tenait son autre main. Après être demeuré dans cette position environ une demi-minute, M. Home dit qu'il sentait le fluide passer. Alors je fis marcher le mouvement d'horlogerie, et nous vîmes tous l'index qui montait et descendait. Les mouvements étaient beaucoup plus lents que dans le cas précédent, et n'étaient pas du tout accompagnés des coups vibrants dont j'ai parlé. »

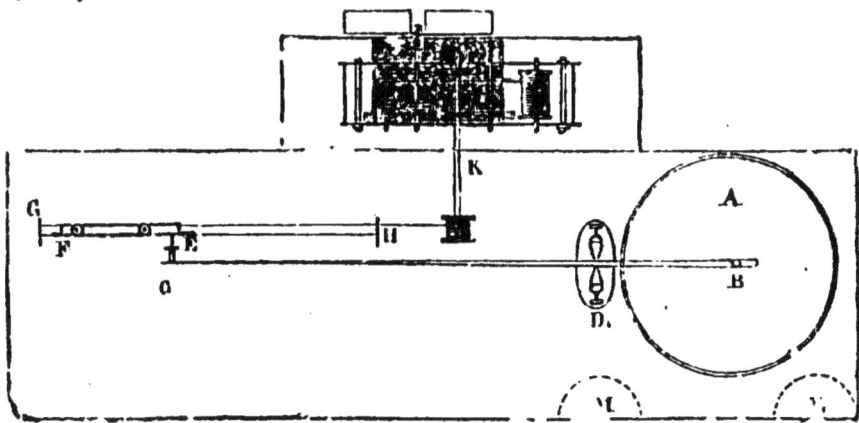

Fig. 6.
Vue en plan de l'appareil des Crookes destiné à mesurer l'intensité de la force psychique.

Les courbes obtenues se trouvent ci-contre :

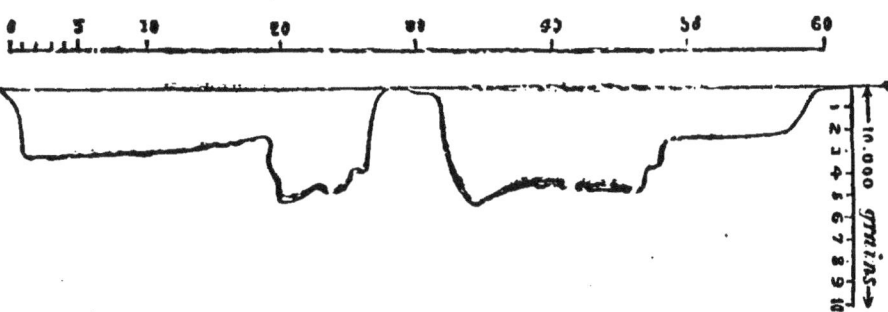

Fig. 7. — Échelle des secondes.
Courbe obtenue lorsque le médium mettait ses mains dans l'eau en employant l'appareil représenté dans la figure 3.

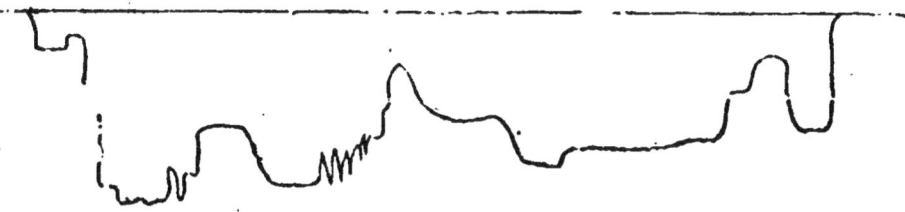

Fig. 8
Courbe obtenue pendant que les mains du médium ne touchaient pas la planche (fig. 3).

Fig. 9.
Dans cette expérience, le médium fut placé à 1 pied de la planche, par côté.

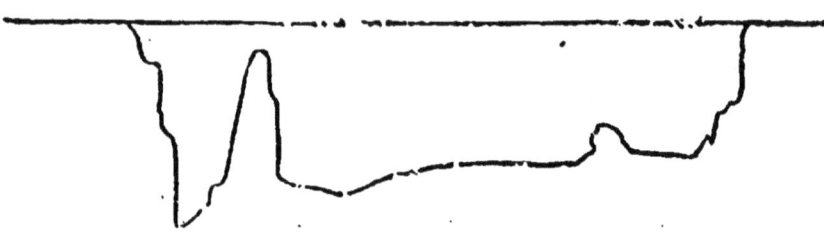

Fig. 10.
Le médium est placé à 3 pieds de distance de l'appareil représenté dans la figure 3 et l'on obtient la courbe ci-dessus.

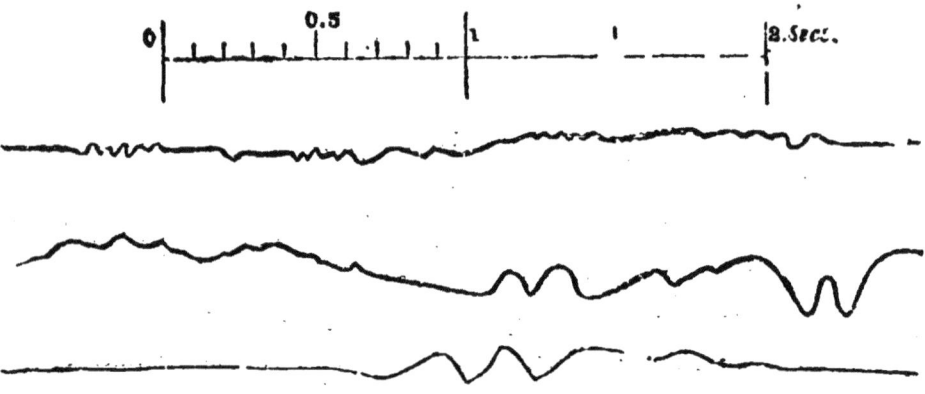

Fig. 11.
Courbes obtenues avec l'appareil représenté fig. 4 et 5. Le médium avait les mains placées en N. O., fig. 5.

Fig. 12.
Courbe obtenue par le médium sans aucun contact avec l'appareil.

Fig. 13.
Courbes obtenues avec l'appareil de la fig. n° 5 lorsque M. Home a la main dans la position indiquée en P.

Comme on le voit, la force émanant de certains organismes humains, appelés médiums par les Spirites, est scientifiquement contrôlée et mesurée d'une manière rigoureusement précise.

La Médiumnité

Dans notre investigation, nous arrivons donc à une constatation absolument contraire aux théories de MM. Faraday et Cie. La force qui meut les tables n'est pas due à des mouvements musculaires inconscients, elle est produite par certains êtres dont l'organisme nerveux est apte à émettre cette force. Cette faculté a été nommée par les spirites : *Médiumnité*, et ceux qui la possèdent : *Médiums*. Citons encore le témoignage de l'illustre inventeur du radiomètre :

« Ces expériences mettent *hors de doute* (1) les

---

(1) Ces mots sont soulignés par Crookes lui-même dans l'original.

conclusions auxquelles je suis arrivé dans mon précédent mémoire, savoir : l'existence d'une force associée, d'une manière encore inexpliquée, à l'organisme humain, force par laquelle un surcroît de poids peut être ajouté à des corps solides sans contact effectif.

« Dans le cas de M. Home, le développement de cette force varie énormément, non seulement de semaine à semaine, mais d'une heure à l'autre ; dans quelques occasions, cette force ne peut être accusée par mes appareils pendant une heure ou même davantage, et puis, tout à coup, elle reparaît avec une grande énergie. Elle est capable d'agir à une certaine distance de M. Home (il n'est pas rare que ce soit jusqu'à 2 ou 3 pieds) ; mais toujours elle est plus puissante auprès de lui.

« Dans la ferme conviction où j'étais qu'un genre de force ne pouvant se manifester sans la dépense correspondante de quelque autre genre de force, j'ai vainement cherché pendant longtemps la nature de la force ou du pouvoir employé pour produire ces résultats.

« Mais, maintenant j'ai pu observer davantage M. Home, je crois découvrir ce que cette force physique emploie pour se développer. En me servant des termes de *force vitale*, *énergie nerveuse*, je sais que j'emploie des mots qui, pour bien des investigateurs, prêtent à des significations différentes ; mais, après avoir été témoin de l'état pénible de prostration nerveuse et corporelle dans laquelle quelques-unes de ces expériences ont laissé M. Home, après l'avoir vu dans un état de défaillance presque complète, étendu sur le plancher, pâle et sans voix, je puis à peine douter que l'émission de la *force psychique* ne soit accompagnée d'un épuisement correspondant de la force vitale. »

« Cette force est possédée probablement par tous les êtres humains, quoique les individus qui en sont doués avec une énergie extraordinaire soient sans doute rares. Pendant l'année qui vient de s'écouler, j'ai rencontré, dans l'intimité de quelques familles, cinq ou six personnes qui possèdent cette force d'une manière assez puissante pour m'inspirer pleinement la confiance que, par leur moyen, on aurait pu obtenir des résultats semblables à ceux qui viennent d'être décrits, pourvu que les expérimentateurs opérassent avec des instruments plus délicats et susceptibles de marquer une fraction de grain, au lieu d'indiquer seulement des livres et des onces. »

M. de Roches vient de faire paraître (janvier 1897) un ouvrage intitulé : *Les Effluves Odiques* qui contient une remarquable série de conférences faites en 1866 par le baron de Reichenbach devant l'académie des sciences de Vienne. Les recherches du savant Allemand établissent avec certitude l'existence de cette force psychique. Dans la notice historique qui précède le texte de ces conférences, M. de Rochas relate une quantité d'expériences faites sur un pendule spécial, par M. le Dr Léger et vérifiées par M. Ch. Bué. Il ressort de ces travaux : 1° que l'organisme humain peut extérioriser la force psychique, 2° que la volonté humaine peut diriger cette force dans une direction déterminée.

Deuxième constatation : La médiumnité n'est pas un don providentiel, une propriété anormale, mais simplement un état physiologique qui se présente chez tous les êtres, mais n'est très développé que chez quelques-uns. C'est ce que les spirites ont toujours enseigné (1).

La Lévitation humaine

En feuilletant la Vie des Saints et les annales des procès de sorcellerie, nous pourrions citer des cas nombreux, attestés par des quantités de témoins, de l'ascension de certains personnages. (2) Mais, fidèle à notre méthode, nous allons donner la parole à des savants modernes. Cette force psychique n'agit pas seulement sur des objets inanimés, elle s'exerce souvent sur le médium lui-même.

Écoutons le grand naturaliste Wallace à ce sujet (3).

« Je vais rapporter une séance dont j'ai conservé note. Nous étions assis, chez un ami, autour d'un guéridon, sous un lustre. Un autre de mes amis, qui était complètement étranger pour le reste de la compagnie, se tenait auprès de Miss Nichol (le médium) et lui tenait les deux mains. Une autre per-

---

(1) Voir le *Livre des Médiums*, par Allan Kardec.
(2) Voir de Rochas. — *Recueil de documents relatifs à la Lévitation du corps humain*. Paris 1897.
(3) Wallace, *les Miracles et le moderne Spiritualisme*, pp. 224 et 225.

sonne, avec des allumettes, était prête à faire de la lumière au commandement. Or voici ce qui advint :

« D'abord la chaise de Miss Nichol fut retirée de dessous elle, et la jeune fille fut obligée de se tenir debout, mon ami gardant toujours ses deux mains. Une minute ou deux après, j'entendis un son léger, tel qu'aurait pu en produire une personne posant sur la table un verre à boire, et, en même temps, un très faible bruissement d'étoffes et le tintement des pendants de verre du lustre. Immédiatement mon ami me dit : « Elle m'a échappé. » Une allumette fut alors frottée, et nous trouvâmes Miss N. tranquillement assise sur sa chaise, au milieu de la table ; sa tête touchait le lustre. Mon ami déclara que Miss N. avait semblé glisser sans bruit hors de ses mains. Elle était très forte et lourde ; qu'elle eût posé sa chaise sur la table, et qu'elle y fût montée, dans l'obscurité, sans bruit, presque instantanément, et cinq ou six personnes étant réunies autour d'elle, me parut et me paraît encore, à moi qui la connais intimement, physiquement impossible. »

Les sceptiques pourront objecter que dans l'obscurité il est mal aisé de se rendre compte des faits et surtout de la manière dont ils se produisent ; que, quelle que soit la confiance que l'on puisse avoir dans le médium, ces faits extraordinaires ont besoin d'un contrôle encore plus rigoureux. Pour satisfaire à cette exigence, voici d'autres attestations rapportées par Crookes :

« En une occasion, je vis une chaise, sur laquelle une dame était assise, s'élever à plusieurs pouces du sol. Une autrefois, pour écarter tout soupçon que cet enlèvement était produite par elle, cette dame s'agenouilla sur la chaise, de telle façon que les quatre pieds en étaient visibles pour nous. Alors elle s'éleva à environ 3 pouces, demeura suspendue pendant dix secondes à peu près, et ensuite descendit lentement. Une autre fois encore, deux enfants, en deux circonstances différentes, s'élevèrent du sol avec leur chaise, *en plein jour* et sous les conditions les plus satisfaisantes (pour moi), car j'étais à genoux, et je ne perdais pas de vue les pieds de la chaise, remarquant bien que personne ne pouvait y toucher.

« Les cas d'enlèvements les plus frappants dont j'ai été témoin ont eu lieu avec M. Home. En trois circonstances différentes, je l'ai vu s'élever complètement au-dessus du plancher de la chambre. La première fois, il était assis sur une chaise longue ; la seconde, il était à genoux sur sa chaise, et la troisième il était debout. A chaque occasion, j'eus toute la latitude possible d'observer le fait au moment où il se produisait. »

L'auteur rapporte qu'il a entendu le comte de Duraven, lord Lindsay et le capitaine C. Wyne lui affirmer qu'ils avaient été, à maintes reprises, témoins de faits semblables ; nous pouvons donc sans crainte inscrire ce genre de phénomène à l'actif de la force psychique.

M. de Rochas, administrateur de l'Ecole polytechnique, cite encore plusieurs exemples de lévitation dans son remarquable ouvrage : *les Forces non définies*.

Nous arrivons donc à cette conclusion que toutes

les précautions contre la fraude étant prises, si la table se meut ou si un médium s'élève dans l'air, c'est qu'une force encore peu connue s'exerce. Cette force n'est pas due à des mouvements musculaires, conscients ou non ; elle émane de l'organisme du médium mais n'est pas soumise à sa volonté.

Une étude plus attentive va nous révéler des propriétés nouvelles de cette force.

CHAPITRE II

L'INTELLIGENCE DE LA FORCE PSYCHIQUE

Les phénomènes ne sont pas dus à une force aveugle. — Quelques expériences le prouvent. — Les objections des incrédules. — La transmission de la pensée. — Recherches de la Société psychique de Londres. — Discussion. — Preuve absolue de l'existence des esprits. — Les enfants morts dans l'Inde. — Un télégraphiste d'outre-tombe. — La planchette clairvoyante. — Le cas d'Abraham Florentine. — Le tailleur écrasé. — Le capitaine Wheatcroft.

Nous avons vu dans la séance rapportée par Auguste Vacquerie que le phénomène est dirigée par une intelligence ; si nous avons négligé sciemment le côté intellectuel, c'était pour établir nettement l'existence de la force psychique. Maintenant qu'elle ne peut plus être sérieusement contestée, arrivons à l'étude de l'intelligence qui se manifeste ainsi.

La première constatation qui s'impose, c'est que les mouvements de la table sont souvent produits intentionnellement, et les coups que l'on entend ne sont pas dus au hasard, mais frappés avec une préméditation évidente de manifester une volonté. Recourons encore aux observateurs rigoureux et sans parti pris. Voici ce que nous lisons dans les *Recherches sur le Spiritualisme* :

« Dès le premier début de mes recherches j'ai

constaté que le pouvoir qui produisait ces phénomènes n'était pas simplement une force aveugle, mais qu'une intelligence le dirigeait ou du moins lui était associée : ainsi les bruits dont je viens de parler ont été répétés un nombre de fois déterminé : ils sont devenus forts ou faibles, et, à ma demande, ils ont résonné dans différents endroits ; par un vocabulaire de signaux convenus à l'avance, il a été répondu à des questions, et des messages ont été donnés avec une exactitude plus ou moins grande.

« L'intelligence qui gouverne ces phénomènes est quelquefois manifestement inférieure à celle du médium, et elle est souvent en opposition directe avec ses désirs. Quand une détermination a été prise de faire quelque chose qui ne pouvait pas être considéré comme bien raisonnable, j'ai vu donner de pressants messages pour engager à réfléchir de nouveau. Cette intelligence est quelquefois d'un caractère tel, qu'on est forcé de croire qu'elle n'émane d'aucun de ceux qui sont présents. »

Quelques Expériences

Pour confirmer les affirmations du savant Anglais, voici le témoignage du juge Edmonds.

« En me préparant à assister à une réunion, je m'asseyais seul dans ma chambre et inscrivais soigneusement la série de questions que je devais poser ; j'ai été surpris de recevoir des réponses à mes questions, dans l'ordre précis où je les avais écrites, sans que je retirasse mon mémorandum de ma poche.

Pas une des personnes présentes ne savait même que j'avais des questions toutes prêtes, à plus forte raison quelles étaient ces questions. Mes pensées les plus intimes, celles que je n'avais murmurées à l'oreille d'aucun mortel, ont été librement discutées, comme si je les avais exprimées ; j'ai été averti que mes moindres pensées étaient ainsi connues et pouvaient être découvertes par l'intelligence qui se manifestait. »

Pour abréger le mode habituel de communication par coups frappés, qui est assez long, on emploie parfois un alphabet imprimé sur lequel on promène lentement un crayon, et la table frappe un coup au moment où le crayon se trouve en face de la lettre qu'il s'agit de faire connaître.

Les incrédules ne manquèrent pas pour affirmer que ces phénomènes dépendent simplement de la finesse et de l'habileté du médium à deviner les lettres qui forment le nom, par la manière dont les consultants appuyent ou passent sur ces caractères.

Voici quelques expériences de Wallace qui montrent combien cette manière de voir est peu fondée.

« Lorsque je reçus moi-même, pour la première fois, une communication, je pris un soin particulier pour éviter de donner une indication : je parcourus les lettres avec une constante régularité. Pourtant il fut épelé correctement ; d'abord, le lieu où mon frère est mort, Para, puis son nom de baptême, Herbert, et enfin, sur ma demande, le nom de l'ami commun qui fut le dernier à le voir, Henry Walter Bates. En cette occasion, notre compagnie de six personnes visitait

Mᵐᵉ Marshall (le médium) pour la première fois, et mon nom, aussi bien que ceux du reste des assistants, étaient inconnus de cette dame, sauf un, celui de ma sœur, mariée, et dont le nom n'était donc point un guide pour arriver au mien.

« En la même occasion, une jeune fille présente fut avertie qu'une communication allait lui être faite. Elle prit l'alphabet, et, au lieu de pointer les lettres une à une, elle mut le crayon doucement le long des lignes avec la plus parfaite continuité. Je la suivais et écrivais à mesure les lettres qu'indiquaient les frappements. Le nom obtenu était extraordinaire, les lettres disant : Thomas Doe Tacker, le nom du père de la jeune fille ; chaque lettre était exacte. Nombre d'autres noms, lieux et dates furent déchiffrés en cette occasion avec une égale justesse ; moi, je donne ces deux seuls cas, parce que je suis *sûr* que nulle clef n'était donnée par laquelle les noms eussent pu être devinés, même par l'intelligence la plus extranaturellement aiguë.

« En une autre occasion, j'accompagnais chez Mᵐᵉ Marshall ma sœur et une dame qui n'y était jamais allée, et nous eûmes une très curieuse démonstration de l'absurdité qu'il y a à imputer le déchiffrement des noms à l'hésitation du consultant et à la finesse du médium. Cette dame souhaita qu'il lui fût donné le nom d'un ami particulier décédé, et pointa les lettres de l'alphabet suivant le procédé usuel, pendant que j'écrivais à mesure celles indiquées. Les trois premiers caractères furent *y, r, n*.

« Oh ! dit la dame, cela n'a pas de sens ; nous avions

obtenu mieux tout à l'heure. » Juste en ce moment vint un *e*, et, m'avisant, je jugeai ce que c'était. « S'il vous plaît, dis-je, continuez ; je comprends cela. » La communication entière fut ensuite donnée ainsi : *y r n e h k c o e f f e j*. La dame ne s'y reconnaissait pas davantage, jusqu'à ce que je séparai de la sorte : — *y r n e h   k c o e f f e j*, ou Henry Jeffcock, le nom de l'ami qu'elle voulait, exactement épelé à l'envers. »

Les communications par la table sont très communes, et nous croyons que c'est par l'étude de ces phénomènes que la plupart des incrédules sont devenus spirites. Il existe une énorme quantité de témoignages relatifs à l'obtention de noms de parents, d'amis décédés, venant informer ceux qui sont restés sur la terre que tout ne meurt pas avec le corps et qu'ils sont, par-delà le tombeau, aussi vivants qu'ici-bas. Les revues et journaux spirites fourmillent d'exemples de manifestations semblables ; nous ne croyons donc pas utile de nous étendre plus longtemps sur ce sujet.

Nous terminerons ces citations en reproduisant les déclarations faites par Cromwell Varley, alors ingénieur en chef des lignes télégraphiques de l'Angleterre, devant le comité de la Société dialectique (1).

« J'ai employé le terme *esprits*, lors même que je n'ignore pas que la possibilité de communiquer avec nos amis qui ont quitté leur corps matériel n'est pas généralement admise. Les motifs qui me permettent

---

(1) Gardy, *Cherchons*, p. 231.

d'affirmer que les esprits de nos proches viennent réellement nous rendre visite sont ceux ci :

« 1°. — J'en ai vu distinctement en plusieurs occasions (1).

« 2°. — Des choses qui n'étaient connues que de moi-même et de la personne décédée qui était censée se communiquer à moi, et dont j'ai reconnu l'exactitude, m'ont été divulguées plus d'une fois, alors que le médium n'en avait aucune connaissance.

« 3°. — A diverses reprises, des choses qui n'étaient connues que de nous deux, et dont j'avais complètement perdu le souvenir, m'ont été rappelées par l'esprit qui se communiquait, en sorte que là il ne pouvait pas y avoir transmission de pensée.

« 4°. — Lorsqu'il m'est arrivé d'obtenir des communications de ce genre, j'ai posé, en plusieurs occasions, des questions mentales auxquelles le médium, dame de position très indépendante, répondait par écrit, tout en restant complètement inconsciente du sens des communications.

« 5°. — L'époque et le genre de certains événements imprévus, inconnus, soit de moi-même, soit du médium, m'ont été annoncés plus d'une fois, quelques jours à l'avance, et se sont parfaitement réalisés. Comme ceux qui m'ont fourni ces renseignements disaient vrai quant à des événements futurs, qu'ils se donnaient pour des Esprits et que nul mortel présent ne pouvait avoir connaissance de ce qu'ils communiquaient, je ne sais aucune raison de ne pas les croire. »

(1) Nous verrons plus loin l'étude détaillée de ces phénomènes.

Voilà qui est raisonner, et nous sommes pleinement de l'avis de M. Varley, car nous allons constater que les théories présentées par les adversaires du spiritisme, pour rendre compte de ces phénomènes, sont ou simplement impossibles, ou elles n'expliquent qu'un nombre de faits très restreint, ou elles s'appuient sur des hypothèses plus difficiles à admettre que l'intervention des esprits.

Les Objections.

En premier lieu, nous avons affaire au clergé qui nous dit :

« Vous croyez converser avec l'âme de vos parents ou amis disparus, quelle erreur ! c'est Satan qui revêt des formes multiples pour vous tromper et vous détourner de l'Eglise, en laquelle, seule, réside la vérité »

Nous répondrons, simplement, que l'existence d'un Esprit du mal est purement hypothétique, et que, si nous devons choisir entre deux croyances, il est plus rationnel d'admettre, après vérification, que ce sont bien les esprits des humains qui ont survécu qui se manifestent, puisqu'ils nous donnent des preuves de leur existence.

De plus, si l'on croit à l'existence du diable, nous ferons remarquer qu'il agit d'une manière illogique en ramenant des matérialistes à la croyance à une vie future. Enfin, comme les communications spirites enseignent l'amour du prochain, le mépris des biens de ce monde, la répression des vices et la pratique des vertus, l'ange du mal se combat lui-même, d'où, en bonne logique, ce n'est pas à lui qu'il faut attribuer ces manifestations.

La Transmission de la pensée

Le spiritisme, de même que le magnétisme, est une science nouvelle qui a eu le grand tort de naître en dehors des sanctuaires savants, de sorte que l'accès lui en est disputé avec un acharnement sans égal.

Nous avons constaté que le phénomène physique, abstraction faite de toute autre considération, était attribué par les sceptiques à des mouvements inconscients des opérateurs ; il a fallu une somme considérable d'expériences, ayant lieu devant des témoins irrécusables, pour établir l'action à distance des médiums sur des objets inanimés.

Lorsqu'il ne fut plus possible de nier ces faits, sans mettre en évidence un parti pris de mauvais aloi, on fut obligé d'admettre qu'une intelligence était associée au phénomène et le dirigeait ; mais quelle était cette intelligence ?

La première idée qui vient est incontestablement que c'est l'intelligence d'un ou de plusieurs des assistants, qui opère d'une manière encore inconnue et qui produit les résultats relatés plus haut.

Il est possible aussi, ajoutent les incrédules, que la pensée de l'opérateur se transmette au médium et que, dès lors, celui-ci, agissant sur la table, puisse lui faire épeler des noms propres, donner des dates d'événements passés, etc. ; vous attribuerez à l'esprit d'un mort les réponses, alors que ce sera tout simplement un reflet de votre pensée. D'ailleurs, ne savez-vous pas que des expériences très précises ont été faites à ce sujet, et qu'il est presque universellement reconnu aujourd'hui que la transmission de la pensée est bien un phénomène réel ? Voilà pourquoi vous obtenez des noms propres, des dates, etc. ; mais loin d'attribuer ces phénomènes à des esprits, il ne faut voir là qu'une faculté nouvelle qui s'est révélée chez certains individus et qui n'a rien de surnaturel.

Voyons donc les travaux entrepris au sujet de la transmission de la pensée, et cherchons dans quelle proportion ils peuvent rendre compte des phénomènes spirites.

Depuis dix ans, il existe en Angleterre une Société connue sous le nom de *Society for Psychical Researches*, qui a pour objet de recueillir et de contrôler minutieusement les faits que l'on désigne sous le nom de *Télépathiques*. On comprend sous cette dénomination tous les phénomènes d'actions psychiques à distance, c'est-à-dire un groupe d'actions ou d'impressions qui peuvent se transmettre d'une personne à une autre, sans le secours des sens.

Dans les comptes rendus de la Société, qui se publient tous les six mois et que l'on nomme *proceedings*, on peut relever dix-sept mille six cent cinquante-trois expériences de transmission de pensée. Voici comment on procède :

L'opérateur est séparé du sujet par une certaine distance, et celui-ci doit lui tourner le dos et être placé de manière à ce que nul mouvement, nul bruit, ne puisse le troubler ou le renseigner.

Dans ces conditions, l'opérateur concentre sa pensée sur des noms ou des chiffres, et le sujet doit répéter les noms ou les chiffres pensés. Dans toutes les expériences citées dans les *proceedings*, le nombre de réponses exactes a toujours été de beaucoup supérieur à celui qu'indique le calcul des probabilités. Il y a donc eu transmission de la pensée.

On a cherché à varier le phénomène : au lieu de noms, de chiffres ou de nombres à transmettre, on a imaginé de faire reproduire par le sujet des dessins vus ou faits par l'opérateur, et là encore les résultats ont été satisfaisants (1). Au congrès de psychologie physiologique tenu en 1889, ces phénomènes ont été l'objet d'une discussion très nourrie entre MM. Marillier, Charles Richet, Ochorowicz, Janet, représentant la France, et MM. Sidgwick, et Myers pour l'Angleterre, Riley pour l'Amérique et Delbœuf pour la Belgique. Il résulte des preuves fournies, que la transmission de pensée est un phénomène réel.

Des hypnotiseurs connus, comme MM. Beaunis et Liébaut de Nancy, l'avaient déjà constaté sur des sujets en sommeil, confirmant ainsi les expériences du baron Du Potet. Lombroso a répété avec Pickmann les expériences anglaises. Les yeux bandés, les oreilles bouchées, sans aucun attouchement, Pickmann devina juste, neuf fois sur dix, des cartes touchées par Lombroso (2).

En Amérique, une société de recherches psychiques

(1) Voir les *Annales psychiques*, 1891, pp. 65 à 87.
(2) Lombroso, *la Transmission de la pensée*; *Gazette littéraire*, vol. XIV, p. 12. Turin, 1899.

s'est fondée également en 1885, et le résultat de ses travaux confirme le fait de la transmission de la pensée. Retenons cependant cette conclusion importante formulée par la commission de cette Société :

« Il résulte des essais pour la commission, comme pour M. Sidgwick, qu'un *état sceptique de l'agent* (c'est-à-dire de l'opérateur) est défavorable à la transmission, car cet état d'esprit empêche, par exemple, la participation intensive à l'activité de conception. »

Discussion.

Examinons maintenant une expérience spirite, et voyons si la transmission de la pensée peut expliquer les faits constatés.

Prenons les trois séances rapportées par Russel Wallace, page 82, afin de raisonner sur des faits positifs. Dans la première expérience, il obtint le nom de son frère mort, le lieu où cet événement s'est passé, et enfin un autre nom propre, celui d'un ami commun.

Pour que la transmission de la pensée fût admise comme cause effective de ces résultats, il serait nécessaire :

1°. — Que le médium, Mme Marschall, fut un sujet sensible à ce genre de manifestation, ce qui n'est nullement établi ;

2°. — Il faudrait voir en M. Wallace un expérimentateur cherchant, par la concentration de sa pensée, à imposer un nom au médium. C'est précisément le contraire qui a lieu, car l'illustre naturaliste applique simplement son esprit à parcourir l'alphabet avec une constante régularité, donc on ne peut lui attribuer le rôle d'un opérateur voulant imposer une pensée quelconque, puisque lui-même ne sait pas ce qui va arriver ;

3°. — Supposons cependant, malgré toute évidence, que le nom de Herbert Wallace fût transmis mentalement à Mme Marschall, il faudrait encore expliquer comment celle-ci peut, à son insu, car elle ignore complètement, de même que tous les autres médiums de table, le nom qui va être épelé, il faudrait, disons-nous, expliquer comment il se produit des coups dans la table correspondants à chacune des lettres qui composent le mot.

Notons bien que les coups sont tout-à-fait indépendants de la volonté des opérateurs ; cela est constaté par tous ceux qui ont étudié le phénomène. Donc, nous pouvons, sans crainte d'être démenti, affirmer que dans ce cas, la transmission de la pensée n'entre pas comme facteur de l'expérience.

Mais où cette démonstration acquiert une valeur absolue, c'est dans la troisième expérience, celle où le nom de *Henry Jeffeock* arrive épelé à l'envers. La dame qui faisait l'évocation, bien loin d'imposer ses pensées, après les trois premières lettres, *y r n*, déclare que cela n'a pas de sens ! On voit qu'ici la transmission de la pensée n'a absolument rien à faire pour expliquer cette communication.

Nous pourrions prendre tous les cas rapportés par nous et y appliquer le même raisonnement, d'où cette conclusion qui s'impose, qu'il faut chercher une autre cause au phénomène, et, puisque l'intelligence qui se manifeste n'émane pas des opérateurs, que cette intelligence déclare être celle dont elle donne le nom, nous ne voyons pas pourquoi on s'obstinerait à nier son existence.

D'ailleurs, nous n'avons pas encore vu tous les faits, à peine quelques-uns ont-ils défilé devant nous, et cependant la présence des invisibles est déjà manifeste.

Désormais, la masse énorme des preuves de l'existence des Esprits va aller en revêtant un caractère de plus en plus probant, et nulle dénégation ne sera capable de combattre l'évidence de l'intervention des esprits dans ces manifestations nouvelles.

Preuve absolue de l'existence des Esprits.

Afin qu'il ne reste aucun doute dans l'esprit du lecteur sur le rôle des Esprits comme auteurs des manifestations spirites, nous allons rapporter diverses manifestations dans lesquelles il est impossible que l'intelligence qui se manifeste soit celle des assistants.

Il est évident que si nous établissons que les messages reçus par la table ne sont certainement pas des reflets de l'esprit des assistants, si ces communications relatent des événements réels, absolument inconnus des opérateurs, il faudra bien admettre que ces dictées proviennent d'intelligences désincarnées qui en ont volontairement donné connaissance, puisqu'il sera possible de vérifier leurs affirmations et de contrôler leur identité.

Nous répétons, ici encore, que nous pourrions fournir un nombre bien plus considérable d'exemples, mais que notre cadre ne nous permet pas de nous étendre trop longuement sur ces faits, car nous en avons d'autres à étudier. Nous nous bornerons à choisir des expériences faites par des observateurs compétents, qui ont pris toutes les précautions nécessaires pour produire un témoignage à l'abri de toute critique.

Nous empruntons à Eugène Nus la traduction d'un passage du livre de M. Oxon, l'éminent professeur d'Oxford, *Spirit Identity*.

Les Enfants morts dans l'Inde.

« Le 10 février 1874, nous fûmes attirés par un triple frappement, nouveau et tout particulier, sur la table, et nous reçûmes un récit long et circonstancié de la mort, de l'âge, — même les mois, et les petits noms : quatre pour deux d'entre eux, et trois pour l'autre, — de trois petits êtres, enfants du même père, à qui ils avaient été enlevés subitement par la mort. Nul de nous n'avait connaissance de ces noms peu communs. Ils étaient morts dans un pays éloigné, l'Inde, et, quand le message nous fut donné, nous n'avions aucun moyen apparent de vérification. Cette révélation fut cependant vérifiée peu de temps après, d'une singulière manière.

« Le 28 mars de la même année, je rencontrai, pour la première fois, M. et Mme A. Watts, dans la maison de M. Cowper-Temple, docteur-médecin. Notre conversation roula principalement sur l'évidence des phénomènes psychiques. Je racontai plusieurs faits, entre autres celui de ces trois enfants. Mme Watts fut très frappée de ce récit, qui correspondait, dans son esquisse, avec une pénible histoire qu'elle avait récemment entendue. Le lundi d'avant, M. et Mme Watts avaient dîné chez une vieille amie, Mme Leaf, et avaient appris d'elle l'histoire d'une perte douloureuse qu'avait faite le parent d'une connaissance de Mme Leaf. Ce gentleman, résidant dans l'Inde, avait, dans un court espace de temps, perdu sa femme et trois enfants. Mme Leaf était entrée dans de grands détails tristes, mais n'avait fait aucune mention des noms ni du lieu de ce douloureux événement. En racontant l'incident des trois jeunes enfants qui avaient communiqué avec moi, je donnai les noms et le lieu, tels qu'ils avaient été fournis par le message. Mme Watts se chargea de s'informer auprès de Mme Leaf des particularités du récit que celle-ci lui avait fait, ce qu'elle fit les jours suivants, et les noms étaient les mêmes.

« Je dus à l'obligeance de Mme Watts de faire la connaissance de Mme Leaf, et je fus très impressionné de la parfaite coïncidence de chaque détail qu'elle me donna sur les faits en question. »

Dans ce cas, la transmission de la pensée est notoirement hors de cause, puisque aucun des opérateurs ne connaissait les Esprits qui venaient donner leur nom.

Nous demandons alors, si l'on n'admet pas l'existence des Esprits, à quelle intelligence attribuer cette révélation ?

Voici un cas rapporté par Williams Crookes qui

montre bien que l'intelligence qui se manifeste est complètement étrangère aux assistants.

Un Télégraphiste d'outre-tombe.

« Pendant une séance avec M. Home, la petite latte dont j'ai parlé *traversa la table* pour venir à moi, en pleine lumière, et me donna une communication en me frappant sur la main. J'épelais l'alphabet, et la latte me frappait au moment qu'il fallait. L'autre bout de la latte reposait sur la table à une certaine distance des mains de M. Home.

« Les coups étaient si nets et si précis, et la règle était si évidemment sous l'influence d'une puissance invisible qui dirigeait ses mouvements, que je dis : L'intelligence qui dirige les mouvements de cette règle peut-elle changer le caractère de ses mouvements et me donner, au moyen de coups frappés sur ma main, un message télégraphique avec l'alphabet de Morse ?

« J'ai toutes les raisons possibles pour croire que l'alphabet de Morse était tout à fait inconnu des personnes présentes, et moi-même je ne le connaissais qu'imparfaitement. J'avais à peine prononcé ces paroles que le caractère des coups frappés changea, et le message fut continué de la manière que j'avais demandée. Les lettres me furent données trop rapidement pour pouvoir faire autre chose que de saisir un mot par-ci par-là, et par conséquent ce message fut perdu ; mais j'en avais vu assez pour me convaincu qu'à l'autre extrémité de la latte il y avait un bon opérateur de Morse, quel qu'il pût être d'ailleurs. »

La Planchette clairvoyante.

Encore un autre exemple du même auteur : « Une dame écrivait automatiquement au moyen de la planchette. J'essayais de découvrir le moyen de prouver que ce qu'elle écrivait n'était pas dû à l'action inconsciente du cerveau. La planchette, comme elle le fait toujours, affirmait que, quoiqu'elle fût mise en mouvement par la main et le bras de cette dame, l'*intelligence* qui la dirigeait était celle d'un être invisible, qui jouait du cerveau de la dame comme d'un instrument de musique, et faisait ainsi mouvoir ses muscles.

« Je dis alors à cette intelligence : Voyez-vous ce qu'il y a dans cette chambre ? — Oui, écrivit la planchette. — Voyez-vous ce journal et pouvez-vous le lire ? ajoutai-je en mettant mon doigt sur un numéro du *Times* qui était sur une table derrière moi, mais sans le regarder. — Oui, répondit la planchette. — Bien, dis-je, si vous pouvez le voir, écrivez le mot qui est maintenant couvert par mon doigt, et je vous croirai. » La planchette commença à se mouvoir lentement, et avec beaucoup de difficulté elle écrivit le mot *honneur*. Je me tournai, et je vis que le mot honneur était couvert par le bout de mon doigt.

« Lorsque je fis cette expérience, j'avais évité à dessein de regarder le journal, et il était impossible à la dame, l'eût-elle essayé, de voir un seul des mots imprimés, car elle était assise à une table, le journal était sur une autre table, derrière moi, et mon corps lui en cachait la vue. »

Ce fait démontre encore que lorsque l'on serre d'un peu près les objections que font les incrédules aux phénomènes spirites, on demeure surpris du peu de consistance qu'elles présentent.

La transmission de pensée, qui est l'épée de chevet des contradicteurs, est invoquée souvent pour expliquer la réponse qu'un médium fait à une question mentale. Un peu de réflexion suffit à faire comprendre combien cette hypothèse est peu fondée.

Il est bien évident qu'elle ne rend pas compte de tous les phénomènes, car, lorsque la communication révèle des événements complètement inconnus des assistants, il est notoire qu'on ne saurait invoquer une transmission quelconque de la pensée. Nous avons vu déjà le cas des enfants morts dans l'Inde, rapporté par M. Oxon, qui est tout à fait typique ; en voici un second, aussi bien constaté, toujours par le même auteur. Nous en empruntons la traduction à M. Gardy, de Genève (1)

Le Cas d'Abraham Florentine

M. Oxon (2), se trouvant en séjour à Shanklin, île de Wight, au mois d'août 1874, avait organisé, avec M. le docteur Spur et sa dame, des séances assez ré-

(1) Gardy, *Cherchons*. — Un volume très intéressant et très bien fait, que nous engageons fort à nos lecteurs à consulter souvent.
(2) Oxon était le pseudonyme du révérend Staiton Moses, professeur à l'université d'Oxford.

gulières. Un Esprit vint se communiquer un jour sous le nom d'Abraham Florentine. La table qui servait aux expériences semblait être, dit le narrateur, dans un état de grande surexcitation ; ses pieds frappaient avec violence, en sorte que la conversation différait du mode habituel, car c'était plutôt au moyen de coups résonnant dans le bois que nous communiquions généralement. Cet esprit déclarait être décédé à Brooklyn (New-York), le 5 août 1874, à l'âge de 83 ans, 1 mois et 17 jours, et avoir pris part à la guerre de 1812.

M. Epes Sargent, à qui cet incident fut communiqué, l'envoya au *Banner of Light*, qui, le 12 décembre, demanda si quelqu'un pourrait fournir des renseignements à ce sujet.

A peine ce numéro du journal avait-il paru que l'éditeur recevait de M. Wilson Millar, à Washington, l'avis que le nom d'Abraham Florentine existait sur les tableaux dressés pour les soldats de 1812 qui avaient des réclamations à faire, et qu'en s'adressant au bureau de l'adjudant général de l'Etat de New-York, on pourrait obtenir de plus amples renseignements.

Ayant écrit à cet effet à l'adjudant général, la rédaction en reçut cette réponse :

ÉTAT DE NEW-YORK   Albany, le 25 janvier 1875,
Quartier Général
*Département
de
l'adjudant général*

« En réponse à votre communication du 22 janvier, je viens vous donner les renseignements suivants, qui sont extraits des archives de ce gouvernement :

« Abraham Florentine, simple soldat de la compagnie du capitaine Nicole, 1ᵉʳ régiment de la milice de New-York, colonel Dodge, s'était engagé le 2 ou vers le 2 septembre 1812 ; après avoir servi pendant trois mois, il obtint un congé honorable. On lui accorda une concession de terrain numéro 63,365. Ces détails ressortent des déclarations faites sous serment par le soldat et non des registres officiels.

« Très respectueusement,

« Franklin TOWNSEND »
adjudant général.

Cette note ayant été publiée, le docteur Crowel, qui connaissait M. Oxon, eut encore l'obligeance de faire des démarches en vue d'obtenir des détails supplémentaires. Consultant l'indicateur de Brooklyn et y trouvant le nom d'Abraham Florentine, domicilié 119, Kosciusko street, il se rendit à cette adresse et fut reçu par Mᵐᵉ Florentine, qui, sur les questions qu'il lui posa, lui dit que son mari était mort le 5 août précédent, et qu'il avait eu 83 ans le 8 juin auparavant ;

qu'il était, de son vivant, d'un caractère emporté, et que, pendant une année au moins qu'il avait dû garder le lit, il avait beaucoup souffert.

Tout ce qui avait été dit à Shanklin était donc rigoureusement vrai, à ce seul détail près que Mme Florentine donnait à son mari 83 ans, 1 mois et 27 jours, tandis que l'esprit s'attribuait 10 jours de moins d'existence. Mais cette légère différence n'infirme en rien le résultat des autres renseignements, parfaitement confirmés.

Voici les conclusions de M. Oxon quant à ce fait et à l'importance qu'il lui attribue.

« En ce qui me concerne personnellement, j'ai été très heureux de voir mes recherches couronnées de succès. Je n'ai jamais mis en doute que nous arriverions à éclaircir cette affaire, comme nous l'avions fait en mainte autre occasion ; mais le principal a été pour moi de pouvoir constater la justesse des déductions que j'avais tirées de la manière insolite dont cette communication avait été faite.

« La véhémence des coups, le mode de correspondance employé et qui était, pour nous, entièrement nouveau, le sérieux incontestable de l'esprit et l'obstination qu'il avait mise à se faire entendre, étaient des plus remarquables.

« Il y a dans le caractère de la preuve singulièrement significative que nous avons obtenue à cette occasion, une démonstration si évidente du retour de ceux qui nous ont quittés, qu'elle ne peut manquer de fournir aux lecteurs matière aux plus sérieuses réflexions. Un fait positif, *c'est que nul d'entre nous n'avait jamais entendu parler d'Abraham Florentine;* nous n'avions pas d'amis en Amérique chargés de nous donner des nouvelles de ce qui s'y passait, et, lors même que nous en aurions eu, ils n'auraient certainement pas parlé d'une circonstance qui ne nous intéressait en aucune façon. En terminant, *j'affirme de nouveau, dans l'intérêt de la vérité, que le nom, aussi bien que les faits, nous étaient entièrement inconnus à tous trois.* »

Il n'y a pas de théorie, en dehors du spiritisme, qui puisse expliquer de tels phénomènes ; ils sont la preuve la plus certaine de l'immortalité de l'âme et des communications de ceux qu'on s'obstine à appeler les morts, alors qu'ils sont parfaitement vivants.

L'Angleterre n'a pas le monopole de ces faits bien constatés ; le 11 janvier 1883, les *Spiritualistische Blatter* publiaient l'article suivant, rapportant un phénomène aussi probant que le précédent (1).

Le Tailleur écrasé.

Nous sommes redevables à M. le conseiller S., dont nous avons reçu récemment la visite, d'un intéressant rapport qu'il a eu l'obligeance de nous communiquer et que nous sommes heureux de mettre sous les yeux de nos abonnés ; ils y trouveront une preuve d'identité qui, en raison de sa simplicité, de sa clarté et des témoignages sur lesquels elle s'appuie, peut être considérée comme une des meil-

(1) Gardy, *Cherchons*, pp. 88 et suiv.

leures démonstrations que l'on ait obtenues en Allemagne de la possibilité des communications directes avec les Esprits.

Des circonstances qui, malheureusement, se présentent trop souvent encore, nous empêchent de livrer les noms à la publicité; mais, pour obvier à cet inconvénient, nous avons soumis à quatre personnes le protocole de la séance, les rapports des autorités et quelques autres documents, et ces Messieurs ont bien voulu attester, par leurs signatures, l'authenticité de la révélation suivante :

« Dans la petite ville de G., trois messieurs se plaçaient, le soir du 3 août 1882, autour d'une table pour essayer d'obtenir les phénomènes de déplacements ou des coups frappés. Ils n'eurent pas longtemps à attendre ; bientôt la table se mit en mouvement, et l'on comprit, en la questionnant, que les esprits désiraient se manifester ; la conversation suivante s'engagea au moyen de l'alphabet :

« — Qui est là ? — Un tailleur écrasé. — Comment, écrasé ? — Un train m'a passé dessus. — Quand ? — Il y a trois ans. — Où ? — Unterbarmen. — Quel jour ? — 29 août 1879. — Ton nom ? — Siegwart Lekebusch. — Ton domicile ? — Barmen. — Tes parents vivent-ils encore ? — Oui. — Etais-tu patron ou ouvrier ? — Apprenti. — A quel âge es-tu mort ? — Dix-sept ans. — Es-tu heureux ? — Oh ! oui. — Devons-nous faire cette communication à tes parents ? — Non. — Pourquoi pas ? — Ne croient pas à la survivance après la mort. — Ceci les convaincrait peut-être ? — Vous n'arriverez qu'à vous faire tourner en dérision.

« Comment l'accident est-il arrivé ?

« Je voulais rendre visite à des parents dans l'Auerstrasse à Unterbarmen ; suivant la voie et ayant la vue basse, je n'ai pas vu arriver le train ; c'était la nuit, j'ai été écrasé.

« A quoi t'occupes-tu actuellement ?

« Je ne peux pas vous décrire mon travail.

« Cette conversation se prolongea assez longtemps, mais elle n'offrait pas d'intérêt positif, et le procès-verbal ne fait pas mention de la suite.

« Ces messieurs, fort surpris de cette communication, résolurent de prendre des informations et d'éclaircir ce mystère. Dans ce but, le maître maçon K. écrivit le lendemain à la mairie de Barmen, et, en date du 17 août 1882 l'inspecteur de police lui envoyait cette réponse :

« Suivant la demande que vous me faites par votre lettre du 8 courant, j'ai l'honneur de vous informer que, d'après les actes déposées ici, l'apprenti tailleur Siegwart Lekebusch, âgé de 17 ans, a été atteint le 26 août 1879, à 11 heures 14 minutes de la nuit, par un train de la ligne des montagnes de la Marche, et écrasé dans le voisinage de la gare d'Unterbarmen. La cause de l'accident a été attribuée à ce que le décédé circulait indûment sur la voie. »

« Les renseignements officiels coïncidaient donc parfaitement avec la communication qui nous avait été faite ; il ne restait qu'un point à contrôler, savoir : l'existence d'une Auertrasse. M. E. s'adressa pour cela le 10 août à la rédaction de la *Reinisch Westhal Post*, à Barmen, demandant qu'on voulût bien lui donner tous les détails possibles sur cet événement. La réponse fut :

« Nous ne pouvons pas dire autre chose que ce que nous avons raporté le 28 août 1879, si ce n'est qu'il existe à Unterbamen une Auerstrasse. »

Cette observation, comme les précédentes, réunit toutes les conditions voulues pour démontrer l'existence des Esprits, car aucun de ces messieurs ne connaissait Unterbarmen ; ils ignoraient donc à plus, forte raison, qu'il y eût une Auertrasse et surtout un apprenti tailleur écrasé trois années auparavant. La légère différence de jours qui existe entre la date donnée par l'Esprit comme époque de la mort, et celle qui lui est attribuée par le document de la police, n'infirme en rien la valeur de ce fait comme preuve de la survivance de l'âme.

Le journal poursuit.

« M. S. ayant désiré que les faits seuls fussent insérés ici, et que l'on ne publiât pas les noms des messieurs qui ont pris part à cette séance, nous soussignés, sur la démarche de la rédaction du *Spiritualistische Blœtter*, après avoir examiné, soit les procès-verbaux qui désignent les noms des personnes et des localités, soit les documents officiels, constatons par nos signatures l'exactitude du récit ci-dessus.

« A. W. Sellin ; Ludw. Tischer
« Carl Baumann ; C.-E. Noessler. »

Ce récit montre qu'il n'est pas nécessaire d'être un savant pour faire des constatations scientifiques. Ce document a une grande valeur, tout simplement parce qu'un procès-verbal de la séance a été immédiatement dressé, que les affirmations de l'esprit ont été reconnues vraies par un document officiel, et que des investigateurs ont vérifié qu'il existait bien une ville et dans cette ville une rue portant le nom indiqué par l'Esprit.

Nous engageons les chercheurs à procéder toujours ainsi, car, de cette manière, on amasse des documents pour l'avenir, et l'on apporte sa pierre à l'édifice de la science future.

Nous terminerons ces citations par le fait suivant, rapporté par Richard Dale-Owen dans son livre intitulé : *Faux pas sur la limite d'un autre monde*, page 200.

Le Capitaine Wheatcroft.

La nuit du 14 novembre au 15 novembre 1857, la femme du capitaine G. Wheatcroft, habitant Cambrigde, rêva qu'elle voyait son mari, alors dans l'Inde. Elle s'éveilla immédiatement, et, levant les yeux, elle aperçut la même figure debout auprès de son lit. Le capitaine apparaissait dans son uniforme, les mains pressées sur la poitrine, les cheveux en désordre, la face très pâle. Ses larges yeux noirs étaient fixés droit sur elle ; leur expression était celle d'une grande émotion, et il y avait une contraction spéciale de la bouche, habituelle à cet officier lorsqu'il était troublé. Elle le vit, même dans chaque détail particulier de sa toilette, aussi distinctement qu'elle l'avait jamais vu durant sa vie. La figure sembla se pencher en avant comme si elle eût été en peine, et faire un effort pour parler, mais nul son ne se fit entendre. Elle resta visible, pense la dame, l'espace d'une minute, puis elle disparut. Mme Wheatcroft ne se rendormit point cette nuit. Le matin suivant, elle conta tout cela à sa mère, exprimant sa croyance que le capitaine était tué ou blessé.

Après le temps nécessaire, un télégramme fut reçu, annonçant que l'officier avait été tué devant Lucknow, le 15 novembre. La veuve informa M. Wilkinson, l'avoué de son mari, qu'elle avait été tout à fait préparée à la fatale nouvelle, mais qu'elle était *sûre qu'il y avait une erreur d'un jour* dans la date de la mort; M. Wilkinson obtint alors du Ministère de la guerre un certificat qui était ainsi conçu :

MINISTÈRE DE LA GUERRE 30 Janvier 1858.

N° $\frac{9579}{}$

« Ceci est pour certifier qu'il paraît, d'après les rapports au Ministère, que le capitaine G. Wheatcroft, du 6° dragons-gardes, a été tué dans l'action du 15 novembre 1857. »

Signé : « B. Hawes. »

Or, un remarquable incident se présenta. M. Wilkinson était en visite à Londres, chez un ami dont la femme avait eu toute sa vie perception d'apparitions, pendant que son mari était *médium*. Il leur racontait la vision de la veuve du capitaine et décrivait la figure comme elle apparut à cette dame, lorsque Mme V. dit subitement : « Ce doit être la même personne que je vis, lorsque nous parlâmes de l'Inde. »

En réponse aux questions de M. Wilkinson, elle dit qu'elle avait obtenu, par l'intermédiaire de son mari, une communication de cette personne, qui lui avait annoncé qu'elle venait d'être tuée dans l'Inde cet après-midi, par une blessure à la poitrine. Il était environ neuf heures du soir; elle ne recueillit point la date. En cherchant davantage, elle se souvient d'avoir été interrompue par un fournisseur et d'avoir soldé une facture ce soir-là; et, en soumettant le reçu à l'inspection de M. Wilkinson, on constata qu'il portait la date du *quatorze* novembre.

En mars 1858, la famille du capitaine Wheatcroft reçut du capitaine G. C. une lettre datée de Lucknow, 29 décembre 1857, où cet officier disait qu'il se trouvait à côté du capitaine Wheatcroft, lorsque celui-ci était tombé, et que c'était *le quatorze dans l'après-midi*, et non pas le 15, comme le relataient les dépêches de sir Colin Campbell. Le défunt avait été frappé dans la poitrine par un fragment de bombe.

On l'avait enterré à Dilkaosha, et sur une croix de bois, plantée au chevet de la tombe, avaient été gravées les initiales G. W. et la date de la mort, 14 novembre.

Le ministère de la guerre corrigea son erreur. M. Wilkinson obtint, en avril 1859, une autre copie du certificat et la trouva conçue dans les mêmes termes que celle déjà donnée, sauf que le 14 novembre avait été substitué au 15.

M. Owen tient les faits complets *directement des parties elles-mêmes*. La veuve du capitaine Wheatcroft examina et corrigea son manuscrit, et lui montra une copie de la lettre du capitaine C.; M. Wilkinson fit de même, et Mme V. lui raconta elle-même les faits qui s'étaient offerts à elle. M. V. avait aussi détaillé ces circonstances, avant les investigations de M. Owen, à M. Howit, comme en témoigne celui-ci dans son *Histoire du surnaturel*, p. 225 du vol. II. M. Owen déclare, en outre, qu'il a en sa possession les deux certificats du ministère de la guerre, le premier montrant la date erronée, le second la donnant corrigée.

Dans ce cas, nous avons la même apparition, se présentant la même nuit, à deux dames inconnues et éloignées l'une de l'autre ; la communication, obtenue par une troisième personne, *désignant le moment* et le genre de la mort, et le tout coïncidant exactement avec les éventualités survenues à bien des milliers de lieues de distance. Nous présumons, avec Wallace, que des FAITS aussi bien certifiés ne seront pas discutés et, pour attribuer tout cela à une coïncidence, il faudrait certainement un trop grand effort de crédulité, même pour des incrédules.

Il résulte donc des expériences précédentes, la preuve rigoureuse de la communication des Esprits. Nous constatons aussi que la transmission de la pensée ne peut être invoquée dans ces expériences, que seule, la doctrine spirite en offre une solution simple et rationnelle, en attribuant ces communications aux âmes désincarnées. Nous allons voir qu'on peut arriver à la même constatation en suivant d'autres voies.

CHAPITRE III

MÉDIUMNITÉS DIVERSES

Les médiums écrivains — Quelques communications remarquables. — Fables, vers. musique. — Incorporation ou incarnation. — Un garçon de comptoir. — La fille du juge Edmonds. — Anesthésie pendant la transe. — Les objections. — M. Binet. — Les expériences de M. Janet. — Médiumnité voyante. — Médiumnité auditive. — Ecriture directe ou psychographie. — Expériences de Wallace. — Oxon. — Zoëllner. — Le docteur Gibier. — En Amérique. — Remarques.

Les Médiums écrivains

Nous avons vu déjà, dans l'historique, comment les Esprits indiquèrent eux-mêmes un mode de communication plus rapide que la table : c'est de prendre un crayon et de laisser la main complètement passive ; si l'expérimentateur est médium, au bout de quelque temps sa main trace automatiquement des points, des lignes et enfin des caractères que l'on peut lire et qui constituent le message spirituel.

Voici comment la médiumnité par l'écriture s'est développée chez le docteur B. Cyriax, directeur du *Nue-Spiritualistische Blatter*, de Berlin. Ce récit est extrait de sa brochure *Wie ich ein Spiritualist geworden bin*.

L'auteur raconte que, résolu à étudier le phénomène, il voulait faire des recherches chez lui, dans le sein de sa famille, afin d'être pleinement convaincu que nulle supercherie ne se produirait. *Pendant dix-neuf séances*, il n'obtint aucun résultat ; ce n'est qu'à la vingtième que des mouvements de table vinrent l'encourager à poursuivre cette enquête, qu'il était sur le point d'abandonner. Nous lui cédons la parole :

« Dans cette vingtième séance, je ressentis à l'improviste une sensation toute particulière, tantôt de chaleur, tantôt de froid ; je perçus ensuite une sorte de courant d'air froid qui passait sur mon visage et sur mes mains, puis il me sembla que mon bras gauche s'endormait, comme l'on dit ; mais l'impression était toute différente de celle de fatigue que j'avais ressentie dans les autres séances et que je pouvais faire passer, soit en changeant de position, soit en remuant les bras, les mains ou les doigts. Actuellement, mon bras était, pour ainsi dire, paralysé, et ma volonté était impuissante à le faire bouger, pas plus que mes doigts ; j'eus ensuite le sentiment que quelqu'un mettait mon bras en mouvement et, quelle que fut la rapidité avec laquelle il s'agitait, je ne parvenais pas à l'arrêter.

« Comme ces mouvements avaient de l'analogie avec ceux que nous faisons pour écrire, ma femme alla chercher du papier et un crayon, qu'elle mit sur la table ; tout d'un coup, ma main gauche s'empare du crayon et, pendant quelques minutes, trace des signes dans le vide avec une incroyable rapidité, en sorte que mes deux voisins étaient obligés de se jeter en arrière pour ne pas être atteints ; après quoi, ma main s'abat brusquement sur le papier, le frappe violemment et brise la pointe du crayon. A ce moment, ma main reposant doucement sur la table, je comprenais fort bien que ma volonté avait été tout à fait innocente des mouvements que je venais d'exécuter, de même qu'elle n'était pour rien dans la phase actuelle de repos ; le fait est que je n'avais pu arrêter mes gestes et qu'à présent je ne pouvais pas davantage remuer le bras, qui restait insensible et comme s'il ne m'appartenait plus.

« Mais, lorsque le crayon, taillé de nouveau, fut remis à ma porté, ma main s'en saisit et commença à abîmer plusieurs feuilles de papier, les couvrant de grandes barres et de déchirures ; puis elle se calma et, à notre profond étonnement, se mit à faire des exercices d'écriture tels qu'on en fait faire aux enfants : des traits d'abord, des jambages, puis des N, M, A, C, etc., puis enfin l'O, sur lequel je restai longtemps, jusqu'à ce que la force qui animait mon bras fut parvenue à le faire mouvoir en cercle, toujours le même, avec une grande rapidité. Après cela, la force, paraissant épuisée, l'agitation de mon bras cessa ; je sentis un nouveau courant d'air froid passer à travers et sur ma main, et bientôt toute fatigue et toute douleur avaient disparu.

« Le calme s'étant rétabli, nous levâmes la séance, heureux d'avoir *constaté la manifestation d'une force indépendante de notre volonté propre* et à laquelle il ne nous était pas possible de résister ; que cette force fût magnétique ou spirite, ou qu'elle provînt de l'activité inconsciente du cerveau, c'était une question réservée jusqu'à nouvel ordre.

« Quelque mince que fût le résultat obtenu, nous ne fûmes pas tranquilles avant d'avoir tenté d'autres expériences. Le lendemain soir, nous nous remettions à l'œuvre, et, cette fois, l'attente ne fut pas longue. A peine cinq minutes s'étaient-elles écoulées, que déjà je sentais l'air froid et que la même sensation était éprouvée par mes collègues; puis survinrent des mouvements brusques et souvent douloureux de ma main gauche, qui frappait parfois pendant plusieurs minutes de suite le bord de la table à coups précipités, avec une telle violence que je croyais devoir être écorché ; à ma surprise, je ne découvris pas ensuite la moindre blessure, et toute trace de douleur disparut comme par enchantement.

« Dès ce jour, ma médiumnité se développa d'autant plus rapidement que, suivant les conseils de mes amis Américains, nous nous étions adjoints deux dames et un monsieur. Je commençai à écrire de la main gauche, d'abord comme exercice ; puis vinrent des communications de différents Esprits, et, un soir, je dessinai une corbeille de fleurs. Je dois dire que je suis très maladroit de la main gauche à l'état normal, ne sachant pas seulement m'en servir pour manger, à plus forte raison pour écrire ; quant au dessin, je m'y entends fort peu, même avec la main droite.

« J'avais maintenant acquis *la plus entière certitude* que la force qui écrivait et dessinait par mon entremise était indépendante de moi, et qu'elle devait résider dans une intelligence autre que la mienne, car, pendant ces manifestations, *je conservais toute ma lucidité* ; je ne ressentais aucun inconvénient, sauf en ce qui concernait mon bras gauche, qui, pendant toute la séance, ne semblait plus m'appartenir, et me faisait l'effet d'être utilisé par quelqu'un d'autre, à mon insu, et contre ma volonté même. Mon esprit y était pour si peu de chose que, tandis que ma main écrivait, je pouvais *faire tout à mon aise la conversation avec les autres personnes du cercle*. Un collègue, qui assistait un jour à la séance, ayant voulu arrêter le mouvement de ma main et ayant, pour cela, placé ses mains de manière à faire porter sur la mienne tout le poids de son corps, n'y réussit pas du tout ; ma main poursuivit son travail avec force et régularité, tandis que c'est à peine si je sentais le poids des mains posées sur la mienne. »

Nous avons reproduit tout au long l'observation du docteur Cyriax parce qu'elle est typique ; elle montre bien les phases diverses par lesquelles passent le plus grand nombre d'expérimentateurs et, de plus, elle présente cet avantage d'être relatée par un homme compétent, que les phénomènes produits sur lui-même ont seuls amené à la croyance aux Esprits.

Voici une autre observation de William Crookes, relative à l'écriture automatique (1) :

« En ma présence, plusieurs phénomènes se sont produits en même temps, et le médium ne les connaissait pas tous. Il m'est arrivé de voir Mlle Fox écrire automatiquement une communication pour l'un des assistants, pendant qu'une autre communi-

---

(1) Crookes, *Recherches sur le spiritualisme*, p. 101.

oation, sur un autre sujet, lui était donnée pour une autre personne, au moyen de l'alphabet et par *coups frappés*, et, pendant tout ce temps, le médium causait avec une troisième personne, sans le moindre embarras. sur un sujet tout à fait différent des deux autres. »

Quelques Communications.

Le caractère automatique de l'écriture, obtenue dans les conditions relatées plus haut, est sans doute très important pour juger de la bonne foi du médium, mais il ne faut pas oublier que, dans ce cas, comme dans tous les autres, la véritable caractéristique de la médiumnité est dans les preuves d'identité fournies par l'Esprit qui se manifeste. Lorsque cet invisible vous parle d'événements dont lui seul et vous avez été témoins, vous aurez déjà une probabilité que c'est bien la personnalité que vous avez connue sur la terre. Dans ce cas, il ne faut pas craindre de faire des interrogations multiples et réitérées, jusqu'à ce que votre conviction soit pleine et entière.

Il peut arriver aussi que, sans obtenir de noms connus de l'évocateur, la communication ait cependant un caractère probant ; c'est lorsqu'elle témoigne d'une intelligence notoirement supérieure à celle du médium ou qu'elle est écrite avec une spontanéité, une vitesse telles, qu'on ne peut les attribuer à l'intermédiaire, car ces communications sont parfois de véritables tours de force littéraires. Nous allons voir différents exemples de ces cas.

4*

Voici d'abord une fable, obtenue au moyen de la table, avec une rapidité extrême, par M. Timoléon Jaubert, ancien vice-président du tribunal civil de Carcassonne ; elle est tirée de son ouvrage : *les Deux Commandements du Christ*, et a obtenu le prix aux Jeux floraux de Toulouse :

LA CHENILLE ET LE PAPILLON

D'un bosquet de jasmin, labourant les contours,
Tremblante, une chenille, au déclin de ses jours,
  Se disait : « Je suis bien malade ;
« Je ne digère plus les feuilles de salade ;
« A peine si le chou tente mon appétit,
  « Je me meurs petit à petit.
« C'est triste de mourir... Mieux vaudrait ne pas naître,
  « Sans murmure, il faut se soumettre.
« A d'autres, après moi, de tracer leur sillon. »

« Mais tu ne mourras pas, lui dit un papillon ;
« Naguère, il m'en souvient, sur la même charmille,
« Avec toi, j'ai rampé ; je suis de ta famille.
« Si tu traines ce corps lourd, débile et poudreux,
« L'avenir te réserve un destin plus heureux.
« Espère !... Du sommeil le passage est rapide ;
« Tout comme je le fus, tu seras chrysalide ;
« Comme moi tu pourras, brillante de couleurs,
  « Respirer le parfum des fleurs. »

La vieille répondit : « Imposture ! imposture !
« Rien ne saurait changer les lois de la nature ;
« L'aubépine jamais ne deviendra jasmin.
« A mes anneaux brisés, à des ressorts si frêles,
« Quel habile ouvrier viendrait fixer des ailes ?
  « Jeune fou, passe ton chemin. »
— « Chenille, bien touché ! le possible a ses bornes, »
Reprit un escargot triomphant sous ses cornes.

— Un crapaud applaudit. — De son dard un frelon
    Insulta le beau papillon.

. . . .

Non, ce n'est pas toujours la vérité qui brille.
Niez l'âme des morts, aveugles obstinés.
    Prenez garde !.. Vous raisonnez
    A peu près comme la chenille.

Voici une autre poésie obtenue par une dame, au moyen de l'écriture automatique. Ces vers furent dictés au moment où parut la nouvelle intitulée : *Spirite*, de Théophile Gautier.

Me voici revenu. Pourtant, j'avais, Madame,
Juré sur mes grands Dieux de ne jamais rimer.
C'est un triste métier que de faire imprimer
Les œuvres d'un auteur réduit à l'état d'âme.

J'avais fui loin de vous, mais *un esprit charmant*
Risque en parlant de nous d'exciter le sourire !
Je pense qu'il en sait bien plus qu'il n'en veut dire,
Et qu'il a, quelque part, trouvé son revenant.

Un revenant ! vraiment cela paraît étrange.
Moi-même j'en ai ri quand j'étais ici-bas,
Mais, lorsque j'affirmais que je n'y croyais pas,
J'aurais, comme un sauveur, accueilli mon bon ange.

Que je l'aurais aimé, lorsque, le front jauni,
Appuyé sur ma main, la nuit, dans la fenêtre,
Mon esprit, en pleurant, sondait le grand *peut-être*,
En parcourant au loin les champs de l'Infini !

Amis, qu'espérez-vous d'un siècle sans croyance ?
Quand vous aurez pressé votre fruit le plus beau,
L'homme trébuchera toujours sur un tombeau,
Si, pour le soutenir, il n'a plus l'espérance.

Mais ces vers, dira-t-on, ils ne sont pas de lui.
Que m'importe, après tout, le blâme du vulgaire :
Lorsque j'étais vivant, il ne m'occupait guère,
A plus forte raison, en rirais-je aujourd'hui.

                      A. DE MUSSET.

Ces vers, publiés par la *Revue Spirite*, firent sensation dans le monde des lettres surtout, car il était difficile, quel que fût le médium, de ne pas reconnaître le contact du poète.

Albéric Second, à qui ils avaient été envoyés, écrivait dans le *Grand Journal*, qu'il dirigeait alors, numéro du 7 juin 1866 :

« Il m'était difficile de ne pas interroger Théophile Gautier au sujet de la pièce de vers en question ; et justement, ayant eu le plaisir de me rencontrer avec lui chez Mme Binskz-Korsakoff, j'ai cédé à une tentation bien naturelle.

« Voici sa réponse : « Une dame qui n'a jamais commis un seul distique de sa vie, m'a envoyé des vers que *l'Esprit* d'Alfred Musset lui aurait dictés à mon adresse.

« J'ai lu des pages attribuées à Balzac et à Mme de Girardin, des chansons attribuées à Béranger, des maximes attribuées à la La Rochefoucauld, qui sont de pures inepties.

« Avant de lire les vers d'Alfred Musset dont l'envoi m'avait été annoncé, je supposais qu'ils seraient du même tonneau, et, lecture faite, j'ai dû changer d'avis. L'auteur du *Spectacle dans un fauteuil*, mis à part, je ne connais personne, — *personne* qui soit capable d'avoir écrit ces vers. J'avoue que c'est une énigme qu'il m'est impossible de déchiffrer. »

La critique de Théophile Gautier, au sujet des morts illustres auxquels on fait tenir parfois un langage ridicule, dans les communications, est parfaitement juste. Il arrive de rencontrer dans certains groupes de chercheurs peu éclairés, des médiums qui vous produisent triomphalement des élucubrations dans lesquels Victor Hugo fait des vers de dix-sept pieds, sans doute pour plaire aux décadents, où Bossuet estropie la langue française avec une impudeur remarquable, où Lamennais, Chateaubriand, de Maistre, parlent comme aurait pu le faire leur concierge D'autrefois, ce sont des saints, et même Jésus et la Vierge Marie qui, avec une emphase grotesque, prodiguent des conseils moraux d'une banalité écœurante.

Il ne faut pas trop s'étonner de ces anomalies et conclure de suite à une grossière supercherie : elle existe évidemment, mais pas du côté des médiums, car les esprits qui dictent ces inepties savent à quel public ils s'adressent ; c'est donc eux qui sont les vrais coupables. Mais tout investigateur impartial ne s'arrêtera pas devant ces résultats, sinon pour constater que les Esprits sont bien des humains, moins le corps ; c'est dire que la moyenne intellectuelle n'y est pas plus élevée qu'ici-bas et que le nombre des mystificateurs et des imbéciles n'a pas diminué dans l'erraticité. Nous reviendrons sur ce point à la troisième partie.

Dans son livre si documenté : *Choses de l'autre monde*, Eugène Nus fournit une preuve évidente de l'intelligence du phénomène, car lui et ses amis demandèrent à la table de formuler ses définitions en phrases de douze mots :

« Notre guéridon n'était pas embarrassé pour si peu, dit-il. Je défie toutes les Académies littéraires et savantes réunies de formuler brusquement, instantanément, sans préparation, sans réflexion, des définitions circonscrites en douze mots, aussi complètes et souvent aussi élégantes que celles improvisées par notre table, à qui nous accordions tout au plus, et à grand'peine, la faculté de faire un mot composé au moyen d'un trait d'union. »

Voici quelques-unes de ces définitions :

INFINI

Abstraction purement idéale, au-dessus *et* au-dessous *de ce que conçoivent les sens.*

PHYSIQUE

Connaissance des forces matérielles que produisent la vie et l'organisme des Mondes.

CHIMIE

Étude des diverses propriétés de la matière au simple et au composé.

MATHÉMATIQUE

Propriété des forces et des nombres, découlant des lois de l'ordre universel.

HARMONIE

Équilibre parfait du tout avec les parties et des parties entre elles.

THÉOLOGIE

Dissertation des dogmes fondamentaux sur lesquels repose la conception d'une religion humaine.

FORCE DIVINE

Force universelle *qui relie les mondes et embrasse toutes les autres forces.*

COEUR

Spontanéité du sentiment dans les actes, dans les idées, dans leur expression.

ESPRIT

Luxe de la pensée. Coquetterie harmonieuse des rapports, des comparaisons, des analogies.

IMAGINATION

Source des désirs, idéalisation du réel par un juste sentiment du beau.

Nous bornons là, bien à regret, ces citations, car nous voulons parler d'une production nouvelle et curieuse de la table ; elle dicta de la musique, voici comment elle s'y prit :

« Un coup frappé signifiait *ut*, deux coups *ré*, trois coups *mi*, quatre *fa*, et ainsi de suite.

« Ordinairement, la table commençait par nous dire de combien de notes se composait la mélodie, presque toujours trente-deux, son nombre favori pour la phrase musicale, comme douze pour la phrase parlée,

« Cette formalité remplie, elle dictait consécutivement les notes, que nous écrivions en chiffres ; puis elle les divisait en mesures, en nous désignant, l'une après l'autre, la quantité que chaque mesure devait contenir ; après quoi, elle nous donnait la valeur de l'unité, blanche, noire ou croche, et successivement la valeur de chaque note qu'elle nous indiquait en scandant la mesure sur le parquet avec son pied.

« Venaient ensuite l'indication des accidents, dièzes ou bémols, à telle ou telle note, de telle ou telle mesure, puis le ton, et enfin le titre du morceau, qu'elle avait la manie de ne nous révéler qu'après complet achèvement.

« La dictée finie, Bureau exécutait la mélodie sur un orgue que nous avions loué à cet effet. Le guéridon, sur lequel nos mains restaient posées, indiquait le mouvement en battant la mesure, et rectifiait au besoin les erreurs. Après quoi, notre ami mettait le morceau dans sa poche, et piochait chez lui l'accompagnement, qu'il soumettait ensuite à la table, toujours animée, bien entendu, par l'apposition de nos mains.

« L'audition terminée, si elle était contente du travail de son coopérateur, elle manifestait sa satisfaction en frappant plusieurs coups sur le parquet; sinon elle se dressait et restait immobile, signe habituel pour indiquer une erreur; alors Bureau recommençait, et le guéridon signalait, en se levant, les accords qui lui déplaisaient. Quand c'était l'accompagnement tout entier que la table rejetait, elle laissait encore aller une fois son collaborateur jusqu'au bout et se levait ensuite. Il comprenait alors que c'était à recommencer et remportait sa musique. »

Les lecteurs trouveront les mélodies ainsi obtenues dans le livre déjà cité.

Parfois les Esprits font de la musique au lieu de la dicter. Voici ce que rapporte Crookes de ses expériences sur ce sujet, en compagnie du célèbre médium Home (1) :

« Parmi les remarquables phénomènes qui se produisent sous l'influence de M. Home, les plus frap-

Fig. 13.

pants et ceux qui se prêtent le mieux à l'examen scientifique sont : 1° l'altération du poids des corps ; 2° l'exécution d'airs sur des instruments de musique (généralement sur l'accordéon, à cause de la facilité de transport) sans intervention humaine directe, et

(1) Crookes, *Recherches sur le Spiritualisme*, pp. 16 à 21.

dans des conditions qui rendent impossibles tout contact ou tout maniement des clefs. Ce n'est qu'après avoir été fréquemment témoin de ces faits et les avoir scrutés avec toute la profondeur et la rigueur dont je suis capable, que j'ai été convaincu de leur véritable réalité. »

Fig. 14.

M. Crookes construisit une cage, dont la hauteur fut calculée de manière que cette cage pût être glissée sous la table de sa salle à manger. L'accordéon fut acheté par le savant physicien, et M. Home ne le vit ni ne le toucha avant les expériences. Poursuivons notre citation (fig. n° 13) :

« Les investigateurs présents à l'occasion de cette expérience étaient : un éminent physicien, haut placé dans les rangs de la Société Royale, que j'appellerai docteur A. B.; un docteur en droit bien connu, que j'appellerai C. D. (1); mon frère et mon aide-chimiste.

« M. Home s'assit à côté de la table, sur une chaise longue ; en face de lui, sous la table, se trouvait la cage sus-mentionnée, et une de ses jambes se trouvait de chaque côté. Je m'assis près de lui, à sa gauche ; un autre observateur fut placé près de lui, à sa droite ; le reste des assistants s'assit autour de la table à la distance qui lui convint...

« Après avoir ouvert moi-même la clef de basse, la cage fut tirée de dessous la table, juste assez pour permettre d'y introduire l'accordéon avec ses clefs tournées en bas. Elle fut ensuite repoussée dessous, autant que le bras de M. Home put le permettre, mais sans cacher sa main à ceux qui étaient près de lui (fig. 14).

« Bientôt ceux qui étaient de chaque côté virent l'accordéon se balancer d'une manière curieuse, puis des sons en sortirent, et enfin plusieurs notes furent jouées successivement. Pendant que ceci se passait, mon aide se glissa sous la table et nous dit que l'accordéon s'allongeait et se fermait ; on constatait en même temps que la main de M. Home, qui tenait l'accordéon, était tout à fait immobile et que l'autre reposait sur la table.

(1) Les docteurs A. B. et C. D. sont : MM. William Huggins et Sargent Cox, dont les lettres confirment le récit de Crookes.

« M. Home tint encore l'instrument dans la cage comme précédemment. Ses pieds tenus par ceux qui étaient près de lui, son autre main reposant sur la table, nous entendîmes des notes distinctes et séparées résonner successivement, et ensuite un air simple fut joué. Comme un tel résultat ne pouvait s'être produit que par les différentes clefs de l'instrument mises en action d'une manière harmonieuse, tous ceux qui étaient présents le considérèrent comme une expérience décisive... »

Nous allons exposer maintenant un aspect encore inconnu du phénomène :

Incorporation ou Incarnation

La médiumnité par la plume abrège et simplifie les communications avec les Esprits, mais un autre mode est encore plus expéditif : c'est celui au moyen duquel l'Esprit s'empare des organes du médium et cause par sa bouche, comme il pourrait le faire s'il était incarné lui-même. Les Anglais et les Américains disent dans ce cas que le sujet est en *transe*.

Comme bien l'on pense, ces manifestations sont des plus faciles à simuler, mais dans ce cas encore, il ne faut admettre le phénomène comme réel, que si le médium donne des preuves certaines qu'un être désincarné se manifeste bien par son intermédiaire. Ces preuves peuvent être de différente nature ; nous allons rapporter trois exemples de cette médiumnité, et l'on verra par ces récits qu'ils portent en eux-mêmes un irrésistible caractère d'évidence.

Voici ce que raconte M. Sargent Cox, le jurisconsulte éminent, écrivain très distingué, bon juge dit Wallace, en matière de style :

Un Garçon de comptoir

« J'ai entendu un garçon de comptoir, sans éducation, soutenir, quand il était en *transe*, une conversation avec un parti de philosophes sur la raison et la prescience, la volonté et la fatalité, et leur tenir tête. Je lui ai posé les plus difficiles questions de psychologie, et j'ai reçu des réponses toujours sensées, toujours pleines de force, et invariablement exprimées en langage choisi et élégant. Cependant, un quart d'heure après, quand il était dans son état naturel, il était incapable de répondre à la plus simple question sur un sujet philosophique, et avait toujours peine à trouver un langage suffisant pour expliquer les idées les plus communes. »

Dans cette expérience, la disproportion entre l'état normal et la *transe* est si manifeste, qu'il y a incontestablement une action étrangère agissant sur le sujet. Voici un second exemple où l'action des Esprits est encore mieux marquée ; elle est même absolument indéniable.

Wallace, en rapportant les travaux du juge Edmonds sur le spiritisme, écrit :

La Fille du Juge Edmonds

« Nous avons encore à ajouter un compte rendu de ce qui sera peut-être, pour nombre de personnes, la preuve la plus convaincante de toutes les expériences de notre magistrat. Sa propre fille devint un médium et se mit à *parler des langues étrangères qui lui étaient totalement inconnues*. Il s'exprime ainsi à ce sujet :

« Elle ne connaît pas d'autre idiome que le sien, sauf une légère teinture de français appris à l'école. Pourtant, elle a conversé fréquemment en neuf ou *dix langues différentes,* souvent pendant une heure durant, avec l'aisance et la facilité d'une personne parlant sa propre langue. Il n'est pas rare que les étrangers s'entretiennent avec leurs amis spirites par son entremise et dans leur propre idiome. » Il nous faut dire ce qui s'est passé dans une de ces circonstances :

« Un soir, où douze à quatorze personnes se trouvaient dans mon petit salon, M. E.-D. Green, un artiste de cette ville, fut introduit en compagnie d'un monsieur qu'il présenta comme étant Evan Gelides, natif de Grèce. Peu après, un esprit lui parla par l'entremise de Laura, en langue anglaise, et lui dit tant de choses qu'il fut mis en rapport par lui avec un ami qui était mort dans sa maison, quelques années auparavant, mais dont personne n'avait entendu parler.

« A l'occasion, par l'entremise de Laura, l'esprit dit quelques mots ou prononça quelques sentences de grec, jusqu'à ce qu'enfin M. E. demanda s'il pourrait être compris en parlant en grec ? Le reste de la conversation fut, pendant plus d'une heure, de la part de M. E., entièrement en langue hellène ; du côté de Laura, en grec et parfois en anglais. A certains moments, Laura ne comprenait pas l'idée sur laquelle elle ouM. Gelides parlaient ; à d'autres moments, elle la comprenaient, bien qu'il parlât en grec et qu'elle-même se servît de termes grecs.

« Plusieurs autres cas sont mentionnés, et il est avéré que cette dame a parlé espagnol, français, grec, italien, portugais, latin, hongrois, hindoustan (?) ainsi que d'autres langues qui étaient inconnues de toutes les personnes présentes.

« Ce n'est là, en aucune façon, un cas isolé : celui-ci s'appuie cependant sur une autorité et un témoignage absolument irrécusable. Un père doit savoir ou non si sa propre fille a appris, de manière à les parler couramment, huit idiomes en outre de sa langue maternelle.

« Ceux qui prennent part à la conversation doivent savoir si la langue dont il s'agit est parlée ou non ; dans bien des cas, par exemple, quand il s'agissait de l'avis d'Espagnols ou d'Indiens, le juge en question connaissait la langue qui était parlée. Le phénomène produit se relie au spiritisme en ce sens qu'il était parlé, au nom et pour le compte, de personnes décédées, et que le sujet traité était dans le caractère de cette personne. Un semblable cas, auquel la publicité a été donné, il y a quelque seize ans, devrait faire l'objet d'une discussion ou d'une explication de la part de ceux qui font profession d'éclairer le public au sujet du spiritisme. »

Anesthésie pendant la transe

Voici une observation médicale due au docteur Gibier (1), qui a soigné le célèbre médium Slade ;

« Nous avons eu une opération à faire à Slade pour un kyste sébacé du cuir chevelu. Comme il est très sensible à la douleur, et au surplus tout à fait pusillanime, il ne fallait pas songer à pratiquer l'opération par le bistouri. Nous eûmes donc recours aux caustiques sous forme de pâte à base d'oxyde de potassium. L'application de cette pâte était, dès le début, très douloureuse pour Slade, et, après quelques minutes, la souffrance parut intolérable ; le patient suait à grosses gouttes, tous ses membres étaient agités de tremblements. Nous lui suggérâmes de faire appel à « Ovasso (2), » qui ne se fit pas prier, c'est-à-dire que Slade tomba bientôt en état d'extase, de transe, et, avec la voix modifiée dont nous avons parlé, il s'entretint gaiement avec nous et M. A. F., qui assistait à l'opération dans mon cabinet de travail. La douleur devait devenir de plus en plus intense car la potasse mordait dans les couches sensibles du derme, mais Slade ne paraissait pas plus s'en oc-

---

(1) Dr Gibier, *Spiritisme ou Fakirisme occidental*, pp. 335 et suiv.
(2) C'est un Esprit qui s'empare parfois des organes du médium.

cuper que s'il se fût agi d'un autre. Au commencement de l'opération, le pouls était à quatre-vingt-cinq pulsations à la minute ; trois minutes après, il était à soixante ; la peau, qui était chaude tout à l'heure, était devenue froide presque subitement, et Slade-Ovasso riait et causait toujours avec nous.

« Nous lui avions pincé violemment la partie dorsale de la main, et le patient, qui sursaute au moindre contact, tant son hyperesthésie est grande à l'état normal, ne parut pas, dans ce moment, s'apercevoir de la petite torture que nous lui faisions subir.

« Au bout d'un quart d'heure, le caustique fut enlevé ; Slade eut une nouvelle convulsion et revint à l'état normal après nous avoir serré la main et dit *good bye* comme au moment d'un départ. La douleur se fit de nouveau sentir, mais très supportable, et Slade se plaignit plutôt de souffrir où nous l'avions pincé.

« Il faut avouer que tout cela est bien étrange. Objectera-t-on que tout est simulé ? Comment expliquer alors les modifications de la température et des battements du cœur. Cela ne se simule pas.

« Encore une nouvelle observation sur ce point. Nous avons dit plus haut que Slade avait eu deux attaques d'émiplégie dont il n'est pas guéri actuellement. Nous avons essayé comparativement sa force au dynamomètre, sans lui dire ce que nous avions le dessin de faire dans la suite. Après avoir constaté que dans ses mains le dynamomètre marquait :

27 kilos à droite,
35   —   gauche,

nous avons profité d'un accès de *transe* qui survint un peu après les efforts qu'il avait faits en serrant l'instrument, et nous avons constaté une première fois que le dynamomètre marquait :

    à droite 55 kilos (au lieu de 27 kilos),
    à gauche 60 — (au lieu de 35 kilos),
et une deuxième fois :
    à droite 63 kilos (au lieu de 27 kilos),
    à gauche 50 — (au lieu de 35 kilos).

« Aucune des trois personnes qui se trouvaient présentes ne put porter à ce chiffre l'aiguille dynamoscopique. »

Ainsi qu'il est facile de le constater, l'incarnation ou incorporation est donc bien un phénomène que l'on ne peut simuler, si les instigateurs savent prendre les précautions voulues.

Et, dans les cas précités, l'intervention des Esprits est absolument manifeste.

Les Objections.

Après avoir montré que les Esprits donnent parfois des renseignements que nul des observateurs ne connaissait, et que l'on constate ensuite être scrupuleusement exacts, le lecteur croit peut-être qu'on ne peut rien objecter contre ce phènomène ? Eh bien ! si. Il s'est trouvé des incrédules qui ont entrepris de démontrer que l'écriture automatique était parfaitement explicable ; seulement, ils n'ont omis qu'une chose : c'est de citer les cas embarrassants ; ils les passent tranquillement sous silence et triomphent aisément, en constatant qu'ils peuvent obtenir, eux aussi, de l'écriture automatique par des sujets hypnotisés.

De plus, nos critiques se gardent bien de sortir de ce domaine très étroit, qui est circonscrit à l'écriture automatique; tout le reste n'existe pas.

Écoutons M. Binet écrire candidement:

« Quant aux tables tournantes, il a été démontré depuis longtemps, par les recherches les plus précises, qu'elles tournent seulement sous l'impulsion des main !!! »

C'est justement le contraire que démontrent les expériences les plus précises, et nous renverrons M. Binet au comité de la Société dialectique et aux expériences citées plus haut. On ne peut cependant accuser l'auteur de mauvaise foi, car il croit bien à l'écriture automatique et à la sincérité des médiums :

« On a cru longtemps qu'il fallait attribuer simplement ces mouvements à la supercherie, et il est de fait que, dans bien des cas, rien ne serait plus facile à simuler : en pressant légèrement sur une table, on en soulève le pied, et un médium pourrait fort bien écrire en affirmant qu'il ne sait pas ce qu'il écrit. Mais nous devons abandonner cette explication grossière, car il y a un nombre considérable de personnes dignes de foi qui affirment avoir été les auteurs du phénomène, avoir posé la main sur les tables qui tournaient, avoir tenu des plumes qui écrivaient, sans la moindre volonté de faire mouvoir la table ou écrire avec la plume. »

Retenons l'aveu suivant :

« Ce sont là des preuves suffisantes, quand une doctrine comme le spiritisme aboutit à bouleverser le monde entier et fait des milliers de croyants. Ceux qui demandent des preuves matérielles pour des phénomènes qui n'en comportent pas, courent le risque d'ignorer ce que tout le monde sait et de soutenir des opinions contraires à la vérité la plus évidente. »

A quoi donc, suivant M. Binet, est due cette écriture singulière? A la désagrégation mentale. Qu'est-ce que cette désagrégation ? Voici :

« L'étude soigneuse des phénomènes indique que l'écriture automatique provient d'une pensée autre que la pensée consciente du médium. Il y a en lui, à un certain moment, deux pensées qui s'ignorent et qui ne communiquent entre elles que par les mouvements automatiques de l'écriture ; disons plus exactement : il y a deux personnalités coexistantes, car la pensée qui dirige l'écriture automatique n'est point une pensée isolée et décousue ; elle a un caractère à elle, et même elle porte un nom, le nom de l'esprit dont on a invoqué la présence. »

Nous ne chicanerons pas M. Binet sur sa seconde personnalité coexistante avec la première, bien que sa réalité ne soit rien moins que démontrée chez les médiums. Nous lui dirons simplement que cette deuxième personnalité, si elle existe, se forme avec une certaine partie du fond psychique du médium, autrement dit, cette seconde personnalité ne peut avoir des connaissances autres ou supérieures à celles du médium ; dès lors, comment se fait-il que dans le cas Wheatcroft (v. p. 108), le mari de Mme N.

ait écrit que le capitaine venait d'être tué dans l'Inde, cette après-midi, d'une blessure à la poitrine ? Où cette seconde personnalité aurait-elle acquis cette connaissance ?

Est-ce aussi cette seconde personnalité qui connaissait le mot caché par le doigt de William Crookes (p. 99)? Si oui, comment a-t-elle pu lire ce mot?

L'explication de M. Binet ne serait acceptable que si le médium ne citait jamais de faits qui lui sont inconnus ; or, le contraire arrive journellement, donc l'hypothèse d'une double personnalité, agissant à l'insu de la première, bien qu'elle puisse exister chez certains hystériques, est manifestement incapable de rendre compte des faits spirites.

Un autre observateur, M. Pierre Janet, professeur de philosophie et docteur ès lettres, a bien voulu aussi s'occuper de nous et a tenté d'étudier expérimentalement le problème, par une méthode à lui.

Nous avons oublié de dire que M. Binet, ainsi que le fait M. Janet, établit un parallèle entre les médiums et les hystériques. Suivant ces auteurs, il n'est pas rare de voir des médiums tomber en crise pendant les séances, comme le font les sujets hystériques soumis aux pratiques hypnotiques. Nous aurions été curieux de voir ces messieurs produire des preuves, car, depuis quinze ans que nous expérimentons, nous n'avons encore jamais constaté ce cas. Peut-être ces observateurs appellent-ils crise les incarnations? Nous observerons que c'est un tout autre phénomène et que les médiums mécaniques ne sont pas, ordinairement, médiums à incorporation et réciproquement.

Supposons, pour un instant, qu'un médium soit *intransé* ; ce médium est généralement bien portant, il va et vient pendant la journée, vaque à ses occupations, en un mot n'a aucun caractère qui dénote chez lui une maladie quelconque : n'est-ce pas forcer l'analogie au delà des limites permises, que de l'assimiler à un sujet d'hôpital sur lequel opèrent les hypnotiseurs ?

Une autre affirmation, faite pour surprendre, est celle que les somnambules sont généralement de bons médiums et réciproquement ; là encore, les démonstrations font défaut. Mais, en supposant même tous ces points bien démontrés, ils n'expliqueront pas la possibilité pour le médium d'écrire sur des sujets qui lui sont inconnus (1).

Les Expériences de M. Janet

Ce psychologue rappelle une étude de M. Camille Chaigneau, publié dans la *Revue spirite* (2) sur Mᵐᵉ Hugo d'Alezi. Voici un résumé succinct de cette narration :

Mᵐᵉ d'Alezi est médium écrivain mécanique, et par sa plume viennent se manifester différentes personnalités, qui se font connaître sous les noms de Philippe, Gustave, Eliane, etc. On reconnaît ces personnages, non seulement à leur signature, mais aussi à ce qu'ils ont toujours le même style. Pour peu que l'on endorme magnétiquement le médium, les mêmes

---

(1) Janet, *l'Automatisme psychologique*, pp. 397 et suiv.
(2) *Revue spirite*, 1879.

personnalités viennent se manifester, et l'on peut causer alors avec Philippe, Gustave, Eiano, etc., le caractère est bien le même pour chaque manifestant, soit qu'il écrive, soit qu'il cause. Pour nous, c'est la preuve évidente que les Esprits se communiquent; M. Janet ne voit là qu'un pur phénomène de suggestion, compliqué par un souvenir inconscient au réveil.

Pour justifier sa théorie, il rappelle que M. Richet a très bien décrit les changements de personnalités ou objectivation des types (1). On dit à une femme endormie : « Vous êtes général. » Immédiatement, elle se compose une attitude martiale, donne des ordres, passe une revue, etc. Lui dit-on, au contraire, qu'elle est prêtre, instantanément sa figure se transforme : elle prend une attitude recueillie, onctueuse, elle parle doucement, donne de bons conseils, sourit béatement, etc. ; de même pour toute autre suggestion.

M. Janet croit que les personnages Philippe, Gustave, Eliane, etc., sont des suggestions, et, comme il a, sur certains de ses sujets, constaté pendant la veille la persistance du simple somnambulisme, dès lors il prétend, — et ceci nous ramène à M. Binet, — que lorsque Mme d'Alezi écrit automatiquement, c'est simplement une des personnalités produites pendant le somnambulisme qui persiste, inconsciente pendant l'état normal, et qui se manifeste par l'écriture automatique.

Pour bien montrer qu'il en est ainsi, M. Janet imagine l'expérience suivante :

---

(1) Richet. *l'Homme et l'Intelligence*.

« Pendant que Lucie est en somnambulisme, je lui suggère qu'elle n'est plus elle-même, mais qu'elle est un petit garçon de sept ans, nommé Joseph, scène de comédie qui est connue et sur laquelle je passe. Sans défaire l'hallucination, je la réveille brusquement, et la voici qui ne se souvient de rien et qui semble dans son état normal; quelque temps après, je lui mets un crayon dans la main, et je la distrais en lui parlant d'autre chose. La main écrit lentement et péniblement sans que Lucie s'en aperçoive, et quand je lui prends le papier, voici la lettre que je lis : « Cher grand-papa, à l'occasion du jour de l'an, « je te souhaite une santé parfaite, et je te promets « d'être bien sage. Ton petit enfant, Joseph. » Nous n'étions pas au jour de l'an, et je ne sais pas pourquoi elle a écrit cela (peut-être par ce que, dans sa pensée, une lettre d'un enfant de sept ans éveillait l'idée des souhaits de bonne année); mais n'est-il pas manifeste que l'hallucination s'est conservée dans la seconde personnalité?

« Un autre jour, je la mets encore en somnambulisme; pour voir des transformations de caractère et pour profiter de son érudition littéraire, je la transforme en Agnès, de Molière, et lui fais jouer le rôle de la candeur naïve ; je lui demande, cette fois, d'écrire une lettre sur un sujet que je lui indique; mais, avant qu'elle ait commencé, je la réveille. La lettre fut écrite inconsciemment pendant la veille, manifesta le même caractère et fut signée du nom d'Agnès. Encore un exemple: Je la change cette fois en Napoléon avant de la réveiller ; la main écrivit automatiquement un ordre à un général quelconque de rallier les troupes pour une grande bataille et signa avec un grand paraphe « Napoléon ». Je demande encore : En quoi l'histoire de Mme Hugo d'Alezi diffère-t-elle de celle de Lucie ? Jusqu'à preuve du contraire, je suis disposé à croire que les deux phénomènes sont absolument les mêmes et que, par conséquent, ils doivent s'expliquer de la même manière par la désagrégation de la perception personnelle et par la formation de plusieurs personnalités qui, tantôt se succèdent et tantôt se développent simultanément. »

Pour répondre à l'interrogation de M. Janet, nous dirons :

Votre expérience ne ressemble en rien à l'expérience spirite citée par vous, voici pourquoi :

1° L'écriture automatique de Lucie a lieu immédiatement après le réveil, alors qu'elle est encore sous l'empire de la suggestion que vous lui avez imposée, mais elle n'aura plus jamais, spontanément, d'écriture automatique de Joseph, Agnès ou Napoléon. Le phénomène est simplement dû à l'accomplissement de votre volonté, qui se produit pendant l'hemi-somnambulisme qui succède au sommeil. Au contraire, chez Mme Hugo d'Alezi, les communications s'obtiennent à des intervalles très longs, sans suggestion d'aucune sorte de la part d'êtres humains, et sans sommeil préalable.

2° Pour que votre expérience puisse se comparer à un phénomène spirite, il faut que votre sujet, de LUI-MÊME, sans aucune intervention étrangère, écrive automatiquement des communications et que chacune des personnalités, ainsi manifestées, conserve son style, de manière à se bien différencier des autres.

3° Peut-être direz-vous que le phénomène spirite est dû à une auto-suggestion. Ce cas n'est déjà plus celui de Lucie, et il faudrait montrer comment le médium qui cause avec les assistants, jouit de toutes ses facultés, est cependant en somnambulisme ; mais, dans cette hypothèse même, on ne comprend pas comment le phénomène peut avoir lieu, car, si la personnalité seconde connaît la personne normale, la réciproque n'est pas vraie. Il n'existe aucun point de contact entre l'une et l'autre. Comment s'opèrerait donc cette auto-suggestion?

4° Enfin, la supposition que le sujet est dans une phase somnambulique quelconque, n'explique nullement les conversations en langue étrangère, ou les communications obtenues dans un idiome totalement inconnu du médium.

Il faut avoir un parti pris évident pour assimiler une écriture automatique, écrite par un sujet hystérique suggestionné, avec une communication obtenue par un médium, car les spirites ne reconnaissent le caractère médianimique qu'aux personnes qui, en écrivant, révèlent des choses qui leur sont inconnues. C'est le critérium par excellence, et tant que M. Janet n'aura pas fait écrire ou parler son sujet dans une langue ignorée de celui-ci, tant qu'il n'aura pas montré que l'hypnotisme développe des facultés nouvelles chez ce même sujet, nous sommes en droit de récuser complètement ses expériences pour l'explication de la médiumnité.

Un autre savant, M. Myers, un des fondateurs de la *Society for Psychical Researches*, a étudié aussi l'écriture mécanique. Il résulte de ses travaux, publiés dans les *Proceedings*, sous les titres : *Multiplex personnality* et *Automatic Writing*, que ce genre d'écriture proviendrait d'une action de l'hémisphère droit du cerveau. « L'écriture automatique semble, dit-il, une action obscure de l'hémisphère le moins utilisé ; dans le cas de Louis V, c'est l'alternance de l'hémisphère droit et du gauche qui produit les variations motrices et sensorielles. »

Nous ne nous attarderons pas à réfuter cette théorie, car, pas plus que les autres, elle ne rend compte de tous les faits ; que ce soit l'hémisphère droit ou gauche qui agisse dans cette expérience, ceci ne nous apprend rien sur la nature de ces personnalités qui révèlent des faits inconnus et qui parlent des langues étrangères.

Les savants qui n'ont vu qu'une infime partie des phénomènes spirites sont véritablement extraordinaires dans leurs critiques ; ils se figurent que leurs confrères n'ont probablement pas eu les mêmes doutes, n'ont pas cherché toutes les causes possibles avant d'arriver à la croyance aux esprits. C'est pourtant ce qui a eu lieu, notamment pour Varley, comme nous l'avons constaté, pour Oxon, pour Hare et pour le juge Edmonds. Voici encore une citation de ce dernier à ce sujet :

« Une question se posait encore : Tout ceci (il s'agit des dictées et des phénomènes intelligents de la table) ne pouvait-il être, par suite de quelque mystérieuse opération, un simple effet réflexe de l'intelligence de quelqu'une des personnes présentes ? La réponse a été que nous avions eu un *bon nombre de faits, alors inconnus, qui plus tard ont été reconnus vrais*, tels que celui-ci par exemple :

« Quand je partis l'hiver dernier pour me rendre dans l'Amérique Centrale, mes amis de la ville reçurent des informations, à plusieurs reprises, concernant les endroits où je séjournais et l'état de ma santé ; à mon retour, en comparant ces informations avec les observations consignées dans mes notes de voyage, les premières furent *reconnues invariablement vraies*. De même, il a été exprimé des pensées sur des sujets que je n'avais pas alors dans l'esprit et complètement différents de mes idées. Ceci a souvent eu lieu pour moi et pour d'autres, comme pour établir pleinement ce fait, que notre intelligence n'influait pas sur les communications, et qu'elles ne provenaient point d'elle. »

Nous concluerons de cette étude impartiale que les savants n'ont fait qu'effleurer les phénomnes spirites, qu'ils se sont contentés d'à peu près en fait d'explications et que la preuve de l'existence de l'âme, après la mort, ressort avec certitude de l'examen approfondi des faits. Cette conclusion va en s'accentuant au fur et à mesure que l'on pénètre plus avant dans le domaine spirite, ainsi que nous allons le constater.

Médiumnité voyante.

Dans toutes les manifestations que nous avons enregistrées jusqu'alors, les Esprits méritent toujours le nom d'invisibles. On constate indirectement leur action, mais on n'a pas pu encore les voir. Voici des faits qui prouvent qu'on peut, dans certains cas, constater directement leur existence par le témoignage des sens.

La *Society for Psychical Researches* a réuni une masse considérable de documents bien certains, bien étudiés, concernant les apparitions. Les spirites en ont aussi un grand nombre, mais, pour donner plus de poids à notre démonstration, nous citerons seulement des faits empruntés soit aux *proceedings* de la société, soit au livre *Phantasms of the Living*, dans lesquels l'action des Esprits est manifeste.

MM. Myers, Gurney et Podmore, qui ont publié ce volume, comprenant la narration de 700 cas, appellent ces visions des *hallucinations télépathiques* ou véridiques. Sans préjuger si les apparitions sont réelles, objectives, ou si elles sont internes, subjectives et produites par une action encore inconnue de l'esprit, agissant sans l'intermédiaire des sens, ils établissent la réalité des faits avec une rigueur véritablement scientifique. Après la lecture de ces récits, il reste cette conviction que tout ce qui est humainement possible a été fait pour établir l'authenticité de ces phénomènes.

Citons un exemple de ces curieuses manifestations (1) :

Un M. M. F. G. D. Boston, demeurant en ce moment à Saint-Louis, se trouvait dans son cabinet de travail, lorsqu'il vit le fantôme de sa sœur unique, morte depuis neuf ans. C'était au milieu du jour, pendant qu'il écrivait; elle était auprès de lui, avec une telle apparence de vie, qu'il crut que c'était réellement sa sœur et l'appela par son nom.

M. F. G. D. Boston avait pu scruter chaque détail de son habillement et de sa figure, et remarquer particulièrement une ligne, ou égratignure, d'un rouge brillant, sur le côté droit de la figure. Cette vision l'avait impressionnée à ce point, qu'il prit le premier train pour aller chez son père et sa mère et leur dire ce qu'il avait vu. Son père fut tenté de tourner en ridicule sa croyance à quoi que ce soit de surnaturel, mais, en entendant mentionner l'égratignure, la mère faillit s'évanouir et lui dit les larmes aux yeux : « C'est moi qui, *après sa mort*, ait fait par maladresse cette égratignure au visage de ma très chère fille, égratignure que j'avais soigneusement cachée avec de la poudre ; n'ayant confié ce détail à âme qui vive, personne ne pouvait le savoir. »

Nous prions les négateurs des Esprits de nous expliquer cette apparition. Nous serions curieux de savoir quel rôle jouerait le cerveau droit ou la personnalité seconde?

Nous pourrions citer encore un certain nombre de

---

(1) *Proceedings*, partie XV, p. 17 et 18.

cas ; nous renvoyons les lecteurs à la traduction française des *Phantasms of the Living*, publiés sous le titre : *Les Hallucinations télépathiques*, par M. Marillier.

Médiumnité auditive

Nous allons remarquer maintenant que les esprits ne se contentent pas d'écrire par l'intermédiaire des médiums, de se faire voir ; parfois ils causent et se font entendre très distinctement. Voici un cas, toujours emprunté aux *Phantasms of the Living*, où toutes les attestations qui le certifient sont longuement exposées.

Un jeune vicaire du Yorkshire, âgé de dix-neuf ans, se trouvait à Invercaxdo, dans la Nouvelle-Zélande. Il avait rencontré sur le bateau qui l'y avait conduit un jeune homme qu'il avait connu comme matelot ; il convint d'aller avec lui et quelques autres faire une excursion dans l'île de Ruapuko et d'y rester un jour ou deux pour pêcher et pour chasser ; ils devaient se lever le lendemain matin à quatre heures pour profiter de la marée et franchir l'écueil ; il promit d'appeler à temps le vicaire, lequel alla se coucher de bonne heure avec l'intention bien arrêtée de les accompagner, cela ne faisait aucun doute dans son esprit.

En montant l'escalier, le vicaire crut entendre une voix lui dire : « N'allez pas avec ces hommes » ; il n'y avait personne autour de lui, et néanmoins il demanda : « Pourquoi » ? La voix, qui semblait partir de l'intérieur de la chambre, lui répondit avec fermeté : « Vous ne devez pas y aller » ; ces mots lui furent répétés après une seconde question. Alors, demanda-t-il, comment pourrai-je m'en dispenser, puisqu'ils viendront m'appeler ? » Distinctement et plus fortement encore, la voix répondit : « Il faut fermer votre porte à clef. » En arrivant à sa chambre, il s'aperçoit qu'il y a une forte serrure qu'il ne se rappelait pas y avoir vue ; quoique déterminé à faire son excursion (c'était son habitude de se conduire à tous hasards), dès lors il se sentit ébranlé, eut le sentiment d'un péril mystérieux et, après beaucoup d'hésitations, ferma sa porte à clef et se coucha.

Le lendemain, vers trois heures, la porte fut violemment secouée, frappée à coups de pieds ; mais, quoique éveillé, il ne dit mot, et enfin les hommes s'en furent, en jurant et en criant. Vers neuf heures du matin, le vicaire, se levant pour déjeûner, l'hôtelier lui demande s'il avait appris ce qui venait d'arriver. On lui raconta que le bateau parti pour Ruapuke avait chaviré sur l'écueil et que tous les passagers s'étaient noyés ; quelques-uns des cadavres furent rejetés sur le rivage le jour même ; les autres, un jour ou deux plus tard. Le narrateur termine ainsi : « Si j'avais été avec eux, au mépris de l'avertissement donné, sans aucun doute je serais mort avec mes compagnons de pêche et de chasse. »

Que l'on ne croie pas que cet exemple est isolé ; nous pourrions en citer bien d'autres aussi remarquables, mais nous sommes contraints, par le cadre restreint de cet ouvrage, à renvoyer les lecteurs désireux de se convaincre aux *Phantasms of the Living*, aux *Proceedings* de la *Society for Psychical Researches* et aux ouvrages spirites, qui en contiennent un grand nombre (1).

Écriture directe ou Psychographie.

Si des spirites avaient eu le pouvoir d'inventer des démonstrations à l'usage des incrédules, ils n'auraient probablement pas imaginé des preuves aussi concluantes que celles que les Esprits fournirent d'eux-mêmes. Voyez, en effet, comme le phénomène riposte immédiatement à la critique par des faits qui démolissent les théories laborieusement échafaudées par les savants.

Aux mouvements naissants et inconscients, la table oppose la lévitation sans contact. La transmission de pensée se trouve annihilée par la révélation de faits inconnus de tous les assistants et dont on constate ultérieurement la véracité. A la personnalité seconde des hystériques, le phénomène répond en langue étrangère. Maintenant, nous allons assister à une variante d'écriture automatique, mais cette fois elle sera faite directement par les Esprits ; de là son nom. Cette absence d'intervention humaine fait rebondir fort loin, dans le champ des hypothèses mal venues, le cerveau droit et les *multiplex personnality* de M. Myers, aussi bien que les personnalités hystériques des doctes MM. Janet et Binet.

(1) Voir aussi : Dassier, *l'Humanité posthume*.

Ainsi que nous l'avons dit, le baron de Guldenstubbé est le premier qui ait obtenu en France de l'écriture directe. Voici comment il relate ce fait (1) ».

« Un beau jour, c'était le 1er août 1856, l'idée vint à l'auteur d'essayer si les esprits pouvaient écrire *directement*, sans *l'intermédiaire d'un médium*. Connaissant l'écriture directe mystérieuse du Décalogue selon Moïse et l'écriture également directe et mystérieuse durant le festin du roi Balthasar suivant Daniel, ayant en outre entendu parler des mystères modernes de Straford en Amérique, où l'on avait trouvé certains caractères illisibles et étranges, tracés sur des morceaux de papier, et qui ne paraissent pas provenir des *médiums*, l'auteur a voulu constater la réalité d'un phénomène dont la portée serait immense s'il existait réellement.

« Il mit donc un papier blanc à lettres et un crayon taillé dans une petite boîte fermée à clef, en portant toujours cette clef sur lui-même et sans faire part de cette expérience *à personne*. Il attendit durant douze jours en vain, sans remarquer la moindre trace d'un crayon sur le papier ; mais quel fut son étonnement lorsqu'il regarda, le 13 août 1856, certains caractères mystérieux tracés sur le papier ; à peine les eût-il remarqués, qu'il répéta *dix fois* pendant cette journée, à jamais mémorable, la même expérience, en mettant toujours, au bout d'une demi-heure, une nouvelle feuille de papier blanc dans la même boîte. L'expérience fut couronnée d'un succès complet.

(1) Baron de Guldenstubbé, *de la Réalité des Esprits*, pp. 66 et 67,

« Le lendemain, 14 août, l'auteur fit de nouveau une vingtaine d'expériences, en laissant la boîte ouverte et en ne la perdant pas de vue ; c'est alors que l'auteur vit que des caractères et des mots dans la langue esthonienne se formèrent ou furent gravés sur le papier, *sans que le crayon bougeât*. Depuis ce moment, l'auteur, voyant l'inutilité du crayon, a cessé de le mettre sur le papier ; il place simplement une feuille de papier sur une table, chez lui, et il obtient ainsi des messages. (1) »

Le comte de Guldenstubbé répéta l'expérience en présence du comte d'Ourches, et celui-ci obtint une communication de sa mère, avec sa signature, l'écriture nouvelle, comparée aux autographes du comte, *était identique*.

Ces premiers essais furent suivis de beaucoup d'autres, et l'auteur acquit la certitude que ce n'était pas lui-même qui écrivait à l'état somnambulique, comme il en avait eu un instant la pensée.

Wallace

En Angleterre, Wallace constate l'écriture directe chez Mme Marshall, médium : (2)

« La table ayant été examinée au préalable, une feuille de papier à lettre fut marquée en secret par moi et placée avec un crayon de plomb sous le pied

---

(1) On trouve à la fin de l'ouvrage du baron les fac-similés de ces écritures.

(2) Wallace, *les Miracles et le Moderne spiritualisme*, pp. 182 et 183.

central du meuble, tous les assistants ayant leurs mains sur la table. Au bout de quelques minutes, des coups furent entendus, et en prenant le papier, j'y trouvai tracé, d'une écriture légère : *William*. Une autre fois, un ami de province, — totalement étranger pour le médium et dont le nom n'avait pas été mentionné, — m'accompagnait ; lorsqu'il eût reçu ce qui était donné pour être une communication de son fils, un papier fut mis sous la table, et, après très peu de minutes, nous y trouvâmes écrit Charley T. Dood, le nom exact. Dans de tels cas, il est certain qu'il n'y avait aucune machinerie sous le meuble, et il reste simplement à demander s'il était possible pour Mme Marschall de quitter ses bottines, saisir le crayon et le papier avec ses orteils, écrire sur celui-ci, avec celui-là, *un nom qu'elle avait à deviner*, et remettre ses chaussures, le tout sans ôter ses mains de dessus la table, ni donner aucune indication de quoi que ce soit de ses efforts. »

Oxon

M. Oxon a étudié ces manifestations pendant longtemps. Écoutons son témoignage :

« Il y a cinq ans que je suis familier avec le phénomène de psychographie. Je l'ai observé dans un grand nombre de cas, soit avec des psychiques connus du public, soit avec des dames ou des gentlemen qui possédaient le pouvoir de produire ce résultat.

« Dans le cours de mes observations, j'ai vu des

psychographies obtenues dans des boîtes fermées — écriture directe — sur un papier scrupuleusement marqué et placé sous la table, dans l'ombre, sur un papier placé sous mon coude, ou couvert de ma main ; sur un papier, enfermé dans une enveloppe cachetée et sur des ardoises attachées ensemble. »

L'éminent professeur à la faculté d'Oxford confirme l'observation du baron de Guldenstubbé, en ce qui concerne l'emploi du crayon, qui n'est pas fait toujours de la même manière par les Esprits que par nous.

« J'étais dans la maison d'un intime ami, trois amis présents. Le papier, soigneusement marqué à mes initiales, fut placé sur le parquet avec un crayon noir ordinaire. L'un de nous sentant le crayon contre sa botte, mit le pied dessus et le garda jusqu'à ce que la séance fut levée. De l'écriture cependant fut trouvée sur le papier, et nous débattîmes la question de savoir comment cela avait pu se faire, sachant que le crayon n'avait pu être utilisé pour cet usage. Le papier portait nos marques et n'avait pas bougé. Nous recommençâmes la même semaine, et je pourvus secrètement moi-même au moyen d'éclaircir la chose. J'apportai un crayon d'un vert éclatant, et je le substituai, à l'insu de tous, au crayon noir, tenant mon pied dessus pendant tout le temps. Quand on examina le papier, l'écriture, un très court griffonnage, fut trouvée être en vert. Le crayon avait donc été employée d'une façon tout à fait inconnue de moi. Je pense que ce doit être fréquemment le cas et que les écritures sont produites par quelque autre méthode que l'emploi ordinaire du crayon. »

Zoëllner.

Voici deux observations de Zoëllner sur le même sujet :

« La soirée suivante (vendredi 16 novembre 1877), je plaçai une table à jeu avec quatre chaises dans une chambre ou Slade n'était pas encore entré. Après que Fechner, le professeur Braune, Slade (le médium) et moi, nous eûmes placé nos mains entrelacées sur la table, il y eut des coups frappés dans ce meuble. J'avais acheté une ardoise que nous avions marquée; un fragment de crayon fut déposé sur l'ardoise, que Slade plaça partiellement sous le bord de la table ; mon couteau fut subitement projeté à la hauteur d'un pied, et retomba ensuite sur la table... En répétant l'expérience, on trouva que le fragment de crayon, dont la position fut assurée par une marque, restait à la même place sur l'ardoise. La double ardoise, après avoir été bien nettoyée et munie intérieurement d'un morceau de crayon, fut tenue alors par Slade *sur la tête* du professeur Braune. Le grattement fut entendu, et, lorsque l'ardoise fut ouverte, on y trouva plusieurs lignes d'écriture.

Nous avons vu que, chez Zoëllner, un fort écrou en bois fut brisé par les esprits. L'illustre astronome demanda à Slade ce que cela voulait dire :

« Il répondit que ce phénomène arrivait parfois en sa présence. Comme il parlait en restant debout, il plaça un morceau de touche sur la surface polie de la table, le couvrit avec une ardoise achetée et justement nettoyée par moi (c'est Zoëllner qui parle) et en pressa la surface avec les cinq doigts ouverts de la main droite, pendant que sa main gauche restait au centre de la table. L'écriture commença sur la surface intérieure et, lorsque Slade la retourna, la sentence suivante s'y trouvait écrite en anglais : « Ce n'est point notre intention de faire le mal ; pardonnez ce qui est arrivé. » La production de l'écriture, dans ces conditions, se faisait pendant que les deux mains de Slade étaient immobiles. »

Le Docteur Gibier

L'étude de l'écriture directe fut reprise en France par un savant, le Dr Gibier (1), et nous retrouvons le même médium Slade, qui servit d'intermédiaire aux Esprits. Voici le témoignage de M. Gibier :

« Nous avons vu plus de *cent fois* des caractères, des dessins, des lignes et même des phrases entières se produire, à l'aide d'une petite touche, sur les ardoises que Slade tenait, et même entre deux ardoises avec lesquels il *n'avait aucun contact* et qui nous appartenaient, que nous avions achetées nous-même dans une papeterie quelconque de Paris et que nous avions marquées de notre signature.

« Nous avons, dans toutes nos expériences d'écri- d'écriture, examiné attentivement les ardoises avant l'opération ; du reste, dans la plupart des cas, elles nous appartenaient. Lorsque l'écriture s'est produite

(1) Gibier, *Spiritisme ou Fakirisme occidental*, p. 393 et suiv.

sur une seule ardoise, c'était, en général, sous l'angle de la table auprès de laquelle nous nous trouvions ; nous ne perdions de vue ni l'ardoise ni les doigts de Slade, et nous placions parfois nous-même le crayon sur l'ardoise, mais nous n'avons jamais pu voir ce dernier en mouvement. Nous voyions l'ardoise onduler légèrement comme sous la pression de l'écrivain invisible, mais dès lors que nous regardions dans l'espace séparant l'ardoise de la partie inférieure de la table, la petite touche tombait sur l'ardoise, et le bruit d'écriture cessait ; l'ardoise s'appliquait bientôt contre la table, et alors nous entendions de nouveau le grincement de la touche, ou crayon d'ardoise, traçant l'écriture. »

Citons un des faits observés par le docteur :

« Cette expérience eut lieu dans mon appartement, dans ma salle à manger, où Slade entrait pour la première fois, le 27 mai 1886, à neuf heures du soir. Étaient présentes cinq personnes au total : deux personnes de ma famille, un ami, Slade et moi... »

« Prenant une de mes ardoises, bien lavées sur les deux faces, je demande à Slade s'il pourra obtenir un mot que j'écrirai sans qu'il en ait connaissance. Sur sa réponse affirmative, j'écris sur mon ardoise, *en me tenant complètement à l'abri de la vue de Slade*, qui, *sans la regarder*, la glisse sous le bord de ma table de manière à la laisser visible dans une petite portion de son étendue ; par conséquent, nous voyions tous la main droite de Slade ; sa gauche était avec les nôtres sur la table. Dix secondes ne s'étaient pas écoulées que l'ardoise m'était rendue avec la mention : *Louis is not here* (Louis n'est pas ici), ce qui était vrai, écrite du côté opposé où j'avais moi-même tracé le mot Louis. »

En Amérique.

Ce que le docteur Gibier n'a pas vu, c'est-à-dire le crayon écrire seul, le professeur Elliott Coues l'a constaté, à son grand étonnement (1).

« Il y a peu de temps encore, dit-il, j'aurais eu de la peine à me figurer que je serais l'auteur d'une telle histoire. Cependant, je ne pourrais être infidèle à mes convictions sans détruire mon intégrité intellectuelle, et je ne puis me taire en face de pareils faits, sans qu'on puisse m'accuser de lâcheté morale. »

Le professeur raconte que, se trouvant à San Francisco en octobre 1891, il se rendit, accompagné de sa femme, le vendredi 6 octobre, chez un médium nommé Mme Mena Francis.

« Aussitôt qu'elle eut fini avec un visiteur qui nous avait précédés, elle nous fit entrer dans une chambre de derrière, exposée au midi, ou dans laquelle tout au moins le soleil entrait en plein par une fenêtre unique, près de laquelle nous nous assîmes. Mme Francis prit un fauteuil bas et confortable; ma femme s'assit en face d'elle, et moi tout près, entre les deux dames, à droite de Mme Francis, tandis qu'en face de nous se trouvait une petite table de jeu avec un tapis ordinaire en drap. Sur la table, il y avait deux ardoises

(1) *Annales psychiques*, mai-juin 1892, pp. 152 et suiv.

minces en « silicate », sans cadre, d'environ 4 pouces de large sur 6, un verre d'eau et un chiffon pour effacer. Mme Francis nous invita à examiner à loisir la table et ses accessoires. Nous le fîmes, et nous trouvâmes que les choses étaient comme je viens de le dire. Elle prit une des ardoises, posa dessus un morceau de crayon, long peut-être d'un tiers de pouce, et la fit passer doucement sous la table, hors de notre vue, la tenant par un coin avec une main, comme le ferait quelqu'un qui tiendrait ainsi une ardoise ou quelque objet semblable. Son autre main était en vue sur la table. Elle se balança un peu sur son fauteuil, tandis que deux paires d'yeux étaient fixées sur elle, et elle dit d'une voix tranquille :

« Les chers Esprits voudront-ils bien écrire ? » ou quelque chose de semblable.

« Ma conscience scientifique fut désagréablement impressionnée par ces paroles, car s'il y a une chose que je n'aime pas, c'est justement une chose pareille. Cependant, je ne bougeai point, et bientôt tic, tic, tic, on entendit quelque chose sous la table, comme si le crayon écrivait.

« C'est, en effet, ce qui avait lieu, et l'on peut juger de mon étonnement quand Mme Francis, pendant que le bruit durait encore, retira lentement l'ardoise de dessous la table et *qu'alors, là, à découvert, en pleine vue,* à quelques pouces devant moi, je vis distinctement le crayon écrire *de lui-même* et finir le dernier ou les deux derniers mots d'une phrase en plusieurs lignes couvrant presque toute l'ardoise. Ma femme ne vit pas cela, simplement parce que la table interceptait son regard. Mais que je l'aie vu, exactement comme je le décris, c'est la pure vérité. Pour abréger mon récit, je dirai que la même chose se répéta pendant au moins une heure. A plusieurs reprises, des phrases furent écrites, comme je l'ai dit ; une partie de l'écriture de plusieurs d'entre elles fut faite sous les yeux de ma femme, aussi bien que sous les miens, *personne ne touchant au crayon*. Plusieurs fois, Mme Francis fit varier l'expérience en tenant l'ardoise élevée en l'air, au-dessus de la table, et en plaçant dessus un mouchoir ou un livre entr'ouvert, pour la protéger des rayons du soleil ; l'écriture continuait à se faire, et l'on entendait le bruit comme avant... »

« ... Je peux constater, sans rien préjuger en particulier, que les mots n'étaient certainement pas écrits au hasard, car ils formaient des réponses intelligibles et intelligentes aux diverses questions, et constituaient ainsi, jusqu'à un certain point, une conversation continue et rationnelle. Ces réponses se rapportaient aussi, en partie, à des personnes, des endroits, des choses, au sujet desquels Mme Francis devait être, humainement parlant, dans une ignorance complète. D'ailleurs, ces réponses étaient données comme des séries de communications venant des esprits de personnes vivantes ou mortes ; elles l'étaient ostensiblement, et Mme Francis le croyait vraiment. De ces personnes, Mme Coues et moi, nous en reconnûmes quelques-unes que nous avions connue vivantes, etc... »

Les faits, on le voit, se contrôlent les uns par les

autres ; ils ont lieu partout et malgré les observations les plus minutieuses, on ne peut découvrir de supercheries ou de *trucs* qui les expliquent.

Remarques.

Jusqu'alors, et nous verrons que l'on peut ajouter qu'il en est toujours ainsi, les intelligences qui se manifestent disent toujours qu'elles sont les âmes de personnes ayant vécu sur la terre. Que ce soit par la table, par l'écriture, par l'incarnation ou la psychographie, invariablement l'intelligence qui se manifeste se donne pour un ex-habitant de notre monde ; pourquoi donc les négateurs s'acharnent-ils à contester cette affirmation ?

En supposant que les spirites soient dans l'erreur en attribuant ces manifestations aux Esprits, n'est-ce pas absolument remarquable que le phénomène, qu'il ait lieu aux Etats-Unis, en Angleterre, en Allemagne, en France ou en Italie, se donne partout la même cause, quels que soient les médiums et les évocateurs ?

D'où viendrait cette unanimité si les Esprits n'existaient pas ? On admet généralement que des effets semblables ont des causes semblables : donc nous croyons être dans le vrai en attribuant les phénomènes à ceux qui s'en reconnaissent les auteurs, plutôt que de faire de laborieuses hypothèses, s'appuyant sur des faits non démontrés, et qui n'ont même pas le mérite d'expliquer tous les cas.

Nous avons vu le comte d'Ourches obtenir, par

l'écriture directe, une communication de sa mère ; l'écriture était semblable aux autographes laissés par la comtesse. Qu'objectera-t-on contre ce fait? Que dire, d'ailleurs, pour donner une explication plausible quand on voit l'écriture se produire sans se servir du crayon, suivant le mode habituel? Et toujours, partout, l'intelligence se manifestant avec des caractères indéniables. Combien d'investigateurs dont « la conscience scientifique » est désagréablement impressionnée par l'appel aux Esprits, sont ensuite émus, bouleversés, quand ces mêmes Esprits leur donnent des témoignages de leur présence !

Poursuivons donc notre exposé par des phénomènes encore plus accentués, plus démonstratifs, aussi bien affirmés et contrôlés que les précédents, et nous sommes presque certain que si la croyance aux Esprits n'en résulte pas, c'est que jamais une conviction ne sera capable de s'établir sur le témoignage d'autrui.

CHAPITRE IV

SPIRITISME TRANSCENDANTAL

Action des Esprits. — Désagrégation de la matière. — Expériences de Crookes et de Zoëllner. — Le phénomène des apports. — Apparitions lumineuses dans l'obscurité. — Apparitions de mains lumineuses par elles-mêmes ou visibles à la lumière ordinaire. — Formes et figures de fantômes. Les matérialisations. — Expériences de Crookes avec Katie King. — Formation lente d'une matérialisation. — La photographie spirite. — Photographies d'Esprits reconnus par les parents. — Médiumnité voyante et photographies d'Esprits. — Les expériences d'Aksakof. — Photographies transcendantes en pleine obscurité. — Photographies transcendantes en plein jour. — Photographie du médium et d'une forme matérialisée à la lumière du magnésium. — Remarques de M. Aksakof. — Empreintes et moulages de formes matérialisées. — Expériences à Naples, en Amérique, en Angleterre. — Le spiritisme et la psychiatrie. — Expériences de Lombroso à Naples. — L'explication du célèbre professeur. — Réfutation. — Résumé.

Nous allons assister maintenant à des expériences qui établissent positivement que les Esprits ont une existence réelle, objective, et que l'on peut, dans certaines circonstances déterminées, constater leur présence avec autant de rigueur, et par les mêmes procédés, que pour une personne vivante : on peut les voir, les toucher, les photographier, les entendre parler, en un mot, s'assurer par tous les moyens possibles que, temporairement, ils sont aussi vivants que les observateurs. Ce sont ces phénomènes que l'on appelle : *les matérialisations*.

Pour que les récits de ces expériences perdent un peu de leur caractère par trop surprenant, il faut d'abord que nous montrions jusqu'où peut aller l'action des Esprits sur la matière : que nous fassions voir qu'ils ont le pouvoir, dans certains cas, de l'agréger et de la désagréger, par des procédés qui nous sont encore inconnus et avec une rapidité presque électrique.

Désagrégation de la matière.

Nous laissons la parole aux faits ; ils sont plus éloquents et plus persuasifs que notre humble prose.

Voici une séance chez M. Crookes. (1)

« M¹¹ᵉ Fox m'avait promis de me donner une séance chez moi, un soir du printemps de l'année dernière.(2) Pendant que je l'attendais, une dame de nos parentes et mes deux fils aînés, l'un âgé de quatorze ans, et l'autre de onze, se trouvaient dans la salle à manger, où les séances avaient toujours lieu ; et moi-même je me trouvais dans ma bibliothèque occupé à écrire. Entendant un cab s'arrêter et la sonnette retentir, j'ouvris la porte à M¹¹ᵉ Fox et la conduisis aussitôt dans la salle à manger, parce qu'elle me dit que, ne pouvant rester longtemps, elle ne monterait pas; elle déposa sur une chaise son chapeau et son châle. Je me dirigeai alors vers la porte de la salle à manger, je dis à mes deux fils d'aller dans la bibliothèque

---

(1) Crookes, *loc. cit.*, pp. 104, 105, 106, 107.
(2) Année 1873.

étudier leurs leçons ; je poussai la porte sur eux, la fermai à clef, et, selon mon habitude pendant les séances, je mis la clef dans ma poche.

« Nous nous assîmes : Mlle Fox était à ma droite et l'autre dame à ma gauche. Nous reçûmes bientôt un message alphabétique nous engageant à éteindre le gaz ; nous l'éteignîmes, nous nous trouvâmes dans une obscurité complète, et, pendant tout le temps qu'elle dura, je tins dans une des miennes les mains de Mlle Fox. Presque aussitôt une communication nous fut donnée en ces termes : « Nous allons vous produire une manifestation qui vous donnera la preuve de notre pouvoir. » Et, presque immédiatement après, nous entendîmes tous le tintement d'une clochette, non pas stationnaire, mais qui allait et venait de tous côtés dans la chambre ; tantôt près du mur, une autre fois dans un coin éloigné de l'appartement ; tantôt me touchant à la tête, puis frappant sur le plancher. Après avoir ainsi sonné dans la chambre pendant au moins cinq minutes, cette sonnette tomba sur la table tout près de mes mains.

« Pendant tout le temps que ce phénomène dura, personne ne bougea, et les mains de Mlle Fox demeurèrent parfaitement tranquilles. Je pensais que ce ne pouvait pas être ma petite clochette qui sonnait, car je l'avais laissée dans la bibliothèque.

(Peu de temps avant que Mlle Fox arrivât, j'avais eu besoin d'un livre qui se trouvait au coin d'une étagère ; la sonnette était sur le livre, et je l'avais mise de côté pour le prendre. Ce petit incident m'assurait que la sonnette était bien dans la bibliothèque). Le gaz éclairait vivement le corridor sur lequel donnait la porte de la salle à manger, de telle sorte que cette porte ne pouvait pas s'ouvrir sans laisser la lumière pénétrer dans la salle où nous nous trouvions.

Du reste, pour l'ouvrir, il n'y avait qu'une clef, et je l'avais dans ma poche.

« J'allumai une bougie. Il n'y avait pas à en douter, c'était bien une clochette qui était sur la table, devant moi. J'allai tout droit à la bibliothèque. D'un coup d'œil je vis que la sonnette n'était plus là où elle aurait dû se trouver. Je dis à mon fils aîné : « Savez-vous où est ma petite sonnette? — Oui, papa, la voici »; et il me montrait la place où je l'avais laissée. En prononçant ces mots, il leva les yeux et continua ainsi : « Non; elle n'est pas là, mais elle y était il n'y a qu'un moment. — Que voulez-vous dire? Quelqu'un est-il venu la prendre? — Non, dit-il, personne n'est entré; mais je suis sûr qu'elle était là, parce que lorsque vous nous avez fait sortir de la salle à manger, pour venir ici, J. (le plus jeune de mes enfants) s'est mis à sonner si fort que je ne pouvais pas étudier mes leçons, et je lui ai dit de cesser. » J. confirma ces paroles et ajouta qu'après avoir agité la clochette, il l'avait remise à l'endroit où il l'avait trouvée. »

Nous voyons donc qu'il a fallu que les Esprits fissent passer cette sonnette à travers le mur pour l'apporter de la bibliothèque dans la salle à manger. Le phénomène ne peut guère se comprendre qu'en supposant que la matière peut passer à travers la matière; ce qui n'est pas impossible, quand on voit l'eau, sous une pression violente, suinter par les pores d'une sphère en or, ou l'hydrogène passer par les parois d'un tube en fer porté au rouge, et plus usuellement, le pétrole à travers la porcelaine ; mais, ce qui est étrange, dans notre cas, c'est la désagrégation et la reconstitution de la sonnette, sans qu'elle soit aucunement détériorée.

Voici un autre récit de l'illustre chimiste qui met, en quelque sorte, le fait de la désagrégation en évidence :

« Le second cas que je vais rapporter eut lieu à la lumière, un dimanche soir, en présence de M. Home et de quelques membres de ma famille seulement. Ma femme et moi, nous avions passé la journée à la campagne, et en avions rapporté quelques fleurs que nous avions cueillies. En arrivant à la maison, nous les remîmes à une servante pour les mettre dans l'eau. M. Home arriva bientôt après, et tous ensemble nous nous rendîmes dans la salle à manger. Quand nous fûmes assis, la servante apporta les fleurs qu'elle avait arrangées dans un vase. Je les plaçai au milieu de la table, dont la nappe était enlevée. C'était la première fois que M. Home voyait ces fleurs.

« Après avoir obtenu plusieurs manifestations, la conversation vint à tomber sur certains faits qui ne semblaient pouvoir s'expliquer qu'en admettant que la matière pouvait réellement passer à travers une substance solide. A ce propos, le message qui suit nous fut donné alphabétiquement : « Il est impossible
« à la matière de passer à travers la matière, mais nous
« allons vous montrer ce que nous pouvons faire. »

« Nous attendîmes en silence. Bientôt une apparition lumineuse fut aperçue planant sur le bouquet de fleurs ; puis, à la vue de tout le monde, une tige d'herbe de Chine, de 15 pouces de long, qui faisait l'ornement du centre du bouquet, s'éleva lentement du milieu des autres fleurs et ensuite descendit sur la table en face du vase, entre ce vase et M. Home. En arrivant sur la table, cette tige d'herbe ne s'y arrêta pas, mais elle passa droit à travers, et tous nous la vîmes bien jusqu'à ce qu'elle l'eût entièrement traversée.

« Aussitôt après la disparition de l'herbe, ma femme, qui était assise à côté de M. Home, vit entre elle et lui une main qui venait de dessous la table et qui tenait la tige d'herbe, dont elle la frappa deux ou trois fois sur l'épaule avec un bruit que tout le monde entendit, puis elle déposa l'herbe sur le plancher et disparut. Il n'y eut que deux personnes qui virent la main ; mais tous les assistants aperçurent le mouvement de l'herbe. Pendant que ceci se passait, tout le monde pouvait voir les mains de M. Home placées tranquillement sur la table en face de lui. L'endroit où l'herbe disparut était à 18 pouces de l'endroit où étaient ses mains. La table était une table de salle à manger à coulisses, s'ouvrant avec une vis : elle n'était pas à rallonges, et la réunion des deux parties formait une étroite fente dans le milieu. C'est à travers cette fente que l'herbe avait passé. Je la mesurai et je trouvai qu'elle avait à peine 1.8 de pouce de large. La tige de cette herbe était beaucoup trop grosse pour qu'elle pût passer à travers cette fente sans se briser, et cependant tous nous l'y avons vue passer sans peine, doucement, et, en l'examinant ensuite, elle n'offrait pas la plus légère marque de pression ou d'érosion. »

L'affirmation de l'Esprit, au sujet de la désagrégation de la matière, ne nous semble pas absolument exacte, car voici des expériences de Zoëllner, dans lesquelles il semble bien que cette désagrégation a eu réellement lieu.

Les Expériences de Zoëllner (1).

Une expérience véritablement démonstrative eut lieu un jour. Dans une corde lisse, dont les deux bouts étaient scellés sur la table avec de la cire portant le cachet de M. Zoëllner, des nœuds furent formés au bout de quelques minutes d'imposition des mains par Slade, les cachets étaient restés intacts.

Puis deux bandes de cuir, jointes seulement par les bouts, également scellées avec de la cire, se trouvent nouées ensemble quand M. Zoëllner soulève les mains qui les couvraient :

« Je tenais mes mains sur les bandes de cuir, dit M. Zoëllner; Slade, qui se trouvait à ma gauche, plaça sa main droite sur les miennes. Au bout de quelques minutes, je sentis un mouvement des bandes sous mes mains. Trois coups furent frappés dans la table, et, quand j'ôtai mes mains, les deux bandes de cuir se trouvaient nouées ensemble. »

(1) Eugène Nus, *loc. cit.*, pp. 362, 393. Voir à la fin du volume la gravure n° 3, qui représente cette expérience.

Le savant Allemand a fait varier les conditions de l'expérience : s'étant procuré deux anneaux en bois tourné, d'une seule pièce, — diamètre intérieur : 74 millimètres, — il enfile ces anneaux dans une corde à violon, fixe le milieu sur la table avec de la cire dans laquelle il appose son cachet, et les laisse pendre le long de la table. Son désir était de voir les anneaux s'entrelacer. Il s'asseoit avec Slade, posant ses deux mains sur la corde cachetée. Un guéridon était devant eux.

« Après quelques minutes d'attente, écrit-il, nous entendîmes à la petite table ronde placée en face de nous un bruit comme si les pièces de bois tapotaient l'une contre l'autre. Nous nous levâmes pour nous rendre compte de ce bruit, et, à notre grand étonnement, nous trouvâmes les deux anneaux de bois qui, environ six minutes auparavant, étaient enfilés dans la corde à violon, encerclant la jambe de la petite table *et en parfait état*. Ainsi, ajoute M. Zoëller, mon expérience préparée ne réussit pas de la manière prévue ; les anneaux ne furent pas entrelacés ensemble, et, au lieu de cela, furent transférés de la corde à violon cachetée au pied de la table ronde en bouleau. »

Expériences de Wallace

LES APPORTS

Nous avons vu la sonnette de M. Crookes être transportée d'une chambre à l'autre. Si cette sonnette ne lui avait pas appartenu, qu'elle fût venue d'une maison voisine, on aurait appelé le phénomène UN AP-PORT. En voici un dont M. Wallace se porte garant (1) :

« Le trait le plus remarquable de la médiumnité de cette dame (miss Nicholl, maintenant Mme Guppy) est la production (2) de fleurs et de fruits dans une chambre close ; la première fois que cela eut lieu, ce fut chez moi-même, à l'époque où les facultés de miss N. n'étaient encore que peu développées. Tous les assistants étaient de mes intimes. Le médium étaient venu d'abord pour le thé, — l'on était au milieu de l'hiver, — et, avant que les fleurs apparussent, elle était restée avec nous quatre heures durant dans une chambre très chaude et éclairée au gaz. Le fait essentiel est que, sur une table nue, dans une petite pièce close et obscure (la salle voisine et le passage étant bien éclairés), une quantité de fleurs apparurent, qui ne s'y trouvaient pas quand nous avions baissé le gaz quelques minutes auparavant. C'étaient des anémones, des tulipes, des chrysanthèmes, des primevères de Chine, et plusieurs espèces de fougères. Toutes étaient absolument fraiches, comme si elles venaient d'être cueillies dans une serre. Un fin givre les recouvrait. Pas un pétale n'était brisé ni froissé, pas une des plus délicates pointes ou pinnules des fougères n'était hors de place.

« Je séchai et conservai tout, en y attachant l'attestation que j'avais obtenue de tous les assistants,

---

(1) Wallace, *loc. cit.*, p. 226.
(2) Le mot production est impropre. C'est apport qu'il faut lire, ainsi que la suite nous l'indique.

comme quoi ils n'avaient nullement contribué, autant qu'ils pouvaient le savoir, à apporter les fleurs dans la chambre. Je crus à l'époque, et je crois encore qu'il était absolument impossible à miss N. de les avoir cachées si longtemps, de les avoir gardées si parfaites, et, par-dessus tout, de les avoir recouvertes tout à fait d'une très jolie couche de rosée, exactement semblable à celle qui s'amasse à l'extérieur d'un verre à boire lorsque, par une journée brûlante, il est rempli d'eau glacée. »

La compétence particulière d'Alfred Wallace rend cette observation des plus précieuses, car il est difficile qu'une jeune fille, dans les conditions indiquées, ait pu en imposer au sagace et illustre naturaliste. Poursuivons :

« Des phénomènes similaires ont eu lieu des *centaines de fois* depuis, en maintes maisons et dans les conditions variées. Parfois les fleurs ont été amoncelées sur la table en amples quantités. Souvent des fleurs ou des fruits demandés sont apportés. Un mien ami demanda un soleil, et une de ces fleurs, haute de 6 pieds, tomba sur la table, avec une solide masse de terre autour de ses racines. Une des épreuves les plus frappantes eut lieu à Florence en présence de M. T. Adolphus Trollope, miss Blagden et le colonel Harvey.

« La chambre fut fouillée par les gentlemen, Mme Guppy fut déshabillée et rhabillée par Mme Trollope, chaque pièce de sa vêture étant examinée. M. et Mme Guppy furent, tous deux fermement étreints pendant qu'on se tint à la table.

« Après dix minutes environ, toute la compagnie s'écria qu'on sentait des fleurs, et lorsqu'on alluma une bougie, on trouva que les bras de Mme Guppuy et de M. Trollope étaient couverts de jonquilles, qui emplissaient la chambre de leur parfum. M. Guppy et M. Trollope rapportent tous deux ce fait dans des termes qui sont, en substance, identiques. » *Rapport de la Société dialectique sur le spiritualisme* V. pp. 277 et 372.)

Apparitions lumineuses.

Ayant bien établi que les Esprits peuvent manipuler la matière vivante sans la détruire, montrons ce qu'ils sont capables de faire sur eux mêmes.

Revenons à M. Crookes, qui résume ainsi ses observations ;

« Ces manifestations, étant un peu faibles, exigent, en général, que la chambre ne soit pas éclairée. J'ai à peine besoin de rappeler à mes lecteurs que, dans de pareilles conditions j'ai pris tous les précautions convenables pour éviter que l'on m'en imposât par de l'huile phosphorée ou par d'autre moyens. Bien plus, beaucoup de ces lumières étaient d'une nature telle que je n'ai pu arriver à les imiter par des moyens artificiels. »

Encore un important témoignage émanant du physicien remarquable auquel nous devons la découverte de la matière radiante, car il s'est livré à de longues et savantes expériences sur tous les genres de lumières dues aux effluves électriques et à la phosphorescence.

« Sous les conditions du contrôle le plus rigoureux, j'ai vu un corps solide, lumineux par lui-même, à peu près de la grosseur et de la forme d'un œuf de dinde, flotter sans bruit à travers la chambre, s'élever plus haut que n'aurait pu le faire aucun assistant en se tenant sur la pointe des pieds, et ensuite descendre doucement sur le parquet. Cet objet fut visible pendant plus de dix minutes, et avant de s'évanouir, il frappa trois fois la table avec un bruit semblable à celui d'un corps solide et dur.

« Pendant ce temps, le médium était assis sur une chaise longue et paraissait tout à fait insensible.

« J'ai vu des points lumineux jaillir de côtés et d'autres et se reposer sur la tête de différentes personnes ; j'ai eu réponse à des questions que j'avais faites, par des éclats de lumière brillante qui se sont produits devant mon visage, et le nombre de fois que j'avais fixé. J'ai vu des étincelles s'élancer de la table au plafond et ensuite retomber sur la table avec un bruit très distinct. J'ai obtenu une conversation alphabétique au moyen d'éclairs lumineux, se produisant dans l'air, devant moi, et au milieu desquels je promenais ma main. J'ai vu un nuage lumineux flotter au-dessus d'un tableau. *Toujours sous les conditions du contrôle le plus rigoureux*, il m'est arrivé plus d'une fois qu'un corps solide, phosphorescent, cristallin, a été mis dans ma main par une main qui n'appartenait à aucune des personnes présentes. En pleine lumière, j'ai vu un nuage lumineux planer sur un héliotrope placé sur une table à côté de nous, en casser une branche et l'apporter à une dame ; et, dans quelques circonstances, j'ai vu un nuage semblable se condenser sous nos yeux en prenant la forme d'une main et transporter de petits objets. Mais cela appartient plutôt à la classe des phénomènes qui suivent :

Apparitions de mains lumineuses par elles-mêmes ou visibles à la lumière ordinaire.

« On sent souvent des attouchements de mains pendant les séances noires ou dans des conditions où l'on ne peut les voir. Plus rarement j'ai vu ces mains. Je ne donnerai pas des exemples où les phénomènes se sont produits dans l'obscurité, mais je choisirai simplement quelques-uns des cas nombreux où j'ai vu ces mains en pleine lumière.

« Une petite main d'une forme très belle s'éleva d'une table de salle à manger et me donna une fleur ; elle apparut, puis disparut à trois reprises différentes, en me donnant toute facilité de me convaincre que cette apparition était aussi réelle que ma propre main. Cela se passa à la lumière, dans ma propre chambre, les pieds et les mains du médium étaient tenus par moi pendant ce moment.....

« Dans une autre circonstance, une petite main et un petit bras, semblables à ceux d'un enfant, apparurent se jouant sur une dame qui était assise près de moi. Puis l'apparition vint à moi, me frappa sur le bras et tira plusieurs fois mon habit.

« Une autre fois, un doigt et un pouce furent vus arrachant les pétales d'une fleur qui était à la boutonnière de M. Home, et les déposant devant plusieurs personnes qui étaient près de lui.

« Nombre de fois, moi-même et d'autres personnes avons vu une main pressant les touches d'un accordéon pendant qu'au même moment nous voyions les deux mains du médium qui, quelquefois, étaient tenues par ceux qui étaient auprès de lui.

« Les mains et les doigts ne m'ont pas toujours paru être solides et comme vivants. Quelquefois, il faut le dire, ils offraient plutôt l'apparence d'un nuage vaporeux condensé en partie sous forme de main. Tous ceux qui étaient présents ne les voyaient pas également bien (1). Par exemple, on voit se mouvoir une fleur ou quelque autre petit objet ; un des assistants verra une vapeur lumineuse planer au-dessus, un autre découvrira une main d'apparence nébuleuse, tandis que d'autres ne verront rien autre chose que la fleur en mouvement. J'ai vu plus d'une fois d'abord un objet se mouvoir, puis un nuage lumineux qui semblait se former autour de lui, puis enfin le nuage se condenser, prendre une forme et se changer en une main parfaitement faite. A ce moment, toutes les personnes présentes pouvaient voir cette main. Cette main n'est pas toujours une simple forme ; quelquefois elle semble parfaitement animée et très gracieuse; les doigts se meuvent, *et la chair semble être*

---

(1) Pour la discussion de ces faits, voir mon livre : *le Spiritisme devant la science* ; Chamuel, éditeur, 4ᵉ édition.

aussi humaine que celle de toutes les personnes présentes. Au poignet ou au bras, elle devient vaporeuse et se perd dans un nuage lumineux.

Au toucher, ces mains paraissent parfois froides comme de la glace et mortes ; d'autres fois elles m'ont semblé chaudes et vivantes, et *ont serré la mienne avec la ferme étreinte d'un vieil ami..*

« J'ai retenu une de ces mains dans la mienne, bien résolu à ne pas la laisser échapper. Aucune tentative et aucun effort ne furent faits pour me faire lâcher prise, mais peu à peu cette main sembla se résoudre en vapeur, et ce fut ainsi qu'elle se dégagea de mon étreinte. »

Nous constaterons tout à l'heure que c'est de la même manière que des mains s'évanouirent de moules en paraffine, qu'elles laissèrent comme témoignage de leur existence momentanée.

Nous voici bien loin des hypothèses de l'automatisme ou de la personnalité seconde : ici nul moyen de nier les Esprits. Bah ! les sceptiques ne sont pas embarrassés pour si peu. Ne pouvant contester les faits ni les attribuer à la supercherie, ils ont trouvé l'hallucination. Eh quoi ! M. Crookes et ses compagnons hallucinés ? Parfaitement, répondent imperturbablement ceux qui n'ont rien vu, rien expérimenté, mais qui nient quand même, envers et contre tout. Oui, ceux qui prétendent voir cela sont hallucinés. Patience, nous allons leur montrer prochainement que le fait est positif, car il laisse des traces matérielles de sa réalité. En attendant cette preuve décisive, voici quelques expériences qui prouvent que les fantômes n'existent pas seulement dans l'esprit des bonnes femmes de la campagne, ou dans l'imagination des gens crédules.

Formes et figures de fantômes.

« Ces phénomènes sont les plus rares de tous ceux dont j'ai été témoin. Les conditions nécessaires pour leur apparition semblent être si délicates, et il faut si peu de choses pour contrarier leur manifestation, que je n'ai eu que de très rares occasions de les voir dans des conditions de contrôle satisfaisantes. Je mentionnerai deux de ces cas.

« Au déclin du jour, pendant une séance de M. Home chez moi, je vis s'agiter les rideaux d'une fenêtre, qui était environ à 8 pieds de distance de M. Home. Une forme sombre, obscure, demi-transparente, semblable à une forme humaine, fut aperçue par tous les assistants, debout près de la croisée, et cette forme *agitait le rideau avec la main*.

Pendant que nous la regardions, elle s'évanouit, et les rideaux cessèrent de se mouvoir.

Le cas qui suit est encore plus frappant. Comme dans le récit précédent, M. Home était le médium. « Une forme de fantôme s'avança du fond de la chambre, alla prendre un accordéon, et ensuite glissa de la chambre *en jouant de cet instrument*. Cette forme fut visible pour toutes les personnes présentes et en même temps on voyait aussi M. Home. Le fantôme s'approcha d'une dame qui était assise à une certaine distance du reste des assistants ; cette dame poussa un petit cri, à la suite duquel l'ombre disparut. »

Dans ces deux récits, tous les assistant voient l'Esprit, qui est assez matérialisé pour agiter des rideaux, se mouvoir et jouer de l'accordéon. Si ce sont là des hallucinations, il faut avouer qu'elles sont compliquées. Si ces faits ne se passaient pas au XIXe siècle, dans l'appartement d'un savant officiel, on croirait lire une légende de château hanté.

Nos mœurs contemporaines sont peu amies du merveilleux, aussi nous allons voir les précautions prises pour s'assurer que les apparitions ne sont pas de vains mirages de l'esprit, mais bien des réalités objectives, authentiques et indéniables.

Les matérialisations

On appelle : *matérialisation*, le phénomène par lequel un esprit se montre avec un corps physique, ayant toutes les apparences de la vie normale. Le récit suivant, que nous résumons, a été publié par M. Crookes dans différents journaux spiritualistes, en 1874.

Si nous laissons constamment la parole au grand chimiste, ce n'est pas par pénurie de documents, car les revues spirites contiennent un grand nombre de ces récits ; mais afin que le lecteur soit bien convaincu que les faits cités ont été observés avec toute la méthode et la rigueur que les savants apportent dans leurs recherches minutieuses et précises.

En réponse à des accusations de supercheries portées contre le médium, — une jeune fille de quinze ans, nommée Florence Cook, — M. Crookes fit connaître ses travaux, qui mettent hors de doute la parfaite bonne foi de cette jeune personne.

Donnons, tout d'abord, une idée générale de ces sortes de séances. Les assistants, assis en cercle, forment généralement la chaîne, c'est-à-dire se donnent tous la main. La lumière, très faible, ne permettrait pas de lire, mais elle est cependant suffisante pour que les expérimentateurs se voient les uns les autres. Le médium se trouve le plus souvent dans un cabinet, séparé de la salle de réunion par une tenture ou des rideaux. Parfois le cabinet est remplacé par un angle de la chambre, devant lequel on tend un drap. Si c'est le cabinet que l'on adopte, il est bien entendu qu'il ne doit y avoir aucune autre issue que la salle dans laquelle se trouvent les assistants. Lorsque le médium est *intrancé,* au bout d'un temps plus ou moins long, on voit la draperie s'agiter et donner passage à une forme d'homme ou de femme, qui vient se promener dans le cercle, causer aux assistants, se faire parfois reconnaître de l'un d'eux, puis retourner auprès du médium, et finalement disparaître. Il est bien certain que cette salle spéciale pour le médium, cette semi-obscurité, sont des conditions qui prêtent fortement à une suspicion légitime, étant donnée l'étrangeté des faits produits, mais nous allons voir comment un homme froid et méthodique arrive à satisfaire aux conditions de l'expérience, tout en s'assurant contre toute fraude. Écoutons M. Crookes.

Le local. — Les expériences ont lieu chez le savant : « Ma bibliothèque servit de cabinet noir ; elle avait une porte à deux battants, qui s'ouvrait sur le laboratoire ; un des battants fut enlevé de ses gonds, et un rideau fut suspendu à sa place, pour permettre à Katie (l'esprit matérialisé) d'entrer et de sortir facilement... J'ai préparé et disposé ma blibliothèque, ainsi que mon cabinet noir, et d'habitude après que Mlle Cook avait dîné et causé avec nous, elle se dirigeait droit au cabinet, et, à sa demande, je fermais à clef la seconde porte, gardant la clef sur moi pendant toute la durée de la séance : alors on baissait le gaz, et on laissait Mlle Cook dans l'obscurité.

En entrant dans le cabinet, Mlle Cook s'étendait sur le plancher, la tête sur un coussin, et bientôt elle était en léthargie.

Le Médium. — «. Durant ces six derniers mois, Mlle Cook a fait chez moi de nombreuses visites, et y est demeurée parfois une semaine entière. Elle n'apportait avec elle qu'un petit sac de nuit, ne fermant pas à clef ; pendant le jour, elle était constamment en compagnie de Mme Crookes, de moi-même ou de quelque autre membre de ma famille, et ne dormant pas seule, il y a eu manque absolu d'occasion de rien préparer, même d'un caractère moins achevé, qui fut apte à jour le rôle de Katie King. »

La conviction de M. Crookes sur la sincérité du médium et sur l'impossibilité pour lui de rien simuler de semblable à ce qu'il a constaté, éclate aussi dans les lignes suivantes :

« Quelque épreuve que j'ai proposée, elle a accepté

de s'y soumettre avec la plus grande bonne volonté; sa parole est franche et va droit au but, et je n'ai jamais rien vu qui pût en rien ressembler à la plus légère apparence du désir de tromper. Vraiment je ne crois pas qu'elle pût mener une fraude à bonne fin, si elle venait à l'essayer; et, si elle le tentait, elle serait très promptement découverte, car une telle manière de faire est tout à fait étrangère à sa nature. Et, quant à imaginer qu'une innocente écolière de quinze ans ait été capable de concevoir et de mener pendant *trois ans* une aussi gigantesque imposture que celle-ci, et que pendant ce temps elle soit soumise à toutes les conditions qu'on a exigées d'elle, qu'elle ait supporté les recherches les plus minutieuses, qu'elle ait voulu être inspectée à n'importe quel moment, soit avant, soit après les séances, et ait obtenu encore plus de succès dans ma propre maison que chez ses parents, sachant qu'elle y venait expressément pour se soumettre à de rigoureux essais scientifiques, quant à imaginer, dis-je, que la Katie King *des trois dernières années* est le résultat d'une imposture, cela fait plus de violence à la raison et au bon sens, que de croire qu'elle est ce qu'elle affirme elle-même. »

Comment donc était cet Esprit qui, pendant trois années, se montra dans d'innombrables circonstances ?

Katie. — « La photographie est aussi impuissante à dépeindre la beauté parfaite du visage de Katie que les mots le sont eux-mêmes à décrire le charme de ses manières. La photographie peut, il est vrai, donner un dessin de sa pose ; mais comment pourrait-elle reproduire la pureté brillante de son teint ou l'expression sans cesse changeante de ses traits si mobiles, tantôt voilés de tristesse quand elle racontait quelque amer événement de sa vie passée, tantôt souriant avec toute l'innocence d'une jeune fille, lorsqu'elle avait réuni mes enfants autour d'elle et qu'elle les amusait en leur racontant des épisodes de ses aventures dans l'Inde. (1) »

Mais cette Katie était-elle une apparence, une ombre animée, un reflet vivant et pensant? Voici ce qu'écrit M. Crookes, le lendemain d'une séance à Hackney :

« Jamais Katie n'est apparue avec une aussi grande perfection ; pendant près de deux heures, elle s'est promené dans la chambre, en causant familièrement avec ceux qui étaient présents. Plusieurs fois, elle prit mon bras en marchant, et l'impression ressentie par mon esprit que c'était une femme vivante qui se trouvait à mon côté, et non pas un visiteur de l'autre monde, cette impression, dis-je, fut si forte, que la tentation de répéter une récente et curieuse expérience devint presque irrésistible.

« Pensant donc que si je n'avais pas un esprit auprès de moi, il y avait tout au moins une dame, je lui demandai la permission de la prendre dans mes bras, afin de me permettre de vérifier les intéressantes observations qu'un expérimentateur hardi avait fait récemment connaître, d'une manière tant soit peu

---

(1) La reproduction de la photographie de Katie King est en tête de ce volume.

prolixe. Cette permission me fut gracieusement donnée, et en conséquence, j'en usai, convenablement, comme tout homme bien élevé l'eût fait dans ces circonstances. M. Volckman sera charmé de savoir que je puis corroborer son assertion que le « fantôme (qui, du reste, ne fit aucune résistance) était un être aussi matériel que Mlle Cook elle-même. »

Mais cette Katie était peut-être, malgré tout, Mlle Cook déguisée admirablement. Non, voici pourquoi.

« Katie dit cette fois (toujours dans la séance de Hackney) qu'elle se croyait capable de se montrer en même temps que Mlle Cook. Je baissai le gaz, et ensuite avec ma lampe à phosphore, je pénétrai dans la chambre qui servait de cabinet. Mais, préalablement, j'avais prié un de mes amis, qui est habile sténographe, de noter toute observation que je pourrais faire pendant que je serais dans ce cabinet, car je connais l'importance qui s'attache aux premières impressions, et je ne voulais pas me confier à ma mémoire plus qu'il n'était nécessaire. Ses notes sont en ce moment devant moi.

« J'entrai dans la chambre avec précaution ; il y faisait noir, et ce fut à tâtons que je cherchai Mlle Cook. Je la trouvai accroupie sur le plancher.

« M'agenouillant, je laissai l'air entrer dans ma lampe et, à sa lueur, je vis cette jeune dame vêtue de velours noir, comme elle l'était au début de la séance, et ayant toute l'apparence d'être complètement insensible. Elle ne bougea pas lorsque je pris sa main et tins la lampe tout à fait près de son visage ; mais elle continua à respirer paisiblement.

« Elevant la lampe, je regardai autour de moi et je vis Katie qui se tenait debout, tout près de Mlle Cook, et derrière elle. Elle était vêtue d'une draperie blanche et flottante, comme nous l'avions déjà vue pendant la séance. Tenant une des mains de Mlle Cook dans la mienne et m'agenouillant encore, j'élevai et j'abaissai la lampe, tant pour éclairer la figure entière de Katie que pour pleinement me convaincre que je voyais bien réellement la vraie Katie que j'avais pressée dans mes bras quelques minutes auparavant, et non pas le fantôme d'un cerveau malade. Elle ne parla pas, mais elle remua la tête en signe de reconnaissance. Par trois fois différentes, j'examinai soigneusement Mlle Cook accroupie devant moi, pour m'assurer que la main que je tenais était bien celle d'une femme vivante et, à trois reprises différentes, je tournai ma lampe vers Katie pour l'examiner avec une attention soutenue, jusqu'à ce que je n'eusse plus le moindre doute qu'elle était bien là devant moi. A la fin, Mlle Cook fit un léger mouvement et aussitôt Katie me fit signe de m'en aller. Je me retirai dans une autre partie du cabinet et cessai alors de voir Katie, mais je ne quittai pas la chambre jusqu'à ce que Mlle Cook se fut éveillée et que deux des assistants eussent pénétré avec de la lumière. »

Eh bien ! diront les incrédules achevés, c'est une hallucination de tous les sens, éprouvée par M. Crookes. Pour détruire ce dernier argument, il faut arriver à la photographie de l'apparition, car personne ne supposera, nous l'imaginons, qu'une plaque sensible puisse être hallucinée. C'est un témoin inintelligent, mais irrécusable. Cette preuve absolue fut obtenue, non pas une fois, mais à un très grand nombre de reprises différentes. Citons toujours :

« Ayant pris une part très active aux dernières séances de Mlle Cook, et ayant *très bien réussi à prendre de nombreuses photographies* de Katie King, à l'aide de la lumière électrique, j'ai pensé que la publication de quelques détails serait intéressante pour les spiritualistes.

« Durant la semaine qui a précédé le départ de Katie (l'esprit avait annoncé que sa mission était terminée), elle a donné des séances chez moi presque tous les soirs, afin de me permettre de la photographier à la lumière artificielle. Cinq appareils complets de photographie furent donc préparés à cet effet. Ils consistaient en cinq chambres noires, une de grandeur de plaque entière, une de demi-plaque, une de quart et de deux chambres stéréoscopiques binoculaires, qui devaient toutes être dirigées sur Katie en même temps, chaque fois qu'elle poserait pour obtenir son portrait. Cinq bains sensibilisateurs et fixateurs furent employés, et nombre de glaces furent nettoyées à l'avance, prêtes à servir, afin qu'il n'y eût ni hésitation ni retard pendant les opérations photographiques que j'exécutai moi-même, assisté d'un aide.

Ceux de nos amis qui étaient présents étaient assis dans le laboratoire en face du rideau, et les chambres noires étaient placées un peu derrière eux, prêtes à photographier Katie quand elle sortirait et à prendre également l'intérieur du cabinet, chaque fois que le rideau serait soulevé dans ce but. Chaque soir, il y avait quatre ou cinq expositions de glaces dans les cinq chambres noires, ce qui donnait au moins quinze épreuves par séance. Quelques-unes se gâtèrent au développement, d'autres en réglant la lumière. Malgré tout, j'ai *quarante-quatre* négatifs, quelques-uns médiocres, quelques-uns ni bons ni mauvais, d'autres excellents...

« Fréquemment, j'ai soulevé un coin du rideau lorsque Katie était debout tout auprès ; les sept ou huit personnes qui étaient dans le laboratoire pouvaient voir en même temps Mlle Cook et Katie (1), sous le plein éclat de la lumière électrique. Nous ne pouvions pas, alors, voir le visage du médium à cause du châle que Katie avait mis dessus pour empêcher que la lumière ne tombât sur la figure, mais nous apercevions ses mains et ses pieds ; nous la voyions se remuer péniblement sous les rayons de cette lumière intense, et par moment nous entendions ses plaintes. J'ai une épreuve de Katie et de son médium

(1) M. Benjamin Coleman Esq était présent à une séance au sujet de laquelle il écrit : « M. Crookes souleva le rideau, *et lui et moi et quatre autres assistants* qui étaient auprès de moi, vîmes ensemble et en même temps, la forme de Katie vêtue de sa robe blanche, et à côté la forme du médium couché, dont la robe était bleue et un châle rouge sur la tête. » Mme Florence Marryat, *Ross Church*, qui était présente aux trois séances, 9, 14, 21 mai 1874, atteste qu'elle a vu Katie et le médium ensemble, et qu'elle a senti son corps nu sous son vêtement, ainsi que son cœur battre rapidement et qu'elle peut certifier que « si c'est une *force psychique*, la force psychique est vraiment une femme. » Voir aussi d'autres attestations que nous citons dans notre ouvrage : *le Spiritisme devant la science*, pp. 314, 315, 316.

photographiés ensemble, mais Katie est placée devant la tête de M⁣ˡˡᵉ Cook. »

Nous croyons maintenant que le doute n'est plus possible : Katie et miss Cook sont positivement deux personnalités distinctes, et l'objection d'une supercherie ou d'une hallucination collective, atteignant M. Crookes et les assistants, doit être écartée ; il existe bien un Esprit qui apparaît et disparaît, mais rien ne prouve encore, disent toujours les sceptiques, que c'est un habitant de l'autre monde. En effet, nous savons maintenant, d'une manière à peu près certaine, que l'individu humain peut se dédoubler, et pendant que son corps est dans un endroit déterminé, on peut constater la présence de son double à un autre endroit, souvent fort éloigné du premier. Les procès-verbaux de la *Société des recherches psychiques* mentionnent un très grand nombre de cas, dans lesquels ces doubles de personnes vivantes parlent, déplacent des objets matériels ; nous pouvons donc admettre qu'ils ont une existence objective. Appliquons ces remarques à M⁣ˡˡᵉ Cook, qui nous dit que Katie King n'est pas un simple dédoublement de Miss Cook ?

Laissons encore la parole aux faits, ils vont détruire cette dernière objection, suprême ressource de la négation.

« Une des photographies les plus intéressantes est celle où je suis debout à côté de Katie ; elle a son pied nu sur un point particulier du plancher. J'habillai ensuite M⁣ˡˡᵉ Cook comme Katie ; elle et moi nous nous plaçâmes exactement dans la même position, et nous fûmes photographiés par les mêmes objectifs, placés absolument comme dans l'autre expérience et éclairés par la même lumière. Lorsque ces deux dessins sont placés l'un sur l'autre, les deux photographies de moi coïncident exactement quant à la taille, etc., mais Katie est *plus grande* d'une demi-tête que M¹¹ᵉ Cook, et auprès d'elle, elle semble une grosse femme. Dans beaucoup d'épreuves, la largeur de son visage et la grosseur de son corps diffèrent essentiellement de son médium, et les photographies font voir plusieurs autres points de dissemblance...

« J'ai si bien vu Katie récemment, lorsqu'elle était éclairée par la lumière électrique, qu'il m'est possible d'ajouter quelques traits aux différences que dans un précédent article j'ai établies entre elle et son médium. J'ai la certitude la plus absolue que M¹¹ᵉ Cook et Katie sont deux individualités distinctes, du moins en ce qui concerne leurs corps. Plusieurs petites marques qui se trouvent sur le visage de M¹¹ᵉ Cook font défaut sur celui de Katie. La chevelure de M¹¹ᵉ Cook est d'un brun si foncé qu'elle paraît presque noire ; une boucle de celle de Katie, QUI EST LA SOUS MES YEUX (1) et qu'elle m'avait permis de couper au milieu de ses tresses luxuriantes, après l'avoir suivie de mes propres doigts jusque sur le haut de la tête, et m'être assuré qu'elle y avait bien poussé, est d'un riche châtain doré.

« Un soir, je comptai les pulsations de Katie. Son pouls battait régulièrement 75, tandis que celui de M¹¹ᵉ Cook, peu d'instants après, atteignit 90, son

---

(1) Souligné par nous.

chiffre habituel. En appuyant mon oreille sur la poitrine de Katie, je pouvais entendre un cœur battre à l'intérieur, et ses pulsations étaient encore plus régulières que celles du cœur de M¹¹ᵉ Cook, lorsque après la séance, elle me permettait la même expérience. Eprouvés de la même manière, les poumons de Katie se montrèrent plus sains que ceux de son médium, car au moment où je fis mon expérience, M¹¹ᵉ Cook suivait un traitement médical pour un gros rhume. »

On a constaté, dans tous les cas de télépathie, que l'apparition reproduit absolument la forme du corps, et les traits du visage de celui qui produit ce phénomène ; c'est là une caractéristique jamais démentie de ces faits. Or, nous voyons que Katie diffère notablement de M¹¹ᵉ Cook, aussi bien par la taille que par le visage et par les caractères physiologiques ; donc Katie et miss Cook sont deux personnalités différentes, aussi bien physiquement que psychiquement. Une dernière citation va établir, sur ce point, une conviction absolue :

« Ayant terminé ses instructions, Katie m'engagea à entrer dans le cabinet avec elle et me permit d'y demeurer jusqu'à la fin.

« Après avoir fermé le rideau, elle causa avec moi pendant quelque temps, puis elle traversa la chambre pour aller à M¹¹ᵉ Cook, qui gisait inanimée sur le plancher. Se penchant sur elle, Katie la toucha et lui dit : « Eveillez-vous, Florence, éveillez-vous ! il faut que je vous quitte maintenant. »

« M¹¹ᵉ Cook s'éveilla tout en larmes ; elle supplia Katie de rester quelque temps encore : « Ma chère, je ne puis pas, ma mission est accomplie, que Dieu vous bénisse ! » répondit Katie, et elle continua de parler à Mlle Cook. Pendant quelques minutes, elles causèrent ensemble, jusqu'à ce qu'enfin les larmes de Mlle Cook l'empêchèrent de parler. Suivant les instructions de Katie, je m'élançai pour soutenir Mlle Cook, qui allait tomber sur le plancher et qui sanglotait convulsivement. Je regardais autour de moi, mais Katie et sa robe blanche avaient disparu. Dès que Mlle Cook fut assez calmée, on apporta une lumière, et je la conduisis hors du cabinet. »

Plus de doute possible maintenant. Mlle Cook cause, éveillée, avec Katie et M. Crookes. Ce sont bien trois personnalités distinctes, dans trois corps différents. L'existence des Esprits est établie irréfutablement. Ceci est si vrai que les savants qui ont entrepris d'expliquer le phénomène spirite, en dehors d'une intervention des désincarnés, n'ont jamais osé aborder ces remarquables travaux. Là, impossibilité de nier l'incomparable compétence de l'observateur, sa logique rigoureuse, son esprit froid et impartial. On sent dans ces expériences si détaillées, si bien conduites, un homme qui va à la recherche de l'inconnu, sans hésitations, mais en s'entourant de toutes les précautions possibles. C'est le même chercheur qu'au début, ni plus enthousiaste du merveilleux phénomène, ni moins déterminé à en faire connaître toutes les phases, quelque invraisemblables qu'elles puissent paraître à ses doctes confrères. Aussi est-ce pour nous, Spirites, un appui inébranlable, un sûr refuge contre tous les sophismes de ceux qui, n'ayant pas expérimenté eux-mêmes et n'ayant connaissance que d'un petit nombre de faits, prononcent *ex cathedra* que le spiritisme n'est qu'une *ânerie* du monde naissant.

Laissons ces attardés dans leur ornière et poursuivons notre exposé.

Un autre cas.

Nous avons déjà dit qu'il existe nombre d'autres expériences très bien faites et que nous les passions sous silence, pour réserver la parole au maître en ces matières. Nous ferons cependant une exception en faveur d'un récit paru dans le *Light*, dont nous empruntons la traduction à M. Gardy (1). On verra dans cette expérience des détails curieux sur la manière dont l'apparition se forme. Ce récit est confirmé dans le même numéro par M. Oxon, qui a vu des séances absolument semblables ; nous avons donc un bon garant scientifique de l'exactitude de cette description.

M. J. H. Mitchiner dépeint, d'une manière très circonstanciée, une matérialisation créée sous ses yeux. Voici comment il s'exprime :

« En faisant une révision de mes vieux documents, j'ai retrouvé le compte rendu suivant d'une séance, tenue le 11 février 1885, qui pourrait intéresser nos lecteurs. Je sais que ce phénomène, auquel j'ai donné le nom d'enfantement astral, a été constaté dans plus

---

(1) Gardy, *Cherchons*, pp. 133, 134, 135.

d'une occasion avec le même sensitif. Le cercle se composait de huit personnes, non compris le médium, quatre dames et quatre messieurs.

« La salle resta éclairée durant toute la séance par un bec de gaz donnant suffisamment de lumière pour permettre de voir chacun des assistants et tous les objets saillants de la chambre. Mais il ne m'aurait pas été possible de lire dans un livre ni de distinguer l'heure à ma montre.

« Après l'apparition et la disparition de quatre formes différentes et des deux sexes, venues de l'antichambre dans le cercle, M. Eglington, le sensitif, tomba dans l'état de *trance* et se mit à se promener en avant et en arrière *devant l'assistance*. Je remarquai alors un objet ressemblant à un mouchoir de poche blanc, qui pendait à sa hanche droite. Cet objet, d'une longueur d'un pied environ, resta pendant quelques secondes balancé par les mouvements du médium qui se promenait dans la chambre en chancelant. Comme j'étais placé à l'une des extrémités de la chaîne, ma main gauche était libre. S'arrêtant devant moi, M. Eglington me saisit tout à coup la main d'une façon convulsive et assez violemment pour que son étreinte fût douloureuse. La substance suspendue à son côté commença alors à descendre vers le parquet et à s'accumuler jusqu'à ses pieds, enveloppant ses jambes d'une espèce de vapeur blanche, dont je comparai l'apparence à celle du coton cardé.

« Pendant ce temps, le médium faisait entendre des gémissements lamentables, et ses contorsions pouvaient faire croire qu'il était en proie à une véritable agonie. Lorsque la vapeur, si on peut la désigner ainsi, eût cessé de s'écouler de son flanc, elle se forma en colonne et prit l'aspect d'un corps humain. On la vit alors se condenser, et, avant que les assistants aient pu se rendre compte de ce qui se passait, une forme complète en chair et en os, un grand et bel homme, vêtu de blanc, se trouvait devant eux.

« Le personnage portait toute la barbe, de couleur foncée ; il avait quelques pouces de plus que le médium, ce qui était facile à constater, vu qu'ils étaient à côté l'un de l'autre. Esprit et Médium restèrent ainsi en face de nous pendant un moment, le dernier paraissant supporté par le bras de l'Esprit, qui le tenait par la taille. M. Eglington lâcha alors ma main et s'éloignant un peu de moi, d'un pas mal assuré, on put distinguer une sorte de ruban blanc, d'environ 4 pouces de largeur, par lequel le flanc du médium était lié à celui de l'Esprit. Je vis alors ce cordon d'enfantement astral se détacher subitement et, aussitôt qu'il fut réintégré dans le corps de M. Eglington, celui-ci rentra dans le cabinet, où il se laissa tomber dans son fauteuil, tandis que l'Esprit restait seul au milieu du cercle, s'y promenait et nous serrait la main, tant à moi-même qu'à une ou deux autres personnes. Nous trouvâmes, après son départ, le sensitif dans un tel état d'épuisement, que la séance dut être immédiatement levée. »

La Photographie spirite.

La photographie d'une forme spirituelle est sans contredit une des meilleures preuves de l'existence des Esprits ; nulle théorie ne peut rendre compte de ce phénomène, en dehors de la science spirite. Nous venons de voir un savant éminent constater par ce moyen la réalité objective de l'apparition de Katie ; nous citerons un certain nombre d'autres témoignages émanant aussi d'observateurs instruits, expérimentés et de bonne foi, car on ne saurait trop relever ce phénomène du discrédit dans lequel il est tombé, depuis le procès fait au photographe Buguet, en 1875.

Cet industriel, qui n'était nullement spirite, après avoir obtenu, par hasard, des photographies d'Esprits rigoureusement authentiques (1), ainsi qu'il est facile de s'en convaincre par les témoignages de quantités d'hommes honorablement connus, imagina de frauder afin d'augmenter ses bénéfices. Il fut condamné, et une immense défaveur rejaillit sur les spirites, qui furent englobés injustement dans cette réprobation.

Afin de bien établir comment les spirites sérieux doivent procéder, non seulement pour ne pas être dupés, mais aussi pour acquérir la certitude que ce phénomène est bien réel, voici les conseils donnés par Al. Wallace à ce sujet :

1° — Si une personne connaissant la photographie prend ses propres plaques de verre, examine la

---

(1) M. Leymarie, *Procès des spirites*, 1875.

chambre employée et tous ses accessoires, surveille l'ensemble du procédé pour prendre l'épreuve, et si une forme définie apparaît sur l'épreuve négative, en outre de la personne qui a posé, c'est une preuve qu'il y avait là un objet existant, susceptible de réfléchir ou d'émettre des rayons actiniques, bien qu'invisible pour les personnes présentes.

2° — S'il apparaît une ressemblance incontestable avec une personne décédée, totalement inconnue du photographe.

3° — S'il se produit sur l'épreuve négative des images en relations définies avec la figure de celui qui pose et qui choisit sa propre position, son attitude, ses accessoires, c'est là une preuve que des formes invisibles se trouvaient réellement dans le champ de l'objectif.

4° — S'il apparaît une forme drapée en blanc, et en partie derrière le corps opaque du poseur, sans s'étendre sur lui le moins du monde, c'est la preuve que la figure blanche y était en même temps, parce que les parties sombres de l'épreuve négative sont transparentes, et que toute image blanche superposée, de quelque manière que ce soit, apparaîtrait au travers.

5° Lors même que l'on ne pourrait employer aucune de ces épreuves, si un médium, tout à fait distinct et indépendant du photographe, voit et décrit une forme pendant la pose, et qu'une image exactement correspondante apparaisse sur la plaque, c'est une preuve que cette forme se trouvait bien là, et dans le champ de l'objectif. »

Chacun de ces critériums a successivement été employé par tous ceux qui ont fait ces expériences; citons quelques cas.

Photographies d'Esprits reconnues par les parents.

« Le docteur Thomson, de Clifton, a obtenu une photographie de sa propre personne dans laquelle il s'est trouvé joint à une personne qu'il ne connaissait pas. Il envoya cette photographie en Écosse, à son oncle, en lui demandant simplement s'il constatait la ressemblance de cette dame avec quelque personne décédée de la famille. La réponse fut que c'était la propre mère du Dr Thomson, laquelle était semblable à sa forme lorsqu'elle l'avait mis au monde ; *comme il n'existait pas de portrait d'elle*, le docteur n'avait pas eu l'idée de qui ce pouvait être. L'oncle marqua très naturellement qu'il « ne pouvait pas comprendre comment cela s'était fait. « (*Spiritual Magazine,* oct. 1873.)

Voici l'affirmation de Wallace au sujet d'une photographie spirite représentant sa mère, morte depuis longtemps : « Le 14 mars 1874, je suis allé chez M. Hadson, ayant été invité à le faire pour la première et la seule fois, accompagné de Mme Guppy comme médium. Je m'attendais à ce que, si j'obtenais quelque portrait spirite, ce serait celui de mon frère aîné, au nom duquel des messages avaient été fréquemment reçus par Mme Guppy ; avant d'aller chez Hadson, j'eus une séance avec Mme Guppy et j'obtins une communication par coups frappés me faisant connaître que ma mère apparaîtrait sur la plaque, si elle le pouvait. Je posai trois fois, choisissant toujours ma propre position. Chaque fois, sur l'épreuve négative, une seconde figure apparut conjointement avec la mienne. La première représentait une personne mâle tenant une courte épée ; la seconde une personne en pied, se tenant apparemment à quelques pieds de côté et un peu derrière moi, regardant en bas vers moi et tenant un bouquet de fleurs. A la troisième séance, après m'être placé et après que la plaque préparée fut mise dans la chambre noire, je demandai que l'apparition vînt près de moi, et la troisième plaque montra une figure de femme, se tenant tout contre moi et devant moi, de telle sorte que la draperie dont elle est vêtue couvre la partie inférieure de mon corps. J'ai vu toutes les plaques développées et, dans chacun des cas, la figure supplémentaire se montra au moment où le liquide du développement fut étendu, tandis que mon portrait ne devint visible que peut-être 20 secondes plus tard. Je ne reconnus aucune de ces figures sur les négatifs, mais, au moment où j'obtins les épreuves, le premier coup d'œil me montra que la troisième plaque *contenait un portrait incontestable de ma mère* et ressemblant quant aux traits et à l'expression. Ce n'était pas une ressemblance comme celle existant dans un portrait pris durant la vie, mais une ressemblance quelque peu idéalisée ; pourtant toujours pour moi, *une ressemblance à laquelle je ne pouvais me méprendre.* (1) »

(1) Wallace, *loc. cit.*, pages 225 et suiv.

M. Wallace raconte que Mme Guppy, le médium, vit à chaque pose une apparition avec des fleurs, ce qui se trouve exact, puisque ces fleurs apparaissent sur la photographie. L'apparition sur la photographie fut reconnue par le frère de M. Wallace, habitant la Californie, comme étant bien sa mère ; ce cas est donc tout à fait probant et là nulle explication n'est possible, en dehors de la manifestation des Esprits. Cette cause est d'autant moins niable que parfois le médium décrit exactement l'apparition qui va être photographiée. Voici un exemple de ce cas.

Médiumnité voyante et photographies d'Esprits.

M. Beattie, photographe retiré, homme des plus honorables, fit des expériences en compagnie du docteur Thomson, dont nous avons déjà parlé. Parmi les nombreuses épreuves qu'ils obtinrent, deux sont particulièrement à signaler, en raison des conditions spéciales dans lesquelles elles ont été produites.

« Il y a deux autres épreuves prises, comme toutes les précédentes, en 1872, et dont le médium décrivit toutes les phases pendant l'exposition de la plaque.

« La première apparition, dit-il, était un épais brouillard blanc, l'épreuve sortit tout ombrée de blanc, sans trace d'aucun des modèles. L'autre photographie fut décrite à l'avance, comme devant être un brouillard nuageux, avec une personne au milieu, on ne voit, dans l'épreuve, qu'une figure humaine blanche au milieu d'une surface presque uniformément nuageuse.

« Durant les expériences faites en 1873, le médium *dans chaque cas*, décrivit minutieusement et correctement les apparences qui devaient ensuite se montrer sur la plaque. Dans l'une de celles-ci, il y a une étoile lumineuse qui rayonne, de grande dimension, portant au centre un visage humain assez visible. Elle est la dernière des trois, sur laquelle une étoile s'est manifestée, et le tout avait été soigneusement annoncé par le médium. »

Ces expériences sont une preuve de la médiumnité voyante et de la réalité objective des apparitions. Toutes les dénégations du monde ne prévaudront pas contre ces faits authentiques. Nous allons assister maintenant à une manifestation encore plus caractéristique du pouvoir de l'Esprit sur la matière tangible.

Expériences de M. Aksakof.

Voici le récit résumé des recherches du savant russe ; elles furent suscitées par une discussion avec von Hartmann, au sujet de l'objectivité des apparitions. Ces études n'ayant pas encore été imprimées en France, (1) nous croyons devoir les reproduire un peu longuement, car, non seulement elles confirment les expériences précédemment citées, mais encore elles révèlent un phénomène complètement inconnu : celui de la photographie dans l'obscurité la plus absolue.

(1) Depuis l'époque où ces lignes furent écrites (janvier 1893), le travail de M. Aksakof a paru sous le titre : *Animisme et Spiritisme*.

Avant d'exposer les faits, rappelons brièvement l'objection faite par von Hartmann contre la réalité des photographies spirites.

Ce philosophe ne nie pas que l'on ait obtenu des épreuves photographiques, mais il croit que ce que nous appelons l'Esprit, n'est que le dédoublement du médium ; il dit : « C'est une question du plus haut intérêt théorique que de savoir si un médium peut, non seulement exciter chez un autre l'hallucination d'une figure, mais aussi produire en quelque sorte une image réelle, d'une manière atténuée dans l'espace réel, objectif, de la chambre commune à tous les expérimentateurs, en projetant en dehors de son propre organisme la matière nécessaire à cette formation et en construisant ensuite la forme. Si la sphère d'action d'un médium était comme une limite invincible, la preuve de la réalité objective du phénomène de la matérialisation pourrait être fournie par des productions matérielles durables et au delà de la sphère d'action du médium.

« Ceci n'étant pas le cas, et le phénomène de la matérialisation semblant en outre se produire au delà de la sphère d'action physique, il ne reste apparamment que la preuve photographique pour établir que le phénomène de la matérialisation a une surface réfléchissant la lumière dans l'espace objectif. Puisqu'un matériel apporté par un médium ne présente aucune sécurité, une photographie simultanée du médium et du fantôme devrait être produite, avant que l'objectivité pût être concédée aux apparitions perçues simplement par la vue des spectateurs. »

Autrement dit, pour qu'une photographie d'esprit soit probante, il faut plusieurs conditions :

1° Que ni un photographe de profession ni un médium ne soient admis aux manipulations ni au maniement de l'appareil ou des plaques, de manière que toute préparation du châssis ou des plaques (avant qu'elles ne reçoivent le collodion), et aussi toutes manipulations subséquentes soient exclues.

2° Pour que l'apparition soit bien celle d'un être réel, et non un dédoublement du médium, il faut que l'image photographique diffère de celle du médium.

On voit combien les critiques attachent d'importance à la preuve photographique ; c'est qu'elle établit, en effet, irrésistiblement, la certitude que l'on a bien assisté à un phénomène objectif et que l'hallucination n'est pour rien dans la vision de l'esprit matérialisé.

Les expériences de Crookes satisfont à toutes ces conditions ; c'est pourquoi les savants se gardent bien de hasarder une critique de ces travaux ; ils gardent à leur égard un silence prudent, mais, comme nous avons d'excellentes raisons pour ne pas les imiter, nous allons citer les remarquables recherches d'Aksakof, et nous constaterons qu'elles confirment absolument celles de l'illustre physicien anglais.

Photographie transcendante en pleine obscurité.

Les expériences suivantes eurent lieu à Londres, pendant l'année 1886, dans un milieu absolument à l'abri de tout soupçon. Les assistants se composaient de l'hôte, personnage noble et très riche, dont M. Aksakof, ne juge pas à propos de dévoiler le nom, de sa dame, d'un ami de la maison, du médium Eglinton, et enfin du savant russe.

Les séances eurent lieu deux fois par semaine, dans une petite pièce située au troisième étage, de 10 pieds 1/2 de long sur 9 pieds 1/2 de large, n'ayant qu'une fenêtre donnant sur une ruelle, et une porte ouvrant sur un corridor. Les volets furent fermés et tendus de deux morceaux d'étoffe de laine, cloués sur les murs ; de plus, deux épais rideaux furent suspendus devant cette fenêtre bouchée.

Une première expérience eut lieu le 21 juin, mais ne donna pas de résultats. Une seconde séance se tint le 23 juin, et, bien que l'on vit plusieurs point lumineux dans l'obscurité, le médium intransé annonça que l'on n'aurait pas de photographie ce jour, mais que la prochaine fois il faudrait placer l'objectif à 2 pieds de distance du médium. Afin de bien préciser son désir et d'éviter tous malentendus, M. Aksakof déclara que son but était de prouver d'une manière objective la matérialisation des Esprits, et, pour cela, il désirait que l'Esprit se fît voir en s'éclairant lui-même par une demi-luminosité et qu'il pût ensuite, ayant cessé d'être visible, être photographié. Il fut répondu par le médium que c'était exactement ce que ses guides se proposaient d'accomplir.

La troisième séance, tenue le 28 juin, ne donna pas encore de résultat décisif. Les opérateurs virent devant le médium une lumière continue, mais qui n'avait aucun contour déterminé; deux expositions de la chambre noire furent faites avec des plaques achetées par M. Aksakof. Sur l'une on ne trouva rien, sur l'autre plaque on pouvait discerner une forme sombre, coiffée d'un turban : malheureusement l'hôte, dans son inexpérience, se hâta trop de prendre une empreinte : la gélatine, n'ayant pas eu le temps de sécher, s'attacha au papier, et le négatif fut perdu.

Un insuccès absolu caractérisa la quatrième séance, le 30 juin. Nous reproduisons intentionnellement le récit de ces expériences nulles, afin de montrer combien il est nécessaire de s'armer de patience dans ces recherches, car, ignorant les conditions nécessaires à la réussite, il ne faut se laisser décourager par des échecs réitérés, mais persévérer avec patience jusqu'à ce qu'on soit parvenu au but. Cependant cette séance ne fut pas tout à fait inutile, car elle donna à M. Aksakof la preuve de la clairvoyance des Esprits. S'étant senti un peu fatigué, le savant russe s'appuyait contre une armoire en fermant les yeux; aussitôt Joey, l'esprit guide du médium in-transé, dit par son intermédiaire : « M. Aksakof, il me semble que vous dormez. » Or l'obscurité était absolue, et il était impossible à qui que ce fût de voir son attitude.

Voici le récit complet de la cinquième séance, qui fut marquée cette fois par un succès. Nous laissons la parole à M. Aksakof.

« Le 5 juillet eut lieu notre cinquième séance. A quatre heures de l'après-midi, nous prîmes nos places dans la chambre disposée pour cela, dans laquelle, durant le jour, nous avions une obscurité complète. L'appareil photographique fut arrangé à la lumière du gaz. Nous l'éloignâmes et allumâmes la lanterne rouge. Je tirai de ma serviette deux plaques, achetées par moi, et les marquai. Notre hôte les poussa dans le châssis, et celui-ci dans la chambre noire. Eglinton s'assit devant la fenêtre en se couvrant des rideaux. Nous prîmes nos places comme précédemment (voir le schéma ci-contre), éteignîmes la lampe, et la chambre se trouva dans une obscurité complète.

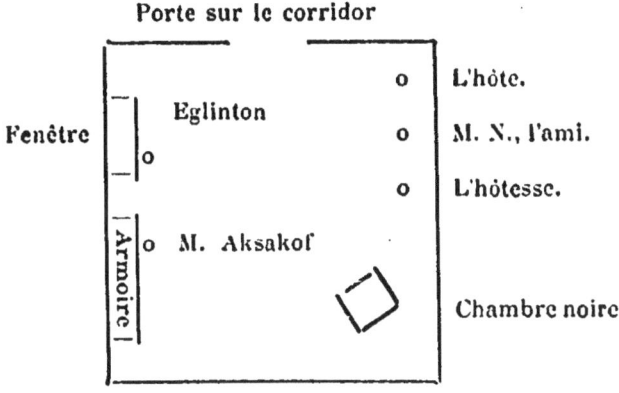

« Eglinton tomba promptement en extase et commença à respirer difficilement, signe précurseur du phénomène. A sa droite, entre lui et moi, une lumière étrange commença à émerger le long de la fenêtre, qui était cependant entièrement couverte de draps cloués au bois, en dessous des rideaux. La lumière, qui semblait venir des rideaux, avait environ 1 pied de largeur et était située à 5 ou 6 pieds du sol ; elle n'était pas brisée et rayonnait à travers les plis des rideaux. Ceux qui étaient assis devant le médium voyaient non seulement cette simple lumière, mais une autre semblable à la gauche du médium, et les deux colonnes lumineuses semblaient s'unir au-dessus d'Eglinton en formant une sorte de berceau.

« Au bout de quelques secondes ces lumières disparurent, et Eglinton, intransé par un de ces guides, nous demanda de joindre nos mains afin de renforcer le phénomène. La chaîne ne devait pas être rompue jusqu'au moment de l'ouverture et du recouvrement des lentilles. Aussitôt que nos mains furent jointes, une grande lumière parut devant le médium. En regardant attentivement, on put distinguer un corps oval, lumineux, aussi gros qu'un œuf de cinq pouces de long, qui brillait d'une faible lumière jaune, et éclairait quelque chose ressemblant à un amas de voiles, brillant comme de la neige ou de l'argent. Il semblait que, bien que cet œuf fût devant le médium, on ne vît pas de main.

« La lumière disparut, quatre coups furent frappés pour l'ouverture des lentilles, et de nouveau quatre coups après l'exposition de dix secondes. Toujours dans l'obscurité, l'hôte apporta un nouveau châssis et exposa l'autre plaque. Une lumière vive parut au même endroit que précédemment : c'était une masse blanche, lumineuse, de 1 pied de long sur 10 de large, et sur ce fond lumineux, nous vîmes la silhouette sombre d'une main ayant ses doigts en mouvement, puis tout disparut. Une seconde exposition eut lieu et les coups se répétèrent.

« Nous supposions que c'était fini ; au lieu de cela, on nous dit par le médium en extase qu'il fallait préparer des plaques aussitôt que possible, car il y avait toujours beaucoup de puissance, et les conducteurs invisibles de l'expérience ne savaient pas si l'exposition avait eu une durée suffisante. Pendant ce temps, le médium devait rester derrière les rideaux. Nous allumâmes encore la lanterne rouge. Je sortis deux autres plaques et les marquai. En ce cas, non seulement le médium ne put toucher les plaques, mais il ne pouvait même les voir. Quand elles furent insérées, nous éteignîmes la lanterne. D'abord apparût pendant quelques secondes cette étrange lumière se produisant au milieu, entre et à travers les rideaux, à droite et à gauche d'Eglinton, qui disparut de nouveau. Nous vîmes alors une masse lumineuse semblable à des voiles formant de grands plis, et, au milieu, la silhouette noire d'une main dont les doigts se mouvaient çà et là. Tout disparut dans une profonde obscurité, les coups se firent entendre. Il y eut une nouvelle exposition, deux fois aussi longue que la première Cette exposition finie, de nouveau le phénomène lumineux se produisit, puis l'obscurité redevint parfaite; des coups furent frappés pour la quatrième exposition, tout aussi longue que la dernière, enfin d'autres coups annoncèrent la fin de l'expérience.

« Quand le médium revint à lui, nous allumâmes la lanterne rouge et procédâmes au développement des plaques. Nous commençâmes par les deux premières qui avaient été retirées du châssis et laissées de côté. Sur la première nous ne trouvâmes rien, sur la seconde rien ; sur la troisième, rien, sur la quatrième, un résultat. Nous vîmes d'abord une tache noire au milieu, puis bientôt commença à apparaître, autour, un dessin qui devint de plus en plus défini ; c'était celui d'une main avec un voile. Satisfaction générale à laquelle le conducteur invisible prit part en frappant de violents coups sur le plancher. La séance finit à dix heures.

« Quelques jours après, notre hôte tira une épreuve et y réussit parfaitement. Elle représentait une main nue ; sur son bras, un voile est plié, couvrant le bras des deux côtés et pendant sur le plancher. Sur ce bras et sur cette main, on voit l'ombre formée par les plis provenant probablement d'une lumière arrivant d'un seul côté. Mais cette clarté n'avait touché que la main et le voile, car, sur le fond obscur de la photographie, on ne peut rien voir, ni le médium, ni les rideaux, ni aucun des objets qui étaient dans la pièce auprès du médium. Sur le coin droit, nous vîmes ma marque. »

Nous voici donc encore en face d'une nouvelle phase du phénomène spirite. La photographie d'objets invisibles, obtenue dans l'obscurité la plus absolue. Que d'études intéressantes ces expériences remarquables suggéreront aux savants de l'avenir ! Des modes nouveaux de la matière se révèlent d'une manière tangible à l'observation, et, au lieu de scruter les phénomènes qui ouvrent un champ si vaste et si merveilleux, les savants préfèrent nous traiter de dupes ou d'hallucinés. Mais la vérité ne saurait être étouffée longtemps, malgré l'éteignoir officiel, les recherches continuent : nous connaissons à Bordeaux et à Rouen des groupes où ces études sont poursuivies; et bientôt, nous l'espérons, nous pourrons reproduire ces phénomènes et les soumettre au public.

Revenons à M. Aksakof.

Light, 23 avril 1897.

Photographie transcendante d'un esprit dans l'obscurité.

M. Aksakof continue :

Ce résultat étant obtenu, j'annonçai au cercle que je considérais le fait de la photographie dans l'obscurité comme prouvé, que je désirais que l'on passât maintenant à d'autres expériences. En même temps, j'exprimai le désir d'instituer une expérience de photographie transcendante du genre de celle qui avait été produite dans le cercle de notre hôte (1). Pendant une précédente visite à Londres, il y a longtemps, j'étais allé chez un photographe spirite professionnel, pour obtenir une photographie semblable.

Ne connaissant rien en photographie, je ne pouvais naturellement pas m'assurer par moi-même de la réalité du phénomène ; cependant je fus obligé de conclure à la fraude; car, après avoir examiné la plaque qui m'avait été présentée avant par le photographe, pour que je puisse m'assurer qu'elle était parfaitement nette, je ne reconnus pas cette plaque

---

[1] Photographie du médium et d'un esprit invisible, en plein jour.

dans la négative qu'il me présenta comme un résultat de médiumnité. Elle avait été poussée derrière une autre plaque. J'avais maintenant l'occasion de faire une expérience dans des conditions qui, en cas de succès, auraient garanti la nature du phénomène. Là-dessus il me fut dit, au nom des conducteurs invisibles, qu'ils voulaient d'abord compléter l'expérience dans l'obscurité en photographiant une forme entière, et qu'ensuite ils tâcheraient de me donner une photographie trascendante de la même forme avec le médium par la lumière du magnésium, et que je ne devais pas quitter Londres sans avoir obtenu des séries entières de photographies. Je ne désirais rien de mieux, et la séance suivante, la sixième pour la photographie dans l'obscurité, fut fixée au 7 juillet; mais cette séance n'eut aucun résultat, il n'y eut même pas d'exposition. On me dit à cette occasion qu'à la première séance je pouvais apporter avec moi de nouvelles plaques. Leur sensibilité étant si délicate qu'aucune précaution pour garantir le succès n'était superflue.

La septième séance fut fixée au 12 juillet. Le temps avait été pluvieux et donnait peu d'espérance de succès.

Heureusement la séance était pour le soir, et, à 7 heures, après avoir dîné avec notre hôte, le temps commença à s'éclaircir et la lune brilla. Un incident très intéressant survint. Je dois remarquer d'abord, par rapport à l'expérience avec la lumière du magnésium, que je désirais pratiquer d'abord avec le procédé entier, de sorte qu'en cas d'insuccès nous ne puissions pas blâmer notre manque d'expérience.

Me souvenant de nos préparations à Saint-Pétersbourg, j'avais apporté avec moi tout ce qui était nécessaire, et nous nous proposions, après la clôture de la séance, de photographier un de nous par la lumière du magnésium. A la fin de notre dîner, pendant une conversation à laquelle Eglinton prit une part très active, il fit soudainement un mouvement, se remit et dit : « Quelle chose étrange, je me sens en ce moment une très forte influence. » La conversation continua, mais fut interrompue par de légers coups sur la table, par lesquels nous apprîmes que les conducteurs invisibles des expériences avaient quelque chose à nous communiquer. La conversation fut de nouveau reprise, mais bientôt Eglinton se recula pour se frotter les yeux et les fermer, puis entra en extase, et, se tournant vers moi, me dit à voix basse :

« Victor (le nom du conducteur spécial de la photographie expérimentale) dit qu'à cause de la condition défavorable du temps, qui s'améliore un peu actuellement, il faut que la séance ait lieu aussi tard que possible, chaque minute de délai était en faveur de l'expérience, car la condition atmosphérique est pour beaucoup. Occupez-vous donc de la photographie pratique, et ayez la séance le plus tard possible. »

Nous agîmes ainsi. Jusqu'à dix heures, nous fîmes de la photographie à la lumière du magnésium, ce n'était pas le premier essai. Sur ces entrefaites, le temps s'était tout à fait éclairci, et la pleine lune éclairait cette nuit tranquille. A deux heures, nous

nous adonnâmes à notre séance. Nous arrangeâmes le foyer, éclairâmes la lanterne rouge et éteignîmes le gaz. De mon portefeuille (que j'ai toujours porté et remporté avec moi) je retirai une nouvelle boîte de plaques, comme on l'avait désiré la dernière fois, je l'ouvris et en retirai deux plaques que je marquai en y écrivant un de mes noms en russe ; sur l'autre, 30 juin 1886 (vieux style). Notre hôte les mit lui-même dans le châssis ; Eglinton prit place derrière les rideaux baissés de la croisée. Nous éteignîmes la lumière et formâmes la chaîne avec nos mains, Eglinton commença presque immédiatement à être en extase ; il respirait difficilement, se mouvant sur sa chaise avec malaise ; mais il se remit à la fin.

Au milieu de la chambre apparut une lumière à trois ou quatre pieds du parquet, et, à la même distance de moi. Elle s'approcha de moi ; en la regardant attentivement, je distinguai les linéaments d'une figure pleine entourée d'un voile, illuminée par une lumière d'en bas, semblant provenir de la main de cette forme, qui était appuyée à sa poitrine et était aussi comme voilée. Je distinguai parfaitement une grande barbe noire. Comme si elle flottait dans l'air, cette forme s'approchait de chacun de nous et disparut dans l'obscurité. Quelque temps après apparut une nouvelle lumière, bleuâtre, douce, provenant d'un point dans lequel la lumière semblait être concentrée, et je vis plusieurs fois la même forme, mais cette fois tout à fait près, là se mouvait quelque chose de blanc, vivement illuminé.

Je crus d'abord que c'était un doigt ; mais d'autres

crurent que c'était une fleur qui, tournée de différents côtés, se tenait au-dessus du point lumineux qui semblait être le creux de la main droite ; mais je ne pouvais distinguer ni cette main ni l'objet duquel la lumière procédait. La lumière disparut en deux minutes, et les coups se firent entendre.

L'exposition dura longtemps, je comptai jusqu'à quarante. Après que la lentille eût été fermée, notre hôte renversa le châssis (toujours dans l'obscurité) et exposa l'autre plaque. Nous espérions voir reparaître l'ancienne forme, mais cela n'arriva pas ; une seconde exposition de la même durée eut lieu, puis Eglinton revint à lui, et à cette fois nous allumâmes le gaz, ouvrîmes la porte pour laisser entrer l'air librement, et lui donnâmes quelque chose à boire. Nous nous retranchâmes et procédâmes au développement des plaques par la lumière de la lanterne rouge. Sur la dernière plaque il n'y avait rien, mais sur la première une tache sombre commença immédiatement à apparaître, et le contour de la forme que nous avions vue, avec la fleur à la main, devint graduellement définie (1).

La séance finit à dix heures et demie. Quant à la fleur, je dois ajouter qu'après la première exposition, lorsque nous étions encore dans l'obscurité, notre hôtesse nous dit qu'elle venait de recevoir dans sa main une fleur qui fut trouvée après parfaitement fraîche, c'était un lis blanc ; probablement il fut apporté par les merveilleux opérateurs, de la chambre

---

(1) Voir la reproduction de cette photographie à la fin du volume, fig. n° 1.

voisine, dans laquelle il y avait une botte de ces fleurs. Il ne sera pas non plus inuile d'ajouter que, pendant ces grandes manifestations de lumière, pas la moindre odeur de phosphore ne se fit sentir.

Sur la première plaque préparée par notre hôte, on voyait distinctement une figure pleine, avec de forts sourcils, un grand nez droit, une grande barbe ; le front et la tête couverts d'un voile pendant de chaque côté de la tête. De la main gauche, dont les doigts sont parfaitement visibles, la forme tient devant elle un lis blanc, dont la blancheur sort avec vigueur du fond sombre de la photographie ; la main droite, dont on ne voit que le pouce, tient les plis d'une enveloppe dans laquelle se trouve un petit corps ovale comme un œuf. Ce corps semble être le point d'émanation de la lumière avec laquelle cette figure s'illuminait quand nous la vîmes. Sur le fond de cette photographie, comme sur la première, on ne voit rien d'autre que la figure. En haut sur le coin droit ma marque en russe, ce 30 juin 1386.

(Ces deux remarquables photographies sont en la possession de l'*Edictorial Secretary*, à Liepsig.)

Ayant ainsi obtenu une conclusion satisfaisante pour mes expériences photographiques dans une obscurité entière, je dois néanmoins remarquer que le but particulier que j'avais entrepris n'avait pas été atteint. Les photographies obtenues par moi servent de preuve pour un fait physique fort intéressant : la possibilité d'obtenir des résultats photographiques dans une obscurité complète, mais, quant au fait de matérialisation, il n'est pas prouvé par mes deux photographies, car je ne puis dénier la ressemblance entre le médium et la forme apparaissant sur les photographies, ressemblance confirmée par ceux qui connaissent particulièrement le médium. Quant à la main, il est difficile de décider si c'est une main d'homme ou une main de femme. Mais c'est justement cette ressemblance qui, à mon point de vue, est la garantie de la vérité du phénomène de la photographie dans l'obscurité (car certainement rien n'aurait été plus facile que d'éviter cette ressemblance) mais en même temps, le Dr Von Hartmann a aussi le droit de dire que la photographie représente le médium lui-même, agissant en état de somnambulisme, que l'enveloppement, la barbe, la fleur sont des *apports*, et même la photographie dans l'obscurité, le résultat d'une force du médium, laquelle selon Herr Von Hartmann est convertible en une autre force physique, et que, par conséquent, il n'y a pas de matérialisation. » Quand j'expliquai aux guides du médium l'insuffisance de nos expériences photographiques à cet égard, et qu'une photographie de cette sorte pouvait seulement prouver la *matérialisation*, si elle représentait une forme n'ayant absolument aucune ressemblance soit avec le médium, soit avec quelqu'un du cercle, on me répliqua que dans le cas de non succès de la photographie d'une forme matérialisée avec le médium par la lumière du magnésium, nous devions de nouveau essayer dans l'obscurité, et qu'on essaierait de développer une forme féminine; mais, comme l'expérience avec la lumière du magnésium réussit parfaitement, la nécessité d'expériences ultérieures dans l'obscurité ne se fit pas sentir, et nous n'avions pas de temps pour elles.

La possibilité de photographier dans l'obscurité, non seulement une forme vivante, soit le médium lui-même, son double, ou une forme matérialisée, mais aussi un objet inanimé, comme un lis, je pensai que cette manière de photographier dans l'obscurité serait la plus facile pour obtenir la photographie du médium lui-même, et en même temps avec la forme matérialisée, et ainsi serait absolument prouvé le fait de la matérialisation, car la lumière du magnésium offre autant de difficultés, aussi bien pour le médium que pour le phénomène. On répondit que l'on pourrait essayer plus tard, mais que, pour le moment, il y avait un programme d'expériences que l'on devait suivre.

Mais, si mes photographies dans l'obscurité n'ont pas tout à fait obtenu la fin que je visais, elles offrent néanmoins un nouvel objectif et une preuve permanente de la réalité et de l'indépendance des forces de médiumnité. Je n'ai moi-même aucun savoir professionnel en photographie, mais je comprends, d'après les spécialistes, que la photographie dans l'obscurité est une impossibilité pratique, quoiqu'elle puisse être expliquée par l'action des rayons ultra-violets du spectre, qui nous sont invisibles, mais qui peuvent influencer la plaque sensible comme les autres rayons; cependant, pour les recueillir et les appliquer, nos physiciens sont incompétents, et en cela seul consiste l'impossibilité des faits en question.

Nos diffamateurs voudront les attribuer, comme d'autres faits de médiumnité, à une fraude certaine ; sans nous troubler pour expliquer comment ce pourrait être, si quelqu'un, en admettant que je ne suis pas frauduleux, voulait m'indiquer en quoi le fallacieux des précautions prises par moi consiste, et où et comment, sous les conditions données, la fraude eût pu être commise, j'accepterai ces indications avec une sincère gratitude, de sorte qu'une autre fois je serai capable de poursuivre les mêmes expériences avec des précautions encore plus grandes.

Photographie transcendante en plein jour.

Dans une séance tenue le 14 juillet, il fut impossible d'obtenir de résultats, les conditions atmosphériques s'y opposant. Mais, dans une séance tenue le 19 juillet, on arriva enfin, non sans mal, à constater sur le cliché, en même temps que la forme d'Eglinton, celle d'un Esprit. Voici le détail de cette expérience.

N'ayant plus besoin d'une chambre plongée dans l'obscurité, puisque la photographie devait être prise dans les conditions ordinaires, l'hôte avait choisi pour lieu de réunion la salle à manger bien éclairée, et, dans un cabinet séparé de cette salle par un corridor, il avait installé un cabinet noir pour le développement des épreuves.

Le temps, d'abord pluvieux, s'était éclairci ; chacun prit place dans la salle, et le médium, qui était dans sa condition normale, s'assit en face de l'objectif. Des coups faibles, à peine distincts, furent frappés par les Esprits, l'hôte découvrit la lentille, et l'exposition dura environ 40 secondes. Après ce temps, de nouveaux coups indiquèrent que l'expérience était terminée. Le médium déclara avoir ressenti une forte influence et qu'il était sûr qu'un résultat s'était produit. Quel fut le désappointement des opérateurs quand, au développement, rien n'apparut sur la plaque, pas même le portrait d'Eglinton ! Il était clair que les plaques étaient défectueuses.

Fort heureusement toutes les plaques n'étaient pas d'aussi mauvaise qualité et, en ayant replacé deux dans l'appareil, on obtint sur chacune d'elle le portrait d'Eglinton ; ce résultat encouragea les expérimentateurs à continuer l'expérience, après un intervalle passé à prendre le thé.

« Nous retournâmes bientôt, dit M. Aksakof, à la chambre obscure, et nous reprîmes nos travaux. Je tirai une quatrième paire de plaque et les marquai, quand tout à coup Eglinton commença à parler en extase, et, au nom de son guide, exprima le regret de notre insuccès dont la faute ne lui était pas imputable, car c'était sur les premières plaques qu'il devait y avoir un résultat tout différent. « Celles que vous tenez en main, » dit l'Esprit, « sont tout aussi mauvaises que les premières ; il faut en prendre d'autres. » Conséquemment, j'en pris une cinquième paire, dépliai le papier, et les coups nous avertirent que cette fois les plaques étaient bonnes. Je les marquai, et nous procédâmes à l'expérience.

« L'exposition dura longtemps : chaque fois je comptai jusqu'à trente. Quelques moments avant la première, Eglinton s'écria : « Oh! cette fois, il y a quelque chose, je le sens bien. » Quand nous allâmes pour développer, il était tout à fait tranquille. Nous commençâmes par la première plaque. Il y avait sans nul doute un résultat, car toute la plaque était couverte de taches ; mais ce qu'il y avait n'était pas ce qu'on pouvait espérer. Sur la seconde apparut seulement d'abord la forme d'Eglinton ; quand finalement nous portâmes la plaque au grand jour, nous aperçûmes, juste au milieu de la poitrine du médium, une figure entière représentant un buste voilé, seulement ce buste était tourné sens dessus dessous, la tête en bas. Il y eut une surprise générale à un résultat si inespéré à tous les points de vue. Dans un coin de la plaque était ma marque écrite en russe : « A. N. N. Aksakof, 7 juillet 1886. » C'était le 7 juillet (vieux style).

M. Aksakof déclare que ce paquet de plaques mauvaises, acheté par lui, ne provenait pas de la maison Marion, dans laquelle il avait l'habitude de les prendre, car il se servait toujours de plaques achetées et apportées par lui. Ce détail a son importance, car, si une supercherie avait été possible, elle n'aurait pu avoir lieu qu'en supposant qu'un des membres du cercle, résolu à duper le savant russe, s'entendît avec la maison Marion pour donner des plaques préparées d'avance.

Or, ce jour-là, M. Aksakof étant allé chez Marion pour acheter des plaques, on lui répondit qu'il n'en restait plus de ce modèle. Il en acheta donc ailleurs, et pour ne pas troubler les membres du cercle, il ne leur avait pas parlé de cet incident. La preuve était donc complète, absolue, et nul soupçon de fraude ne pouvait entacher ces expériences.

Photographie du médium et d'une forme matérialisée à la lumière du magnésium.

Résolu à poursuivre ses investigations en contrôlant tous les genres possibles de photographie transcendante, M. Aksakof, connaissant les travaux de Crookes et ses expériences en compagnie de Mlle Cook, tenta d'obtenir des photographies dans lesquelles on verrait en même temps l'Esprit matérialisé et le médium.

Le savant russe continue :

Nous nous réunîmes pour notre première expérience à 7 heures du soir, le 22 juillet, et, après avoir dîné avec notre hôte, nous commençâmes nos préparatifs. Pour cette sorte de séance, on avait requis une salle dans laquelle on avait ménagé un cabinet noir derrière un rideau. Le salon était la seule pièce convenable, l'entrée étant séparée par un large rideau de peluche relevé à l'ouverture par une forte cordelière de soie. Cette partie de la pièce, dont je me décidai à me servir pour un cabinet noir, avait 10 pieds de large sur 14 de long. Il y avait une porte et une fenêtre ; la première, la seule dans le salon, s'ouvrait sur un corridor et pouvait se fermer. La fenêtre donnait sur un passage entre la maison et celle du voisin. Pour obtenir l'obscurité, les volets de la fenêtre étaient fermés et couvert d'une peau huilée et d'une serviette de laine assujetties par de petits clous. Il y avait quelques chaises, une étagère et un piano. Le salon était comme les autres pièces où nous tenions nos séances, au 3⁰ étage.

Avant que notre hôte eût disposé son appareil, Eglinton s'assit près de la fente du rideau, et le foyer était à une distance telle que la forme entière pouvait être prise sur la plaque. A quatre ou cinq pas du rideau, vis-à-vis de la fente qui n'était pas tout à fait au milieu, mais plutôt à droite, on plaça une petite table ronde, à gauche de laquelle était l'appareil ; et, pour retirer la lampe de l'action directe de la lumière du magnésium, je mis sur la table un portefeuille comme écran, et dans la courbure de cet écran j'arrangeai un réflecteur concave métallique de 7 pouces de diamètre.

Nous nous consultâmes plus d'une fois pour savoir comment nous éclairerions notre salle, suffisamment pour voir ce qui se produirait et serait à la portée et assez fort pour nous permettre d'atténuer le magnésium. Nous nous décidâmes pour une petite lampe à esprit de vin, avec une forte mèche de coton ; nous trouvâmes cette lumière suffisante après expérience. Cette lampe fut placée sur la petite table près du réflecteur. Près de là, je mis quelques mèches tissées et 3 bandes à la magnésie, chacune de 7 ou 8 pouces de long, que je préparai moi-même. Elles étaient liées avec un fil de métal à des vaisseaux de verre (glasstachen), et l'ami de la famille, M. N., eut la charge de mettre le feu au cordon de magnésium avec la lampe, à un signal donné, et de tenir ce cordon brûlant devant le réflecteur, ayant soin que les objets à photographier fussent en dedans du champ de lumière. Dans des expériences antérieures, que j'ai déjà mentionnées, nous nous étions assurés par nous-mêmes qu'au moyen du réflecteur, un cordon de 3 bandes au magnésium donnait assez de lumière pour un résultat photographique suffisant.

« Quand tout fut prêt, je me retirai avec le maître de la maison dans la chambre noire, où nous avions photographié dans l'obscurité. Là, à la clarté de la lanterne rouge, je tirai deux plaques et les marquai ; l'hôte les mit dans le châssis, et nous revînmes au salon, fermant la porte d'entrée derrière nous. L'hôte me donna la clef, que je mis dans ma poche.

Nous prîmes nos places en demi-cercle devant le rideau, à cinq ou six pas de distance, comme on peut le voir par l'esquisse suivante.

Nous éclairâmes la lampe à esprit de vin et éteignîmes le gaz. Il était dix heures du soir. Eglinton prit sa place d'abord sur un fauteuil devant le rideau, puis se retira derrière le rideau, où il y avait un autre fauteuil pour lui. Il y resta plus d'une demi-heure. Rien ne se produisit, et à la fin il sortit et commença à parler en extase, sous le contrôle d'un de ses guides, qui exprima le regret de la non-réussite, ajoutant qu'il faudrait une douzaine de séances pour obtenir le résultat désiré et *qu'ils doutaient réellement s'ils* avaient le droit d'imposer au médium un pareil épuisement. Néanmoins la première fois ils feraient les plus grands efforts, et, si quelqu'un apparaissait, ce serait Ernest lui-même, le principal guide du médium. Cela fut dit, parce que, en conversant avant la séance, j'avais exprimé une opinion que probablement, pour cette sorte d'expérience, quelque autre forme apparaîtrait. Eglinton, quelques instants après, revint à lui-même et la séance finit.

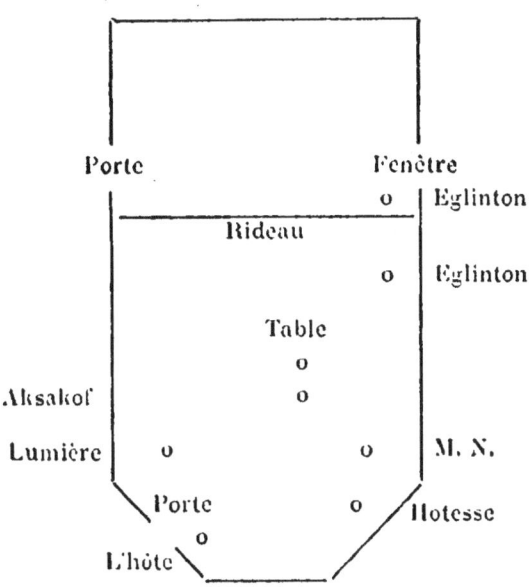

La 2ᵉ séance de la série, et la dernière de toutes, fut fixée au 26 juillet 1886. Le résultat négatif des précédentes confirma mes appréhensions, et je fus tout à fait convaincu que rien ne se reproduirait à cette nouvelle occasion. Nous nous réunîmes à la même heure, et, après tous les préparatifs, j'allai avec l'hôte dans la chambre obscure, tirai de ma serviette deux nouvelles plaques, les marquai en russe : A. Aksakof, 14 juillet 1886 (vieux style), et l'hôte les mit dans le châssis. En retournant au salon, nous fermâmes la porte, et nous nous assîmes dans le même ordre. Nous allumâmes la petite lampe à esprit de vin et éteignîmes le gaz. Eglinton s'assit dans le fauteuil devant le rideau, et bientôt tomba en extase et commença à parler. Nos préparatifs étaient achevés, et l'on nous avait promis que tous les efforts seraient faits pour amener le succès, sans qu'il fût assuré. Quand il serait temps d'allumer le magnésium, on devait le signifier par suggestion de M. N., sur quoi il devait dire : maintenant. Si la première expérience manquait, nous devions aller dans la chambre obscure pour la photographie ; alors ils s'efforceraient d'évoquer une ombre féminine. Désirant utiliser cette dernière occasion, je me tournai vers le médium avec cette question : Pourquoi, à la dernière occasion, avons-nous obtenu la présentation d'une tête dans une attitude si étrange ? Mais il me fut répondu que ce n'était pas le moment d'y répondre et que nous l'apprendrions plus tard.

A dix heures moins cinq minutes environ, Eglinton se retira derrière le rideau ; je pouvais lire le temps au moyen de la petite lampe. Bientôt Eglinton sortit et commença à recueillir ses forces en se rapprochant de nous, et faisant des passes de nos têtes à lui-même. Il se retira de nouveau derrière le rideau et s'assit sur le fauteuil devant la fente du rideau, sa figure et son corps tournés en entier de notre côté. Il se mouvait beaucoup, levant et abaissant ses mains. On voyait quelque chose de blanc sur sa tête. Des coups furent entendus, nous étions dans

l'incertitude, les coups furent frappés de nouveau...
faut-il éclairer ?... Oui, répondirent les coups. Le
magnésium fut allumé, l'hôte découvrit les lentilles,
et je vis par une lumière éblouissante la forme
d'Eglinton semblant dormir tranquillement, ses
mains croisées devant lui. Sur son épaule gauche
était une troisième main avec un morceau de voile
blanc, et sur sa tête, tout près du front, nous vîmes
une quatrième main, qui paraissait complètement
vivante. L'exposition finie, ces mains ne disparurent
pas, mais tirèrent Eglinton en arrière, et il disparut
derrière le rideau. L'hôte changea le châssis et découvrit l'autre plaque.

J'avais supposé que la séance était finie, que tout
ce qui était possible avait été fait : mais, à peine
l'hôte s'était-il assis que de derrière le rideau émergea et s'avança de trois ou quatre pas, une grande
forme masculine, habillée en blanc, la figure avec
une barbe noire et un turban blanc sur la tête. C'est
Abdulhah, remarquai-je. Non, répliqua l'hôte, car
cette forme a deux mains. La forme d'Abdulhah qui
apparut aux séances d'Eglinton et que nous vîmes à
Saint-Pétersbourg n'avait que la moitié du bras
gauche. En conséquence, la forme masculine fit un
signe d'assentiment en mouvant ses deux bras, les
croisa sur sa poitrine, fit un salut de remerciement
et disparut derrière le rideau. Quelques secondes
après Eglinton parut. Il s'arrêta en dehors du rideau,
et, derrière lui, apparut une autre forme en blanc, la
même que nous avions déjà vue. Tous les deux se
placèrent juste devant le rideau, et une voix dit : De

la lumière ! Pour la deuxième fois, le magnésium flamba,et j'aperçus avec étonnement la grande forme embrassant et soutenant Eglinton de son bras gauche. Eglinton était dans une profonde extase et se tenait à peine sur ses pieds. J'étais assis à cinq pas, et, avec l'éblouissante lumière du magnésium, je pus regarder parfaitement l'étrange visiteur. C'était un homme plein de vie. Je vis exactement la peau vivante de sa figure, sa barbe noire naturelle, ses épais sourcils, et ses yeux brillants, avec lesquels il regardait ardemment et fixement la flamme, qui brûla pendant quinze secondes. La forme entière était habillée de blanc depuis les pieds, et sa tête portait une espèce de turban. De son bras gauche, il embrassait Eglinton, et de sa droite il tenait son voile. Quand M. N. cria : Maintenant, pour fermer les lentilles, la forme disparut derrière le rideau, mais elle n'eut pas le temps d'entraîner Eglinton avec elle, et il tomba comme un mort devant le rideau. La situation était critique, mais nous ne bougions pas, sachant que les médiums sont sous un pouvoir sur lequel nous n'avions pas de contrôle. Bientôt le rideau s'ouvrit de nouveau, et la même forme apparut pour la troisième fois. Elle s'approcha d'Eglinton et se tint debout, puis, se penchant un peu sur lui, commença à faire des passes sur ce corps immobile. Nous regardions en silence et avec étonnement cet étrange spectacle. Eglinton commença à se lever lentement et se mit enfin sur pieds. La forme mit son bras autour de lui et le conduisit derrière le rideau. Bientôt après nous entendîmes une voix très faible, celle de Joey, un des contrôles du médium, qui nous conseillait de mettre immédiatement le médium au grand air et de lui donner de l'eau-de-vie et de l'eau. Il était dix heures vingt-cinq minutes quand la séance finit ; elle avait duré, tout compris, trente-cinq minutes. La dame de la maison se hâta vers la porte pour aller chercher de l'eau, mais la porte était fermée, et alors je l'ouvris. Eglinton demeurait étendu dans son fauteuil, dans une profonde extase. Il était absolument impossible de le tenir debout. Nous le portâmes dans la salle à manger où nous le mîmes dans un fauteuil, près d'une porte ouverte, mais il roula immédiatement sur le parquet et fut saisi de convulsions. Il y avait du sang sur ses lèvres ; nous le frottâmes vigoureusement, lui donnâmes des sels à respirer, etc. En un quart d'heure, lui qui était si mal, revient à lui, respira profondément et ouvrit les yeux.

Je le confiai dans cet état aux bons soins de l'hôte et de l'hôtesse et allai avec M. N., à la chambre obscure pour développer les plaques. Aussitôt que sur une d'elles le contour des deux formes commença à paraître, je me dirigeai en hâte vers la salle à manger pour dire la bonne nouvelle à Eglinton, qui n'était pas capable de venir vers nous, mais qui attendait impatiemment des nouvelles du résultat. Lorsqu'il comprit qu'il était parfait, ses premières paroles furent : Bien, cela sera-il suffisant pour Herr Von Hartmann ? Je répliquai : C'est fini maintenant des hallucinations. — Mais Eglinton paya cher son triomphe. Il se passa une heure avant qu'il fût assez remis pour se traîner à la station du chemin de fer souterrain.

Les photographies préparées à la hâte sortirent parfaitement le jour suivant, surtout celle où se voyaient les quatre mains. Eglinton avait fait ici ce qu'il n'avait pas fait à Saint-Pétersbourg ; supporté l'éblouissante lumière du magnésium avec la plus grande tranquillité, et les mains posées sur lui sont parfaitement dictinctes dans la photographie. La main reposant sur son épaule nous montre une particularité étrange.

Il semble que la moitié du devant et les doigts du milieu manquent. Le même défaut arriva à la matérialisation.

La seconde photographie est, malheureusement, moins dictincte (voyez fig. 2 de la planche des gravures). Les deux formes debout dominent un peu, quoiqu'elles ne soient pas tout à fait perceptibles à l'œil. — Mais, pour la fin proposée, le résultat est tout à fait satisfaisant.

Remarque de M. Aksakof.

M. Aksakof continue :

Ainsi mes efforts à Londres furent couronnés de succès ; j'obtins les séries entières de photographies promises; j'étais tout à fait redevable de ce succès au Cercle qui avait eu la bonté de m'admettre pour le projet de mes expériences. Je savais que la première condition pour obtenir de bons phénomènes médianimiques est le Cercle, que tout en dépend, mais je n'avais jamais eu l'occasion de me convaincre de cette vérité d'une manière si frappante. La facilité, la ponctualité, la force et l'exactitude avec lesquelles les phénomènes arrivèrent surpassaient beaucoup tout ce que nous avions vu à Saint-Pétersbourg. D'un autre côté, la disposition harmonieuse du cercle dans lequel j'étais admis, la circonstance est certainement très importante que, dans ce cercle, le phénomène de la photographie transcendante eût été déjà produit, et conséquemment l'élément médianimique nécessaire pour le succès des expériences que j'avais désignées, était déjà présent. Je ne dois pas m'étendre sur l'importance et l'avantage d'une maison particulière offerte pour poursuivre ces expériences. Il n'est pas facile à un étranger de trouver pour cela une place convenable. S'il s'était arrangé dans une maison particulière à cet effet, elles auraient perdu la moitié de leur importance. De sorte que les bons services qui me furent offerts si volontairement par notre hôte hospitalier étaient pour moi d'une valeur importante, et je me trouve obligé à lui exprimer ici ma profonde et sincère gratitude, et cela, non seulement en mon nom, mais en celui de tous ceux auxquels le progrès du spiritisme est cher.

Il est nécessaire d'ajouter ici que personne à Londres, à l'exception des intéressés immédiatement, ne sut rien de ces photographies, qui furent produite au cercle de M. X, notre hôte. Ces séances sont tout à fait privées, et aucun récit ne fut publié dans la presse spiritualiste anglaise. Lors de mon admission dans ce cercle, il était bien entendu que je ne devais pas publier les noms de ses membres. Quand nos séances furent passées, M. X. me dit que si, en présence des résultats magnifiques obtenus, je pensais qu'il fût nécessaire de mentionner son nom, il n'en demandait pas plus longtemps la suppression. Je répondis que certainement l'adresse du maître de la maison où nos expériences avaient lieu serait bien désirable pour en compléter le récit, et je le remerciai sincèrement de son demi-sacrifice, car c'en est un, dans l'état actuel de la question ; mais, après avoir examiné et réfléchi sur les expériences que nous avions eues et sur les cas de Crookes et de Wallace, qui n'avaient pu obtenir le crédit public à ce sujet, j'exprimai à M. X. ma profonde conviction que la publication de son nom et de son adresse ne serait pas utile, car, dans ce cas aussi, personne ne croirait, excepté ceux qui croyaient déjà ou qui le connaissaient personnellement, et que, d'un autre côté, il aurait à endurer encore les ennuis des railleurs et des curieux de toutes sortes. Je suggérai toutefois qu'il serait peut-être mieux que je puisse dire, sans publier son nom, que j'avais l'autorisation de le communiquer en particulier aux personnes spécialement intéressées dans le sujet, et que je croirais digne de confiance. Nous tombâmes d'accord.

Quant aux incrédules, c'est leur habitude de soupçonner les médiums professionnels de fraude, comme y étant matériellement intéresés. Il est clair que, dans mes expériences, Eglinton ne pouvait pas seul accomplir les choses que la fraude implique

On peut supposer son entente avec les membres du cercle, et même avec la boutique où l'on achète les préparations pour la photographie: M.X, l'hôte, est un homme très riche et indépendant, de même position que moi : la possibilité donnée d'une fraude de sa part dans l'exécution aurait été très difficile et aurait entraîné bien des complications, ce qui est un motif suffisant pour la faire découvrir. D'un intérêt matériel, il ne pouvait être question. De quel genre toutefois pouvait être l'intérêt qu'il aurait eu à me tromper ? Il eût été difficile de le comprendre. Et pourquoi serait-il plutôt le trompeur que moi-même? Il est bien plus aisé et plus logique de supposer et d'expliquer la fraude de mon côté. Le motif ici est évident : m'étant adonné au spiritisme, je devrais le défendre à tout prix. J'étais allé à Londres moi-même, j'avais arrangé toutes ces photographies avec Eglinton, et maintenant je faisais une publication.

Mais l'incrédulité ne me surprend ni me confond. Elle est tout à fait naturelle et excusable. Les convictions ne sont pas dues au hasard, elles sont le résultat du cours de la vie, d'une époque entière, et la croyance aux phénomènes de la nature ne s'acquiert pas avec la raison et la logique, mais par la force de l'habitude ; et la force de cette habitude fait que le merveilleux cesse d'être une merveille.

Je dois dire, surtout, que mon objet immédiat en entreprenant les expériences ici décrites, était de répondre à un homme qui respecte le témoignage humain, qui en reconnaît la valeur et qui incite ceux qui sont zélés pour les phénomènes médianimiques à l'institution d'expériences semblables. Je rappellerai les mots suivants du D' Von Hartmann, dans *Psychische Studien*, numéro de 1885, page 50

« Certainement, c'est une question du plus haut intérêt théorique qu'un médium soit capable ou non d'exciter chez un autre l'hallucination d'une figure, mais aussi de représenter, à quelque prix que ce soit une matérialité atténuée d'une manière objective dans l'espace réel d'une réunion, commune à tous les assistants, en projetant la matière pour cette formation de son propre organisme, et ensuite la construction de sa forme, si la sphère maxima de l'action d'un médium était comme une limite insurmontable la preuve de la réalité objective des phénomènes de la matérialisation, pourrait être fournie par les productions mécaniques de la durée d'un effet, et au delà de la sphère d'action du médium. Comme d'abord ce n'est pas le cas, et en second ieu, que l'on ne voit jamais les phénomènes de la matérialisation se produire au delà de la sphère physique 'e l'action, il ne reste d'opposante que la preuve photo raphique pour établir le fait que le phénomène de la matérialisation a une surface réfléchissant la lumiè e dans un espace objectif.

Puisque le matériel restreint du médium offre aucune sécurité, on devrait voir une prise s ultanée du médium et du fantôme, avant que l'ob ectivité pût être concédée aux apparitions aperçu es seulement par la vue des spectateurs (*Spiritism* p. 93, traduction). C'est le but que je vise, et qui a été enfin obtenu sous les mêmes conditions que le

D' Von Hartmann nous a imposées. Et je me permets de croire que le D' Von Hartmann lui-même, sur les deux appréciations des conditions physiques et morales que la preuve photographique réclame, et qui ont été fournies, les trouvera suffisantes pour reconnaître la réalité objective de la matérialisation.

Pour éviter tout malentendu, je citerai les paroles de Herr Von Hartmann.

« Pour cette épreuve photographique, je considère qu'elle n'appartient ni à un photographe de profession ni à un médium admis à l'appareil, aux plaques et au châssis, de sorte que tout soupçon d'une préparation préalable, sur le châssis, ou sur la plaque de verre, avant qu'elle ne soit étendue de collodion et de tout autre manipulation, soit absolument écartée. Ces précautions n'ont pas, aussi loin que je le sache, encore été observée ; en tout cas, elles n'ont pas été mentionnées dans les rapports, et leur importance, toutefois, n'a été reconnue par les reporters.

« Mais, sans elles, une plaque négative sur laquelle le médium et l'apparition sont visibles simultanément n'a pas la moindre force. Les copies positives en papiers de telle plaques ou de quelque multiplication des copies positives ne peuvent naturellement passer pour de l'évidence. »

Ces conditions cependant, comme on le voit, se rapportent à la photographie transcendante, qui est la photographie de la matérialisation invisible pour les assistants. Elles sont superflues pour la photographie ordinaire d'une matérialisation visible pour tous les spectateurs de la séance. Les récits relatifs aux photographies transcendantes, sur lesquelles le médium et les apparitions sont visibles simultanément, sont nombreux : mais, pour les photographies du second ordre, mon rapport paraît être le plus complet jusqu'à ce jour. »

Ces expériences, si bien conduites, si honnêtes et si démonstratives, établissent avec la dernière évidence le fait de la photographie spirite.

Non seulement les travaux d'Aksakof confirment toutes les recherches antérieures sur ce sujet, mais elles nous offrent la preuve absolue de la possibilité de photographier en pleine obscurité. Eh bien ! ces remarquables travaux ont été passés sous silence, pas une voix ne s'est élevée dans le monde savant pour discuter ces faits ou en fournir une explication plausible, tous les pontifes du savoir ont reculé devant ces phénomènes imprévus qui venaient détruire leurs théories matérialistes, et ils espéraient sans doute que l'opinion publique n'aurait jamais à juger leurs agissements.

Le jour est venu cependant où il faudra s'expliquer : Ou bien tous les récits précédents sont mensongers, et tous les grands hommes cités ne sont que de pauvres dupes, trompées par des charlatans, ou bien ces hommes de science ont bien vu, et il est temps de secouer la torpeur de tous les satisfaits de la science, il est temps de renverser leurs théories surannées pour les remplacer par des enseignements plus vrais, plus justes, plus en harmonie avec les découvertes contemporaines.

Voici, d'ailleurs, encore un ordre de phénomènes qui appuient et confirment toutes la série des manifestations spirites exposées jusqu'alors.

Empreintes et Moulages de formes matérialisées

Après les nombreuses photographies d'Esprits obtenues dans tous les pays, il n'est guère possible de mettre en doute l'existence objective de ces esprits, et il résulte de ces phénomènes la certitude que l'âme, après la mort, n'est pas cette entité que les religions et les philosophies nous avaient habitués à considérer.

Le spiritisme enseigne depuis longtemps que le moi conscient ou âme est entouré d'une enveloppe subtile appelée PÉRISPRIT (1).

Ce périsprit est le moule fluidique dans lequel s'incorpore la matière pendant la vie, c'est lui qui, sous l'impulsion de la force vitale, maintient le type spécifique et individuel, car il est invariable au milieu du flux incessant de la matière organique. Ce périsprit ne se détruit pas à la mort, il se conserve intact au milieu de la désorganisation de la matière, et c'est en lui que se trouve gravés les acquis de l'âme, qui peut ainsi se rappeler le passé.

L'esprit est capable, dans certaines conditions, d'accumuler dans son périsprit assez de force vitale

(1) Voir mon livre : *le Spiritisme devant la science*. Chamuel, éditeur.

pour donner une vie momentanée à l'organisme fluidique ; celui-ci, avec la matière empruntée au médium, prend la tangibilité d'un corps ordinaire ; c'est une création véritable, mais qui n'a qu'une durée éphémère, car elle est accomplie en dehors des procédés habituels de la nature (1).

Ce périsprit, en se concrétant, peut laisser des empreintes dans des moules de paraffine, sur de la terre glaise ou des feuilles de papier noirci ; nous allons citer des exemples de ces diverses manifestations :

Avant d'obtenir des moules de formes matérialisées, on constata que les Esprits pouvaient laisser des empreintes prouvant leur tangibilité. Voici tout d'abord le témoignage de Zoëllner (2).

« Dans un vase plein de fleur de farine, l'impression d'une main fut trouvée, avec toutes les sinuosités de l'épiderme distinctement visibles ; en même temps, une portion de la farine portant les traces d'une grande et puissante main, fut laissée sur le pantalon de M. Zoëllner au genou, où il s'était sentit empoigné une minute auparavant. Les mains de Slade étaient constamment sur la table, et en les examinant, on n'y trouva aucune trace de farine. L'impression était celle d'une main plus grande que la main de Slade.

« On obtint une empreinte plus durable, avec du papier noirci à la lumière d'une lampe de pétrole, attaché sur une planchette, et sur lequel apparut la marque

---

(1) Aksokof. — Voir. — *Un cas de dématérialisation partielle du corps d'un médium.*

(2) Eugène Nus, *loc. cit.*, pp. 340, 341, 342.

d'un pied nu ; à la demande des professeurs, Slade se leva, ôta ses souliers, montra ses pieds, mais aucune trace de noir de fumée ne fut constatée. Son pied, qui fut mesuré, avait *quatre centimètres* de moins que l'empreinte. Slade et Zoëllner répétèrent l'expérience en employant une ardoise au lieu d'une planchette ; l'empreinte, reçue fut photographiée et reproduite. Le professeur appelle l'attention sur ce fait que l'impression est évidemment celle d'un pied qui a été comprimé par des bottes, un doigt étant si complètement couvert par l'autre qu'il n'est pas visible. Cette empreinte ne peut être produite par le pied de Slade... »

« Un essai pour avoir des marques de pied réussit sans le toucher de Slade, quoique le médium eût déclaré que la chose lui semblait impossible : M. Zoëllner mit des feuilles préparées avec du noir de lampe à l'intérieur d'une ardoise pliante et plaça l'ardoise sur ses genoux, afin de la tenir sous sa vue. Cinq minutes après, dans une chambre bien éclairée, toutes les mains étant sur la table, M. Zoëllner remarqua qu'il avait senti, à deux reprises, une pression sur l'ardoise déposée sur ses genoux. Trois coups dans la table ayant annoncé que tout était fini, on ouvrit l'ardoise et deux empreintes, l'une d'un pied droit, l'autre d'un pied gauche, furent trouvées sur le papier disposé de chaque côté de l'ardoise. »

A Naples

Voici maintenant des empreintes laissées dans de la farine et de la terre glaise (1).

Le professeur Chiaia, de Naples, eut aussi des matérialisations d'esprit au moyen de son médium Eusapia Paladino ; non content de photographier l'Esprit, il voulut conserver encore un souvenir plus probant, en quelque sorte la forme même de l'apparition et, pour cela, il imagina le dépositif suivant : Prenant un plateau plein de farine, il demanda que l'Esprit y imprimât sa figure, sa main, et le résultat fut obtenu, mais un peu confus, à cause de la friabilité de la substance employée.

Il eut alors l'idée de se munir de l'argile des sculpteurs, et demanda à l'esprit s'il pourrait y creuser le moule d'une tête. Sur une réponse affirmative, l'argile fut mise sur une table et recouverte d'un voile. La salle était dans une obscurité presque complète : mais les cinq personnes qui assistaient à l'expérience se tenaient toutes par les mains et avaient, par surcroît de prudence, les pieds sur ou sous ceux de leurs voisins. L'Esprit ayant signalé sa présence, on le pria de produire l'effet voulu, ce à quoi il consentit, et, après *trois minutes*, il déclara que c'était fini.

On ouvrit les fenêtres, et l'on vit alors la masse d'argile creusée, ou mieux, comprimée et prête à recevoir le plâtre. Le moulage fit venir une belle tête

(1) Voir *Revue spirite*, année 1887.

d'homme sans barbe, d'une grande mélancolie. Un sculpteur auquel on le montra déclara qu'il lui faudrait une journée de travail pour reproduire en bosse un pareil ouvrage. La figure était couverte d'un voile dont les mailles se voyaient distinctement sur le plâtre et avaient une grande analogie avec un tissu de fil. Il ne correspondait à aucun des linges qui se trouvaient alors dans la chambre, ou que les personnes portaient sur elles.

Ces expériences se reproduisirent plusieurs fois, et le moulage amena toujours un résultat analogue à la demande faite, avec un plus ou moins grand degré d'exactitude ou de finesse. Tantôt on a désiré une vue de face, tantôt un visage de profil, une main d'homme, une main d'enfant, et la demande a été le plus souvent accueillie (1).

En Amérique

Nous allons fournir des preuves que le périsprit est bien le moule fluidique du corps, et nous constaterons que, dans l'espace, il n'a perdu aucune de ses propriétés plastiques : il suffit de lui fournir de la force vitale et de la matière pour que le corps matériel se reproduise totalement ou en partie (2).

Nous allons encore avoir recours à M. Aksakof,

---

(1) Depuis cette époque, des expériences nouvelles eurent lieu avec le même médium ; on les trouvera consignées dans le livre de M. de Rochas intitulé : *L'extériorisation de la motricité* (Chamuel, éditeur).

(2) Voir mon livre : *le Spiritisme devant la science* (Chamuel, éditeur), dans lequel le périsprit est longuement étudié. Les preuves de son existence pendant la vie et après la mort y sont méthodiquement données.

qui se porte garant de l'authenticité des phénomènes suivants, en même temps que de la parfaite honorabilité et de la capacité scientifique des observateurs. Nous verrons, une fois de plus, que, de même que les autres faits spirites, ceux-ci se sont reproduits dans tous les pays.

Voici la manière d'opérer communément employée dans ces circonstances :

Deux vases renfermant, l'un de l'eau froide, l'autre de l'eau chaude, sont apportés dans la salle où l'expérience a lieu ; à la surface de l'eau chaude flotte une couche de paraffine fondue. Si l'on veut obtenir, par exemple, le moule d'une main matérialisée, on prie l'Esprit de plonger sa main dans la paraffine fluide et immédiatement après dans l'eau froide, et de répéter plusieurs fois cette opération. De cette manière il se forme, à la surface de la main un gant de paraffine d'une certaine épaisseur, et, quand la main de l'Esprit se dématérialise, elle laisse un moule parfait qu'on remplit avec du plâtre. Il suffit ensuite de plonger le tout dans de l'eau bouillante, et, la paraffine fondant, il reste une empreinte exacte et fidèle du membre matérialisé. Une telle expérience, faite avec les précautions voulues, nous donnera, d'une façon absolument démonstrative, la copie durable et minutieuse du phénomène temporaire d'une apparition tangible.

L'idée de l'obtention de ces moules est due à M. Denton, professeur de géologie, bien connu en Amérique. C'est en 1875 que cet expérimentateur obtint, pour la première fois, le moulage d'un doigt. Voici comment il décrit le phénomène dans une lettre adressée au *Banner of Light*, et reproduite par *the Medium* en 1875, page 17.

J'appris, il y a quelque temps, que, quand le doigt a été plongé dans la paraffine fondue et que celle-ci a été refroidie, on peut la détacher et, dans le moule ainsi formé, couler du plâtre et obtenir, de cette manière, une très parfaite reproduction du doigt. J'adressai à M. J. Hardy une lettre par laquelle je l'informai que j'avais une bonne manière d'obtenir des moulages, et lui demandai l'autorisation d'assister aux séances de Mme Hardy et d'essayer d'obtenir le moulage des mains d'Esprit qu'on y voyait si fréquemment. Conformément à l'invitation que je reçus, je me rendis à sa résidence, muni de paraffine et de plâtre, et nous commençâmes nos expériences, aussitôt que nos disposions furent prises.

Ignorant le genre d'expérience auquel devait se livrer le professeur Denton, on ne peut accuser le médium de s'y être préparé à l'avance.

L'on plaça au centre de la chambre une grande table que l'on recouvrit d'une couverture piquée et d'une couverture de piano, de façon à exclure la lumière autant que possible. Sous la table avait été placé un baquet d'eau chaude à la surface de laquelle flottait la paraffine en fusion. M. Hardy, Mme Hardy et moi-même, étions assis autour de la table, nos mains étant au-dessus de celle-ci, en pleine lumière ; il n'y avait pas d'autres personne dans la chambre.

Au bout de peu de temps, nous entendîmes un mouvement dans l'eau, et, conformément à un message obtenu par coups frappés, Mᵐᵉ Hardy plaça ses mains à quelques pouces sur la table, entre la couverture piquée et la couverture de piano, et reçut à des intervalles variés, des moules de quinze à vingt doigts dont la dimension variait depuis celle d'un baby, jusqu'à celle d'un géant; *la moitié de ces doigts sont plus grands que ceux du médium.*

Ils reproduisent toutes les lignes de la peau, les sillons des phalanges, d'une manière fort distincte. L'on nous dit que le plus grand était celui du pouce de Big Dick ; il est juste le double du mien à la naissance de l'ongle, tandis que le plus petit, avec l'ongle parfaitement défini, un petit doigt potelé, ne pouvait avoir été produit apparemment par personne autre qu'un enfant d'un an environ.

Je suis parfaitement sûr que, pendant l'obtention de ces moules, la main du médium se trouvait à environ 2 pieds de la paraffine. Beaucoup de moules étaient encore chauds au moment où Mᵐᵉ Hardy les retirait des mains qui lui étaient présentées ; souvent même la paraffine avait encore si peu de consistance que le moule était détérioré.

Je souhaite d'attirer l'attention des Eddys, des Allan Boy, et d'autres médiums à manifestations physiques, sur cette méthode par laquelle on peut convaincre les sceptiques de la réalité des formes présentées, et leur démontrer qu'elles sont distinctes de celles des médiums. Si des moulages de mains plus grandes que celles de n'importe quel homme peuvent être obtenus — et j'en suis persuadé — ils peuvent être envoyés à distance et produire une évidence irrésistible.

Welleslay Mass : William Denton ».

En opérant de la manière décrite ci-dessus, on a obtenu des moules de mains entières ou de pieds, de la plus grande variété de conformation, dans une multitude de séances.

Les conditions observées dans les expériences et les résultats obtenus, furent complètement satisfaisants ; la critique néanmoins s'en empara et s'efforça de découvrir la *fraude*, car il devait y avoir *fraude*.

En premier lieu, l'on suggéra que le médium pouvait avoir préparé les moules antérieurement, les avoir apportés aux séances, et les faire passer comme obtenus sur place. Pour écarter cette supposition, le professeur Denton eut recours à l'épreuve suivante : il pesa la masse de paraffine avant la séance et à l'issue de celle-ci, ce dernier poids fut trouvé égal à celui de la masse de paraffine originale. Cette expérience fut répétée par trois fois publiquement, devant de grandes assemblées, par le comité choisi par le public lui-même, à Boston, à Charlestown, Portland, Baltimore, Washington, etc., et chaque fois avec un succès complet.

Mais alors surgit une autre objection ; le médium pouvait avoir soustrait la quantité de paraffine voulue avec les pieds ou les mains et la cacher quelque part, et l'on requit que le médium fut enfermé dans un sac ; ce qui fut fait. Dans environ vingt séances publiques, le médium fut enfermé dans un sac fortement serré autour du cou ; chaque fois le même résultat fut obtenu, et toujours sous les yeux du comité choisi par le public.

Bientôt cette épreuve fut trouvée encore insuffisante; l'on insinua que le médium pouvait avoir défait une partie de la couture du sac et l'avoir recousue après s'être servi de ses mains, quoique le comité choisi n'eût observé rien de semblable. Pour écarter cette objection, l'on inventa une condition nouvelle qui devait fournir la preuve la plus absolue de la sincérité du phénomène: le moule devait être produit dans une boîte fermée. En réalité, comme une telle preuve doit être considérée comme la plus élevée et la plus concluante, nous donnerons ici la description de la boîte qui fut préparée pour les expériences, d'après les indications du Dr Gardner.

Voici le récit du professeur Denton :

Cette boîte, de forme rectangulaire, mesure 30 pouces de profondeur et 24 pouces de largeur. Les quatre montants de la charpente sont en bois, de même que le fond et le couvercle à charnières : la partie comprise entre le couvercle et le treillage métallique est en bois et mesure 8 pouces 1/2 de hauteur.

Cette partie est percée de trous écartés d'un pouce environ l'un de l'autre et auxquels l'on donna primitivement un diamètre de 3/4 de pouce, mais on réduisit subséquemment ce diamètre de 1/4 de pouce à l'aide d'une doublure intérieure. Le fil métallique entourant la caisse est d'une seule pièce ; les deux extrémités étant réunies dans un même coin, celle-ci est couverte en cet endroit par une bande de bois solidement clouée. Le couvercle est à deux battants : l'un peut-être fixé par deux boulons traversant la charpente de chaque côté, l'autre fut primitivement fixé par une simple serrure à levier.

Le treillis est fort et mesure 3/8 de pouce de grandeur de maille. Après plusieurs expériences couronnées de succès, on attira l'attention sur certaines défectuosités de la boîte, que l'on perfectionna et répara de manière à éviter les objections. Les couvercles furent munis de deux serrures, assurant une fermeture parfaite et sûre. Les trous du bois furent réduits comme il est dit plus haut, et aucun défaut ne fut laissé sans correction.

Nous avons été minutieux dans la description de la boîte, parce que nous la regardons comme l'instrument d'une preuve tout à fait inattaquable de la bonne foi du médium.

Suivent les détails de l'expérience :

Le lundi 1er mai 1876, se réunirent dans la maison de M. Hardy, Concord square, n° 4, le colonel Frederick A. Pope, Boston, John Wetherbee, J. S. Drapper, Epes Sargent, Mme Dora Brigham et Mme Hardy. La boîte fut soigneusement examinée. Le colonel Pope, expert en menuiserie, renversa la boîte et vérifia de tous les côtés, en dedans et en dehors, les autres messieurs regardant et examinant après lui par eux-mêmes. On prit un soin particulier de s'assurer jusqu'à quel point, en employant un instrument de fer, il était possible d'élargir la maille de la toile métallique et de la rapprocher ensuite de manière à permettre l'introduction d'un objet de plus de un demi-pouce de diamètre ; dans les conditions donné, ceci fut trouvé impossible. L'élargissement de la maille pour l'introduction d'une main ne pouvait se faire sans séparer puissamment et sans défiler les fils d'une manière apparente.

La construction de la boîte étant satisfaisante pour tous, M. Wetherbee emplit un seau d'eau froide et claire, qui fut placé dans la caisse, après avoir été examiné de tous côtés et par-dessous. Le colonel Pope leva le seau contenant l'eau chaude sur laquelle nageait une couche de paraffine et le plaça, après examen, dans la caisse ; nous avions également vérifié la paraffine par le toucher ; nous l'agitâmes, et nous la trouvâmes être en fusion et bien chaude. Les deux battants du couvercle furent alors abattus, boulonnés, les serrures fermées ; pour comble de sécurité, quoique la précaution fût inutile, puisque le médium fut en vue tout le temps, on apposa des cachets aux trous des serrures, sur le joint de séparation des battants du couvercle et aussi sur les joints de séparation des deux côtés. La chambre étant éclairée, nous pouvions tous voir et vîmes en réalité, à travers le treillis métallique, qu'excepté les sceaux et leur contenu, il n'y avait rien d'autre dans la caisse. Dans le but de produire une chambre noire pour la force opérante, on jeta un voile sur la boîte, tandis que la lumière éclairant la chambre fut modérée, mais seulement à un point tel qu'il nous était possible de distinguer l'heure à nos montres, de voir nos figures et nos mouvements, y compris ceux du médium. Mme Hardy prit une chaise et se plaça en front du cercle, juste derrière la caisse, à l'un des côtés étroits. M. Hardy se tint éloigné et se plaça au dernier rang des personnes présentes ; l'on n'apporta aucune restriction à la liberté d'action de celles-ci. Il n'y eut ni chants ni bruit, quoique l'on tint conversation à voix basse la plupart du temps. Mme Hardy était dans son état normal, aisée et non préoccupée ; l'harmonie du cercle était parfaite, et tous les yeux observaient le médium. A l'occasion, s'il eût fallu poser une question à la force opérante, la réponse eût été obtenue au moyen de *raps* (1).

A la fin, après une attente d'environ quarante minutes, une suite rapide de joyeux coups annonça l'obtention d'un résultat. Tout le monde se leva de sa chaise ; nous enlevâmes le drap, regardâmes à travers le treillis métallique et aperçûmes, flottant dans le seau d'eau, un moule parfait d'une grande main. Nous vérifiâmes alors les sceaux ; ils étaient intacts. Nous éprouvames à nouveau les côtés de la boîte ; bois et fils métalliques étaient en parfait état. Nous enlevâmes alors les sceaux des serrures, ouvrîmes celles-ci, déboulonnâmes les battants du couvercle, soulevâmes le seau et nous prîmes le moule. Nous vîmes ainsi, et croyons encore, qu'il n'y a pas moyen d'échapper à la conviction que le moule ait été formé sur place par une force capable de matérialiser les

(1) Coups frappés.

membres d'un organisme, tout à fait distinct du corps physique du médium (1).

En Angleterre.

M. le D' Nichols avec Eglinton comme médium, fit une expérience dans des conditions identiques. Dans ce cas, non seulement les mains et les pieds du médium furent visibles, mais l'on obtint un résultat dont l'importance gît dans le fait que les moulages, faits d'après les moules obtenus à la séance, consistaient en mains *qui furent reconnues.*

Voici l'article du D' Nichols dans le *Spiritual record* de décembre 1883 :

Pendant le séjour de M. Eglinton chez moi, à South Kensington, nous essayâmes l'expérience pour obtenir des moules de mains d'Esprits. Ma fille « Willie », dont j'ai déjà donné des dessins ou de l'écriture, promit de tenter l'essai et de nous présenter un moule de sa main ; nous fîmes en conséquence les préparatifs voulus. Nous achetâmes 2 litres de la meilleure paraffine telle qu'elle est employée pour l'éclairage, substance blanche, cireuse, mais un peu plus cassante que la cire : je la fondis dans mon étude, et je la jetai dans un seau à moitié plein d'eau chaude pour la tenir fluide. Je remplis alors un autre seau d'eau froide.

---

(1) La fabrication d'un semblable moule est tout à fait impossible, car la main gantée de paraffine ne pourrait sortir du moule sans le briser, le poignet étant plus étroit que la main. Si on coupait le moule, les joints se verraient sur le plâtre.

Nous avions invité un cercle choisi d'environ douze personnes ; le seul étranger étant un médecin allemand, le D' Friese, que les investigations spiritualistes intéressaient. Un rideau séparait un coin de notre salle de séances. M. Eglinton était assis derrière, au milieu, au point où se joignaient les rideaux, et en face de lui se tenait assis le D' Friese *qui lui tenait les mains.* Le gaz brûlait brillamment, de telles sorte que l'on se voyait distinctement. Quand tout fut prêt, j'apportai les deux seaux de mon étude, et je les plaçai dans le coin de la chambre, derrière le rideau, à environ 6 pieds de M. Eglinton, dont les mains, comme il est dit ci-dessus, étaient saisies par le D' Friese ; les personnes et objets se trouvaient donc placés dans l'ordre suivant :

Les deux seaux   M. EGLINTON   Rideaux.
D. FRIESE.

Les assistants étaient assis autour de la place, aussi loin que possible du rideau ; chacun était distinctement visible ; personne n'était proche des seaux ou ne pouvait les approcher. Au bout de quelques secondes, nous entendîmes des voix dans le coin, près des seaux, et des clapotements dans l'eau. Puis, après les signaux faits au moyen de coups frappés, j'accourus et apportai les deux seaux de derrière le rideau. Dans l'eau froide nageaient deux mains de paraffine solidifiée. L'une d'entre elles ressemblait à un gant blanc épais d'albâtre, l'autre était semblable, mais plus petit. Quand je pris la plus grande masse, je la trouvai creuse et vis qu'elle présentait la forme d'une *main humaine*. La plus petite était le moule d'une *main d'enfant*. Une dame présente reconnut une particularité : une légère déformation qui était propre à sa fille, qui se noya dans l'Afrique australe à l'âge de cinq ans. Je portai les deux seaux dans monde étude, laissant nager les moules dans l'eau, fermai la porte et mis la clef en poche.

Le lendemain matin, nous nous procurâmes du fin plâtre de Paris, que nous trempâmes et introduisîmes dans le grand moule. Pour obtenir le moulage, le moule lui-même devait être sacrifié. Le moule d'une main humaine avec tous ses doigts séparés, nécessiterait 20 pièces, dont chaque joint serait visible dans le moulage obtenu. Ce que je fis consistait uniquement à introduire le plâtre fluide dans le moule, à le laisser durcir et sacrifier ensuite le moule, en le faisant fondre dans l'eau chaude. La belle main de *ma fille Willie* avec ses doigts sveltes, artistiques, et leur pose gracieuse, juste comme elle les tenait en les plongeant dans la paraffine chaude — presque bouillante — se trouve maintenant sous verre sur ma cheminée. Quand je place ma main dans la même position, la ressemblance du moulage, quoique celui-ci soit plus petit d'un tiers, frappe tous ceux qui le voient ; cela ne ressemble pas aux mains de convention que font les sculpteurs. C'est une main pure, naturelle, anatomique, avec chaque os et chaque tendon et dont les plus fines lignes de la peau sont clairement marquées. C'était la main que je connaissais si bien durant sa vie mortelle et que j'ai si souvent vue et sentie quand elle était matérialisée. »

Nous ferons remarquer que le Spiritisme n'a inventé aucune théorie pour expliquer les faits : ou bien ce sont les Esprits eux-mêmes qui ont décrit leur état dans l'espace, ou bien les expériences auxquelles ils ont prêté leur concours ont établi les conditions dans lesquelles ils vivent lorsqu'ils ont quitté la terre.

Nous avons constaté avec Katie King que l'Esprit matérialisé est véritablement une femme, qu'elle respire, que son cœur bat, en un mot qu'elle a tous les caractères physiologiques d'un être vivant. Voici maintenant que les moules en paraffine reproduisent des membres du corps avec les os, les tendons et jusqu'aux plus petites lignes de la peau ; la même observation est applicable aux empreintes laissées par le pied nu, dans l'expérience de Zoëllner, en compagnie de Slade.

Que conclure de ces faits, sinon que le périsprit, c'est-à-dire l'enveloppe fluidique de l'âme, est bien le moule dans lequel s'incorpore la matière terrestre pendant l'incarnation ? A la mort, les éléments qui formaient le corps humain retournent à la nature, mais l'enveloppe indéfectible de l'Esprit subsiste et conserve tous les acquis, toutes les propriétés qu'elle avait sur la terre. Vient-on à lui fournir de la matière et de la force vitale, aussitôt cet organisme entre en fonction et reproduit l'individu ; mais cette vie est momentanée, temporaire, car elle est anormale, aussi n'a-t-elle qu'une durée très réduite, et rarement le phénomène atteint l'intensité que nous lui avons vue chez William Crookes.

Dans un autre ouvrage intitulé : *L'Evolution ani-mique*[1], nous étudions en détail tous ces phénomènes, en montrant le rôle du périsprit pendant la vie. Nous voyons comment ce périsprit a pu acquérir ses propriétés fonctionnelles et en même temps nous établissons ses rapports avec l'Esprit, dont il constitue ce que l'on a nommé l'inconscient.

En regard de l'explication spirite, il n'est pas inutile de montrer comment des savants incrédules, obligés de se rendre à l'évidence des faits, essayent de forger des théories pour expliquer ces phénomènes, si en dehors de leurs idées sur la force et la matière. Voici le récit des expériences du professeur Lombroso, racontées par lui-même :

Le Spiritisme et la Psychiatrie.

EXPLICATION PSYCHIATRIQUE DE CERTAINS FAITS SPIRITES

Par le professeur C. Lombroso.

Peu de savants ont été, plus que moi, incrédules au spiritisme. Pour s'en convaincre, il suffit de consulter mon ouvrage *Pazzi ed anomali* (les Fous et les Anormaux) comme aussi mes *Studi sul Ipnotismo* (Etudes sur l'Hypnotisme) dans lesquels je me suis laissé aller presque jusqu'à insulter les spirites. Je trouvais et je trouve encore aujourd'hui plusieurs assertions des spirites complètement inadmissibles : ainsi, par exemple, la possibilité de faire causer et agir les morts. Les morts n'étant qu'un amas de

[1] Cet ouvrage est en vente chez Chamuel, éditeur.

substances inorganiques, il vaudrait autant prétendre que les pierres pensent, que les pierres parlent.

Une autre raison de mon incrédulité, c'était l'obscurité où se passent presque toujours les expériences, car un physiologiste n'admet que les faits qu'il peut bien voir en pleine lumière.

Mais, après avoir entendu quelques savants nier des faits d'hypnotisme, comme la transmission de la pensée, la transposition des sens qui, pour être rares, n'en sont pas moins positifs et que j'avais constatés *de visu*, je fus amené à me demander si mon scepticisme à l'égard des phénomènes spirites n'était pas de même nature que celui des autres savants pour les phénomènes hypnotiques.

L'offre m'ayant été faite d'examiner les faits produits en présence d'un médium vraiment extraordinaire, — Mme Eusapia, — j'acceptai avec d'autant plus d'empressement que je pouvais les étudier avec le concours d'aliénistes distingués (Tamburini, Virgilio, Bianchi, Vizioli), qui étaient presque aussi sceptiques que moi sur la question, et qui purent m'assister dans le contrôle des phénomènes.

Nous prîmes les plus grandes précautions. Ayant examiné la personne d'après la méthode de la psychiâtrie moderne, nous avons constaté une remarquable obtusité du tact (3, 6), des troubles hystériques, peut-être même épileptiques, et des traces d'une blessure profonde au pariétal gauche.

Les pieds et les mains de Mme Eusapia furent immobilisés par le docteur Tamburini et moi, à l'aide de nos pieds et de nos mains.

Nous avons commencé et terminé nos expériences avec la lampe allumée et, de temps en temps, un de nous faisait craquer à l'improviste une allumette pour éviter toute supercherie.

Les faits observés furent assez singuliers : nous pûmes constater en pleine lumière le soulèvement d'une table et de nos chaises, et nous avons trouvé que l'effort fait pour les abaisser équivalait à un poids de 5 à 6 kilos. Sur la demande d'un des assistants, — M. Ciolfi, — qui connaissait le médium depuis longtemps, des coups se firent entendre à l'intérieur de la table. Des coups (dans un langage conventionnel, soi-disant spirite) répondaient tout à fait à propos aux demandes faites sur l'âge des personnes présentes et sur ce qui devait arriver et arriva en effet au moyen d'un soi-disant Esprit.

L'obscurité faite, nous commençâmes à entendre plus forts les coups donnés au milieu de la table, et, peu après, une sonnette, placée sur un guéridon à plus de 1 mètre d'Eusapia, se mit à sonner dans l'air et au-dessus de la tête des personnes assises, puis descendit sur notre table. Quelques moments après, elle alla se placer sur un lit éloigné de 2 mètres du médium. Pendant que, sur la demande des assistants, nous entendions le son de cette sonnette, le Dr Asconti, sur l'invitation de l'un de nous, alla se placer debout derrière Mme Eusapia, et il fit craquer une allumette, de sorte qu'il put voir la sonnette suspendue en l'air et allant tomber sur le lit derrière le médium.

Ensuite, et toujours dans l'obscurité, nous entendîmes une table remuer et, pendant que les mains du médium étaient toujours bien serrées par le Dʳ Tamburini et moi, le professeur Vizioli se sentait ou tirer la moustache, ou picoter les genoux, par des contacts paraissant venir d'une main petite e froide.

En même temps, je sentis ma chaise enlevée sous moi, puis bientôt remise à sa place.

Une lourde tenture de l'alcôve, placée à plus de 1 mètre du médium, se transporta tout à coup comme poussée par le vent vers moi et m'enveloppa complètement. J'essayai de m'en débarrasser, mais je n'y réussis qu'avec beaucoup de peine.

Les autres assistants aperçurent, à 10 centimètres environ de ma tête et de celle du professeur Tamburini, des petites flammes jaunâtres. Mais, ce qui m'étonna le plus, ce fut le transport d'une assiette pleine de farine, qui eût lieu de façon que celle-ci resta coagulée ainsi que de la gélatine. Cette assiette avait été placée dans l'alcôve, à plus de 1 mètre 1/2 de nous; le médium avait pensé à la faire bouger, mais autrement, c'est-à-dire en nous saupoudrant la figure evec le contenu.

Mᵐᵉ Eusapia avait dit, au milieu de ses convulsions : « Prenez garde, je vous saupoudrerai le visage à vous tous avec la farine qui se trouve ici. »

La lampe ayant été aussitôt rallumée, nous rompîmes la chaîne que nous faisions autour de la table, et nous trouvâmes l'assiette et la farine transportées.

Peu après, nous vîmes un gros meuble placé plus loin que l'alcôve, à 2 mètres de nous, s'approcher lentement vers nous comme s'il était porté par quelqu'un. On aurait dit un gigantesque pachyderme s'avançant vers nous.

Dernièrement je répétais ces expériences avec les professeurs de Amicis, Chiaia, Verdinois ; j'ai vu un siège sauter d'en bas sur la table et retourner en bas ; j'avais fait tenir deux dynamomètres à Mme Eusapia. Ils marquèrent 37 et 36 kilos. Pendant la séance, et tandis que nous serrions les mains du médium, elle nous dit : « Maintenant on force les machines. » Nous faisons la lumière, et les deux dynamomètres, qui étaient loin d'elle (1/2 mètre), marquaient 42 kilos.

Des expériences analogues ont été exécutées par les Drs Barth et Deflosa, qui m'écrivent avoir vu et entendu plusieurs fois une sonnette tinter dans l'air, sans être agitée par personne. Le banquier Hirsch, qui se trouvait avec eux, ayant demandé à causer avec une personne qui lui était chère, il vit son image et l'entendit parler en français (elle était française et morte depuis vingt ans).

De même le Dr Barth vit son père mort et se sentit à deux reprises embrasser par lui. Tous virent des petites flammes sur la tête de Mme Eusapia.

L'Explication.

Aucun de ces faits (qu'il faut pourtant admettre, parce qu'on ne peut nier des faits qu'on a vus) n'est de nature à faire supposer, pour les expliquer, un monde différent de celui admis par les neuro-pathologistes.

Avant tout, il ne faut pas perdre de vue que Mme Eusapia est névropathe, qu'elle reçut dans son enfance un coup au pariétal gauche, ayant produit un trou assez profond pour qu'on puisse y enfoncer un doigt, qu'elle resta ensuite sujette à des accès d'épilepsie, de catalepsie, d'hystérie, qui se produisent surtout pendant les phénomènes médianimiques, qu'elle présente enfin une remarquable obtusité du tact.

C'étaient des névropathes aussi, ces médiums admirables tels que Home, Slade, etc.

Eh bien ! je ne vois rien d'inadmissible à ce que, chez les hystériques et les hypnotiques, l'excitation de certains centres, qui devient puissante par suite de la paralysie de tous les autres, et provoque alors une transposition et une transmission des forces psychiques, puisse aussi amener une transformation en force lumineuse ou en force motrice. On comprend ainsi comment la force que j'appellerai corticale ou cérébrale, d'un médium, peut, par exemple, soulever une table, tirer la barbe de quelqu'un, le battre, le caresser, phénomènes assez fréquents dans ces cas.

Pendant la transposition des sens due à l'hystérisme, quand, par exemple, le nez et le menton voient (et c'est un fait que j'ai vu de mes yeux), alors que pendant quelques instants tous les autres sens sont paralysés, le centre cortical de la vision, qui a son siège dans le cerveau, acquiert une telle énergie qu'il se substitue à l'œil. C'est ce que nous avons pu constater, Ottolenghi et moi, chez trois hypnotisés, en nous servant de la loupe et du prisme.

Lorsque le sujet suggestionné voit un objet suggéré, et surtout lorsqu'il ne voit pas une chose existante qu'on lui suggère de ne pas voir (suggestion négative), malgré qu'il l'ait sous les yeux, le centre visuel cortical remplace alors l'œil : il voit quand l'œil, lui, ne voit pas ce qu'il devrait voir.

Les images provenant d'excitations intérieures, telles que les hallucinations suggérées (comme par exemple lorsqu'on fait voir au sujet une mouche imaginaire sur du papier blanc) se comportent chez quelques hypnotisés comme étant réelles. Il faut donc admettre qu'elles procèdent du cerveau à la périphérie, c'est-à-dire en sens contraire des images vraies, qui se portent de la périphérie au centre. En effet, elles subissent les modifications qui peuvent provenir des moyens interposés.

Ainsi nous avons essayé de faire voir une mouche imaginaire à un sujet hypnotique; nous fîmes avancer et rétrograder cette image dans l'espace, et la prunelle variait comme si l'image était réelle; bien plus, à l'aide de la loupe la mouche imaginaire était grossie ou diminuait suivant les mouvements de la loupe. Nous réussîmes même à obtenir du suggestionné l'emploi d'un prisme imaginaire comme s'il existait réellement. Mais, pour que cela arrive, il faut que le centre cérébral de la vision soit substitué à l'organe de la vision même, c'est-à-dire que le cerveau voie comme voit l'œil.

Examinons maintenant ce qui arrive quand il y a transmission de pensée. Dans certaines conditions, très rares, le mouvement cérébral que nous appelons pensée se transmet à une distance petite ou considérable. Or, de la même manière que cette force se transmet, elle peut aussi se transformer et la force psychique devient force motrice : il y a dans l'écorce cérébrale des amas de substance nerveuse (centres moteurs) qui président précisément aux mouvements, et qui, étant irrités, comme chez les épileptiques, provoquent des mouvements très violents dans les organes moteurs.

On m'objectera que ces mouvements spiritiques n'ont pas comme intermédiaire le muscle, qui est le moyen le plus commun de transmission des mouvements ; mais la pensée non plus, dans les cas de transmission, ne se sert plus de ses voies ordinaires de communication, qui sont la main et le larynx. Dans ces cas, pourtant, le moyen de communication est celui qui sert à toutes les énergies et qu'on peut nommer, en se servant d'une hypothèse constamment admise, l'éther, par lequel se transmettent la lumière, l'électricité, etc.

Ne voyons-nous pas l'aimant faire mouvoir le fer sans aucun intermédiaire visible ?

Dans les faits spirites, le mouvement prend une forme, se rapprochant davantage de la volitive, parce qu'il part d'un moteur qui est en même temps un centre psychique : l'écorce cérébrale.

La grande difficulté consiste à admettre que le cerveau est l'organe de la pensée et que la pensée est un mouvement ; car, du reste, en physique, il n'y a pas de difficulté à admettre que les énergies se transforment et que telle énergie motrice devient lumineuse ou calorifique.

Après l'ouvrage de M. Janet sur l'automatisme inconscient, il n'y a plus à chercher, à expliquer le cas des médiums écrivains.

Ce médium qui croit écrire sous la dictée du Tasse ou de l'Arioste et qui écrit des vers indignes d'un lycéen agit dans un état à demi somnambulique, où, grâce à l'action prépondérante de l'hémisphère droit pendant l'inactivité de l'hémisphère gauche, il n'a pas conscience de ce qu'il fait et croit écrire sous la dictée d'un autre.

Cet état d'activité inconsciente explique les mouvements et les gestes que peut faire une main sans que le reste du corps et l'individu y participent, et qui paraissent être l'effet d'une intervention étrangère.

Beaucoup de faits spiritiques ne sont que l'effet de la transmission de la pensée des assistants placés près du médium, autour de la soi-disant table spiritique qui, jusqu'à un certain point, favorise cette transmission, parce que, comme je l'ai observé autrefois, les transmissions arrivent plus facilement à petite distance de l'hypnotisé et mieux avec ceux qui se trouvent en contact avec lui. La table autour de laquelle on forme la chaîne est une cause facile de contact et une cause certaine de rapprochement. Aussi, j'ai toujours vu les faits spiritiques (avoir la barbe tirée, les mains touchée) arriver plus souvent aux personnes qui sont le plus près du médium.

Lorsque la table donne une réponse exacte (par exemple, quand elle dit l'âge d'une personne que celle-ci est seule à connaître), lorsqu'elle cite un vers dans une langue inconnue au médium, ce qui étonne étrangement les profanes, cela arrive parce qu'un des assistants connaît cet âge, ce nom, ce vers et y fixe sa pensée vivement concentrée à l'occasion de la séance, et qu'il transmet ensuite sa pensée au médium, qui l'exprime par ses actes et la réflète quelquefois chez un des assistants.

Justement parce que la pensée est un mouvement, non seulement elle se transmet, mais encore elle se réflète. J'ai observé des cas d'hypnotisme où la pensée non seulement se transmettait, mais se réflétait en bondissant chez une troisième personne qui n'était ni l'agent ni le sujet et n'avait pas été hypnotisée. C'est ce qui arrive pour la lumière et l'onde sonore.

Si, dans la réunion assemblée autour de la table mystérieuse, il n'y a personne qui sache le latin, la table ne parle plus latin. Mais le gros public, qui ne fait pas cette remarque, croit tout de suite que le médium parle le latin par l'inspiration des Esprits et croit aussi qu'il peut converser avec les morts.

Ainsi s'expliquaient les cas de MM. Hirsch et Barth, qui virent leurs parents morts et entendirent leurs voix. La pensée de la femme ayant été transmise au médium, rebondit sur eux, et comme la pensée prend chez tous les hommes la forme d'image fugitive, à cause de la rapidité avec laquelle s'associent les idées, ils virent l'image de leurs parents, dont ils avaient la pensée et le souvenir tout à fait vivants.

Quant aux photographies spirites, j'en ai vu plusieurs, mais pas une dont je sois sûr. Tant que je n'en aurai pas obtenu une moi-même, je ne pourrai émettre aucun jugement.

L'objection faite par la plupart des gens est celle-ci : Pourquoi le médium, Mme Eusapia, par exemple, a-t-il un pouvoir qui manque aux autres ?

De cette différence avec tout le monde surgit le soupçon d'une duperie, soupçon naturel, surtout chez les âmes vulgaires, et qui est l'explication plus simple, plus dans le goût de la multitude, qui évite de réfléchir, d'étudier.

Mais ce soupçon disparaît dans l'esprit du psychologue vieilli dans l'examen des hystériques et des simulateurs.

Il s'agit d'ailleurs de faits très simples et assez vulgaires (tirer la barbe, soulever la table) à peu près toujours les mêmes et qui se répètent avec une invariable monotonie, tandis qu'un simulateur saurait les changer, en inventer de plus amusants et plus merveilleux.

En outre, les charlatans sont très nombreux, et les médiums très rares. En Italie, j'en ai connu seulement deux, tandis que j'y ai trouvé et soigné plus d'une centaine d'hystériques simulatrices.

Si les fait spiritiques étaient toujours simulés, ils devraient être très nombreux et non des exceptions.

Je le répète, on doit chercher la cause des phénomènes dans les conditions pathologiques du médium même, précisément comme je l'ai démontré pour les phénomènes hypnotiques.

Et la grande erreur de la majorité des observateurs est d'étudier le phénomène hypnotique et non pas le terrain où il naît, Or le médium, Mme Eusapia, présente des anomalies cérébrales très graves, d'où vient sans doute l'interruption des fonctions de quelques centres, cérébraux, tandis que s'accroît l'activité d'autres centres, notamment des centres moteurs.

8*

Voilà la cause des singuliers phénomènes médianimiques. Quelquefois les phénomènes spéciaux aux hypnotisés et aux médiums arrivent, il est vrai, chez des individus normaux, mais au moment d'une profonde émotion, chez les mourants, par exemple, qui pensent à la personne chérie avec toute l'énergie de la période préagonique.

La pensée se transmet alors sous forme d'image, et nous avons le fantôme qu'on appelle aujourd'hui hallucination véridique ou télépathique.

Et justement parce que le phénomène est pathologique et extraordinaire, on le rencontre seulement dans des circonstances graves et chez des individus qui ne présentent pas une grande intelligence, du moins à l'instant de l'accès médianimique.

Il est probable que, dans les temps très reculés, quand le langage était à l'état embryonnaire, la transmission de la pensée était beaucoup plus fréquente, et que beaucoup plus fréquents aussi étaient les phénomènes médianimiques, qu'on appelait alors magie, prophétie, etc. Mais avec le progrès, avec le perfectionnement de l'écriture et du langage, le moyen de la transmission directe de pensée fut destiné à disparaître complètement, étant devenu inutile et même nuisible et peu commode, parce qu'il trahissait les secrets et communiquait les idées avec une exactitude insuffisante.

Quand l'on eut enfin compris que ces formes névropathiques n'avaient pas l'importance qu'on leur attribuait et qu'elles étaient pathologiques et non divines, on vit diminuer et disparaître les magies, les fantômes, les soi-disant miracles, qui étaient presque tous des phénomènes réels mais médianimiques.

Chez les peuples civilisés, on ne rencontra plus toutes ces manifestations qu'en des cas rares, tandis qu'elles continuent sur une vaste échelle chez les peuples sauvages et les individus névropathiques.

Étudions, observons donc, comme dans la névrose, es convulsions, l'hypnotisme, le sujet plus que le phénomène, et nous trouverons l'explication de celui-ci plus complète et moins merveilleuse qu'elle ne semblait tout d'abord. Pour le moment, défions-nous de cette prétendue finesse d'esprit qui consiste à voir partout des simulateurs et à nous croire seuls les savants, tandis que précisément cette prétention pourrait nous plonger dans l'erreur.

Turin, 12 mars 1892.   Lombroso.

Observations sur la théorie du professeur Lombroso

Les savants, en général, sont fort circonspects lorsqu'ils se trouvent en face d'un phénomène peu connu ou encore insuffisamment étudié. En physiologie, ils se garderaient bien de faire une hypothèse pour expliquer un fait, avant d'avoir longuement expérimenté et réuni un nombre considérable de faits pour appuyer leur manière de voir. S'agit-il de spiritisme, voilà que toute cette prudence disparaît et que le savant se met à bâtir des systèmes, tous plus invraisemblables les uns que les autres.

Nous avons vu précédemment les théories de Babinet, de Faraday, de Chevreul, sur les tables tournantes. Nous savons ce qu'il en reste maintenant, depuis les expériences de Crookes et de la Société Dialectique de Londres. Voici le professeur Lombroso qui tombe aujourd'hui dans le même travers et qui, immédiatement, après deux séances seulement, a trouvé une explication en dehors de la doctrine spirite. A-t-il vu tous les phénomènes produits par les Esprits ? L'écriture directe, la photographie des Esprits matérialisés et les moulages ? Non. Il n'a constaté la réalité que d'une toute petite partie du domaine spirite, et, malgré ce maigre bagage d'observations, il ne craint pas de proclamer *urbi et orbi* qu'il connaît la cause de ces phénomènes. Nous le voyons dans son exposé faire un *mea culpa* au sujet de la réalité des faits, qu'en bon matérialiste il a nié longtemps. Nous sommes certains que, si le professeur Lombroso veut poursuivre ces études, il en fera bientôt une autre, à l'exemple de ses savants confrères : Wallace, Mapes, Robert Hare, Varley, Fechner, etc. Eux aussi avaient cru tout d'abord à une action inconsciente du médium, mais une étude plus attentive les a convaincus que cette hypothèse n'était pas recevable, et ils n'ont adopté les affirmations spirites que lorsqu'il ne leur a plus été possible d'en trouver d'autres plus rationnelles.

Examinons la théorie *Psychiatrique* du célèbre criminaliste ; nous allons voir qu'elle n'est ni probante ni nouvelle. Nous retrouverons réunies ces vieilles connaissances des spirites appelées : Transmission de la pensée, inconscient ou personnalité seconde ;

mais le professeur les a liées ensemble par la théorie de la transformation de la force, de sorte qu'en y joignant l'hallucination, qu'il ne pouvait décemment oublier, nous avons la collection presque complète de ces objections sans fondement contre notre doctrine, qui traînent un peu partout depuis vingt ans.

Cette résurrection, moins merveilleuse que celle de Lazare, était-elle bien nécessaire ? Hélas ! non, car toutes ces hypothèses n'ont pas acquis une vertu nouvelle en vieillissant, et les faits, toujours plus nombreux et mieux étudiés, leur ont donné des démentis tellement flagrants qu'il nous paraît presque inutile de poursuivre cette discussion. Il suffit de renvoyer purement et simplement le professeur Lombroso à l'étude ; cependant, ce serait peut-être peu révérencieux de notre part. Voyons donc rapidement les pièces du procès.

La Eusapia est névropathe, hystérique, c'est entendu ; nous supposons qu'elle ait même toutes les anomalies imaginables du système nerveux. Cela explique-t-il :

1° Que la sonnette se promène dans l'espace ?

2° Que le gros meuble se déplace comme un pachyderme ?

3° Que l'un des honorables professeurs ait la barbe tirée à plusieurs reprises ?

4° Que l'assiette de farine soit transportée ?

Evidemment non, car la force qui émane du médium n'a pas, que nous sachions, de mains. Or, comment une force agit-elle sans aucun intermédiaire ? Que cette force soit capable de produire des lueurs, c'est déjà difficile à comprendre, mais cela pourrait à la rigueur s'expliquer par une transformation de cette énergie qui s'échappe du médium ; mais que cette force agisse de manière à *caresser* quelqu'un, voilà quelque chose d'absolument incompréhensible.

Que l'éther soit le véhicule de la force, nous en tombons d'accord, mais cette force n'a pas d'organe ; la volonté du sujet (autre difficulté, car il faut admettre que c'est une volonté inconsciente, deux mots qui jurent d'être accouplés) ne peut pas remplacer des mains. Supposons que nous ayons un souffle assez puissant pour déplacer un meuble, ce souffle sera, si l'on veut, l'image de la force qui émane du médium, le souffle qui peut à la rigueur soulever une table ou faire mouvoir sur le plancher un buffet, pourra-t-il promener en l'air une sonnette, ou tirer la barbe d'un assistant ?

Certainement non, et l'explication du professeur laisse prodigieusement à désirer, tellement même, qu'elle est inadmissible.

Le professeur Vizioli sentait le contact d'une *main petite et froide* : comment la force du médium s'était-elle transformée en main ?

Le professeur Lombroso reconnaît que le cerveau *voit* sans le secours de l'œil.

Nous lui demanderons respectueusement qui voit ? Sont-ce les couches corticales, les centres optiques ? Mais ce sont de simples amas de matière phosphorée, et jamais de la vie ils n'ont été doués de la propriété de voir !

Il n'y a que cette chambre noire qui s'appelle l'œil

qui soit capable d'emmagasiner les rayons lumineux et de nous donner la sensation de la lumière.

Cependant vous reconnaissez, savant docteur, que la vue s'exerce par le cerveau sans appareil optique ; donc l'âme existe : c'est elle qui voit, comme cela lui arrive après la mort, quand elle n'a plus de corps matériel.

Elle existe donc pendant la vie, et la preuve nous en est fournie par vous-même.

Nous avons vu ce qu'il faut penser de l'explication de M. Janet, au sujet de l'écriture automatique des hystériques ; nous nous contenterons de rappeler qu'il n'y a rien de commun entre ces expériences et les phénomènes spirites.

Le professeur Lombroso n'insiste pas sur les photographies, qui sont cependant une preuve décisive, il se contente de dire qu'il n'en a pas obtenu lui-même.

Il est plus que regrettable que l'éminent physiologiste néglige précisément les faits qui détruisent entièrement la théorie de l'hallucination, car les visions du Dr Barth et de M. Hirsch, qui seraient des *rebondissements* de leur pensée, auraient pu être photographiées, *puisqu'elles parlent*. Les paroles prononcées par ces apparitions ne sont pas des reflets de la pensée, puisque les opérateurs ignoraient ce que l'esprit allait dire ; elles ont été entendues par tous les assistants, elles n'existaient donc pas dans le cerveau de MM. Hirsch et Barth, donc la théorie de Lombroso est manifestement insuffisante et de plus tout à fait inexacte pour rendre compte de ces phénomènes.

Le célèbre physiologiste procède par affirmations

au sujet de la transmission de la pensée : cela est ainsi et ne pourrait se passer autrement, la pensée *rebondit*, se *reflète* dans le cerveau du médium. Mais, lorsque la table donne des noms tout à fait inconnus des assistants, elle est le reflet de qui, de quoi ? Des Esprits qui la font mouvoir.

Autre chose : Lorsque la table parle une langue étrangère, c'est, dit le critique, que l'un des assistants connaît cette langue. Nous admettons le fait qu'un des expérimentateurs sache cette langue, car sans cela on ne pourrait pas constater qu'une langue étrangère est employée, mais comment cette connaissance a-t-elle assez d'influence pour agir sur le cerveau du médium et lui dicter des discours ? J'ai beau savoir le latin, cela ne fera pas écrire un médium dans cette langue, moi surtout ignorant ce que le médium écrit et n'ayant nullement la volonté de l'influencer.

Que reste-t-il donc de cette fameuse théorie ? Absolument rien. Non seulement elle n'explique pas rationnellement les faits pour lesquels elle est imaginée, mais elle en laisse de côté un très grand nombre d'autres. Dans ces conditions, nous n'avons qu'à nous réjouir de voir que les plus savants en sont réduits à imaginer des hypothèses invraisemblables, lorsqu'ils nient l'existence des Esprits et qu'ils veulent expliquer les phénomènes produits par eux.

Que M. le professeur Lombroso étudie davantage, et, peut-être, mieux instruit, trouvera-t-il enfin une explication moins banale, et plus adéquate aux faits ; c'est la grâce que nous lui souhaitons.

Résumé.

Nous venons de voir rapidement se dérouler devant nous l'enchaînement des faits, depuis les tables tournantes jusqu'aux apparitions matérialisées. Nous avons constaté que chacune des phases du phénomène a été étudiée dans le monde entier par les savants les plus compétents. Nous avons vu à l'œuvre les incrédules niant opiniâtrément les faits jusqu'à ce qu'ils fussent archidémontrés, puis forcés d'en admettre la véracité, se cantonner dans des théories qu'ils jugeaient inattaquables. Mais bientôt ces théories devinrent insuffisantes devant le développement de plus en plus caractéristique des expériences. A la table tournante, à l'écriture automatique succèdent les hauts phénomènes du spiritisme transcendantal, et nous voyons le scepticisme tenter ses efforts avec les hypothèses de Von Hartemann et de Lombroso, qui sont si pitoyables et si mal venues. Le dernier mot reste au Spiritisme qui, plus fort, plus vivace, plus convaincant que jamais, marche à la conquête du monde.

Se pourrait-il qu'il en fût autrement ?

Sans parti pris, sans esprit de système, ces merveilleuses manifestations ne portent-elles pas en elles la certitude ? Que pourrait-on objecter contre leur authenticité ou leur valeur ?

Dans le monde entier, des phénomènes, depuis les plus simples jusqu'aux plus complexes, se sont reproduits à satiété devant des observateurs incrédules d'abord et qui les étudiaient avec une défiance presque injurieuse, jusqu'au moment où ils furent convaincus de leur réalité.

Parmi cette innombrable quantité de témoignages, nous avons choisi avec préméditation ceux dont l'autorité était la plus grande, tant par la valeur scientifique des observateurs que par l'honorabilité de leurs auteurs. Nous avons discuté impartialement les théories opposées par les négateurs ; nous avons vu que les faits démentent d'eux-mêmes ces hypothèses, et ce n'est pas par des arguments logiques, par des artifices de raisonnement, que leur fausseté a été démontrée, mais simplement par d'autres faits, que ces prétendues explications ont été détruites.

Tous ceux qui ont un nom dans le domaine des sciences ont été appelés à se prononcer, et les maîtres les plus incontestés, lorsqu'ils eurent apporté un temps suffisant à ces investigations, proclamèrent l'incontestable réalité des manifestations spirites. Les esprits, non contents de parler par la table, par l'écriture, de se faire voir ou entendre aux médiums, écrivent directement. apparaissent aux yeux de toute une assemblée, se laissent photographier, et, comme souvenir de leur passage, on trouve des reproductions de leurs membres matérialisés. Ce sont là les preuves les plus certaines et les moins contestables de l'existence de l'âme après la mort, et nulle dénégation, nul anathème ne sera capable de déraciner dans nos cœurs la sublime et inébranlable certitude de l'immortalité de l'être pensant.

Les théories matérialistes ne sont que d'orgueilleuses déclamations ne s'appuyant sur rien de réel, les religions sentent crouler leur échafaudage de dogmes et de mystères et sur ces ruines amoncelées plane la haute et sereine doctrine de l'immortalité, perpétuant la vie intarissable à travers l'infini des âges et de l'étendue.

C'est par l'étude du monde d'outre-tombe, comme nous le verrons plus loin, que s'expliquent les difficultés de la vie terrestre. C'est dans l'erraticité que l'on constate l'exécution de cette justice si souvent défaillante ici-bas, que l'on trouve enfin ce bonheur dans la recherche duquel la vie s'est écoulée sans l'atteindre et que l'esprit, dégagé des soucis matériels, peut entrevoir autrement qu'à travers une vaine phraséologie, la véritable fraternité : l'amour sans borne de chacun pour tous et de tous pour chacun.

Répandons à profusion ces idées, élevons le cœur vers ces hauteurs sereines d'où l'égoïsme est banni, et nous aurons fait œuvre de bons citoyens et préparé l'avènement du règne de la vérité, c'est-à-dire celui de la concorde et de la fraternité.

TROISIÈME PARTIE

CONSEILS AUX MÉDIUMS

ET AUX EXPÉRIMENTATEURS

Recueillement. — Homogénéité de pensées. — Régularité. — Patience. — Circonspection vis-à-vis des Esprits qui se manifestent. — Identité des Esprits. — Se défier des grands noms. — Raisons pour lesquelles les Esprits appelés ne se manifestent pas.

Le spiritisme n'est pas une religion : il n'a ni dogmes, ni mystères, ni rituel. C'est une science d'expérimentation de laquelle découlent des conséquences morales et philosophiques dont l'importance est considérable. L'étude de l'âme après la mort, des conditions de sa vie dans l'espace, peut être faite rigoureusement, méthodiquement comme une enquête sur un pays inconnu. Allan Kardec s'est livré patiemment à ce travail, et ses œuvres renferment les donnée les plus complètes que nous ayons sur le monde de l'au-delà. Depuis bientôt trente-cinq ans que l'on vérifie chaque jour ses enseignements, on a pu juger de leur valeur, car ils n'ont pas été contredits. Nous ne pouvons mieux faire que d'engager les chercheurs à se bien pénétrer de ses œuvres : ils y trouveront la réponse à toutes les questions embarrassantes et, quel que soit le sujet, ils le trouveront élucidé d'une manière claire et précise.

Notre rôle ici est de résumer brièvement les instructions relatives à l'évocation des Esprits ; nous le ferons donc le plus succinctement possible, renvoyant les lecteurs au *Livre des Médiums* pour les développements que le cadre de ce petit ouvrage ne nous permet pas de donner.

Une des premières conditions, lorsque l'on veut évoquer les morts, est le recueillement. Il faut, autant que possible, que les assistants évitent les discussions bruyantes ou futiles qui dérangent les médiums et troublent l'harmonie du groupe. Sans doute il n'est pas besoin de se mettre en prière, car nous évoquons des êtres comme nous, qui ne diffèrent des humains que parce qu'ils sont invisibles ; mais la communion des pensées, le désir sincère de s'instruire, doivent guider les expérimentateurs et leur inspirer le même respect qu'ils auraient devant une assemblée dont leurs parents décédés feraient partie. Les plaisanteries, les propos légers n'attirent pas généralement des esprits d'un ordre intellectuel bien relevé, et les communications que l'on reçoit se ressentent de la vulgarité de leurs auteurs. Nous conseillerons donc aux chercheurs le calme et le recueillement comme une des conditions indispensables pour l'obtention de sérieux phénomènes spirites.

La pratique a fait remarquer aussi que la régularité dans les séances est une des causes de leur réussite. Autant que possible, il est nécessaire de se réunir dans le même local, aux mêmes jours et aux mêmes heures. Sans doute, cette recommandation n'a pas une valeur absolue ; lorsqu'un médium est très développé, il peut obtenir des effets physiques ou des communications à toute heure du jour et de la nuit ; mais, lorsque l'on cherche à développer les facultés médianimiques, la meilleure manière de procéder est sans contredit de s'assembler régulièrement.

Les personnes qui débutent dans ces recherches croient, la plupart du temps, que les séances spirites exigent un appareil spécial ou des préparations particulières ; rien n'est plus faux. Lorsque vous voudrez vous assurer de la réalité des phénomènes spirites, réunissez-vous en famille ou avec quelques amis, et là, dans votre intérieur, prenez la première table venue et posez vos mains sur le plateau. Au bout d'un temps plus ou moins long, vous observerez des tressaillements dans le bois, des craquements se feront entendre, et de petits coups secs dans le bois, ou des déplacements du meuble vous indiqueront la présence des Esprits. Nous avons cité les expériences de Mme de Girardin chez Victor Hugo, afin de montrer combien il faut de patience, de ténacité, souvent, pour arriver à l'obtention d'un résultat. Nous rappellerons aussi que le Dr Cyriax n'éprouva l'action des Esprits qu'à la vingtième séance. Dans les expériences d'Aksakof, en compagnie d'Eglinton, un grand nombre d'expériences furent infructueuses ; il en est le plus souvent ainsi, car il ne faut pas se dissimuler que nous ignorons encore les lois qui dirigent ces phénomènes. Notre seule ressource est de recommencer avec une infatigable persévérance jusqu'à ce qu'un résultat vienne nous récompenser de nos efforts.

Nous avons vu que les plus puissants médiums peuvent rester fort longtemps sans émettre cette indispensable force psychique sans laquelle rien ne se produit. Crookes raconte que la médiumnité du célèbre Home était sujette à des éclipses qui duraient plus ou moins longtemps ; pendant cet intervalle, il n'était pas possible d'obtenir quoi que ce fût. Ceci bien compris, il est facile de se rendre compte que, lorsqu'on expérimente, le cercle peut ne pas présenter les conditions voulues pour l'extériorisation de la force psychique, et les esprits, qui ne peuvent agir sur la matière que par l'intermédiaire de cette force, sont dans l'impossibilité absolue de se manifester. Ils sont dans la position d'un homme dont le bras est momentanément paralysé. Malgré toute la volonté que cet homme déploiera, il lui sera impossible de faire agir ce membre.

Il arrive aussi que les esprits que l'on évoque ne peuvent pas répondre à l'appel qui leur est fait, et ceci pour plusieurs raisons. En supposant que ces Esprits ne soient pas réincarnés, c'est-à-dire ne soient pas revenus sur la terre, ils peuvent être occupés dans l'espace à des recherches ou à des travaux qu'il ne leur est pas possible d'abandonner sur-le-champ ; ils sont, comme ici-bas, peu disposés à se déranger pour le premier venu, surtout si l'évocation n'a pas un motif très sérieux. En second lieu, tous les esprits qui vivent dans l'erraticité ne sont pas au même degré d'avancement moral. Il y en a un très grand nombre qui ne se rendent pas compte de leur état. Ils ont une vie analogue à celle du rêve. Ils vont et viennent, ont conscience qu'ils existent, mais les événements défilent devant eux sans qu'il leur soit possible de les classer méthodiquement. Ils éprouvent des sensations, souvent très vives, sans se les expliquer. Les causes qui les suscitent leur sont étrangères, et leur volonté est tout à fait impuissante à modifier leur vie psychique. Les uns ne se croient pas morts et vivent de notre existence, en s'étonnant qu'on ne réponde plus à leurs questions ou que ceux qu'ils ont aimés semblent ne plus les voir ou les entendre. D'autres sont dans une obscurité profonde et cherchent vainement dans quel lieu ils se trouvent; ils errent dans un silence et des ténèbres épaisses que nul bruit et nulle lueur ne viennent dissiper. Pour ceux-là, l'évocation est un bienfait, car la pensée vient les sortir de cet état malheureux et leur ouvrir la porte du tombeau spirituel dans lequel ils sont emprisonnés, mais leur état leur interdit le plus souvent de répondre, malgré l'envie qu'ils en ont.

Enfin beaucoup d'esprits ne savent pas se manifester; il leur faut faire un apprentissage qui peut être assez long et qui exige de leur part autant de patience que de la nôtre. Si à toutes ces raisons nous joignons les conditions extérieures, comme la chaleur, la lumière, l'état électrique ou magnétique, dont le rôle doit être très important, nous comprendrons qu'il faut beaucoup de ténacité et de persévérance pour obtenir un résultat.

Un écueil contre lequel il faut se tenir en garde, c'est d'attacher trop d'importance aux communications des Esprits, et de croire aveuglément à tout ce qu'il leur plaît de raconter. Il ne faut jamais abandonner sa raison ni son libre arbitre, et soigneusement discuter avec les désincarnés ce qui paraît douteux ou contraire à la justice ou à la raison. Beaucoup de spirites étaient, avant de se convaincre, de parfaits matérialistes. Ils ne croyaient à aucune réalité spirituelle, et le monde se bornait pour eux à ce qui existe sur la terre ; leur conviction était si profonde qu'ils ne pouvaient même comprendre une vie de l'au-delà. Mais, lorsque les faits vinrent détruire radicalement cette croyance, ils tombèrent dans l'excès opposé et crurent aveuglément que les Esprits étaient des êtres doués de vertus spéciales et qu'on devait suivre tous leurs conseils sans discussion. Les idées religieuses, qui forment encore le fond de notre esprit, nous habituent involontairement à douer les êtres qui sont dans l'espace de pouvoirs supérieurs à ceux de l'humanité ; il semble qu'ils doivent nous surpasser beaucoup en science et en moralité et que rien de ce qui est inconnu ne doit leur être caché.

La réalité est loin de ressembler à cet idéal. Le monde spirituel est comme le nôtre : il y a des intelligences à tous les degrés d'avancement. Les esprits ne sont pas autre chose que les hommes qui ont vécu sur la terre ; la mort n'a déterminé en eux d'autres changements que de leur créer des conditions physiologiques différentes, mais leur science ou leur moralité ne s'est pas accrue d'un iota. Un être bestial et grossier reste le même dans l'erraticité ; un savant a conservé sa science, un littérateur ou un musicien le sentiment de son art, mais ils n'ont pas des facultés autres que celles qu'ils ont acquises ici-bas. Il existe donc des ignorants parmi les Esprits, des êtres systématiques et paradoxaux, des Esprits religieux ou athées; en un mot, le monde spirituel est la reproduction du nôtre, et les communications n'ont de valeur que celle qui résulte de l'élévation des idées et de la beauté des enseignements.

Plus que jamais le mot de Buffon est applicable; c'est bien ici que : Le style, c'est l'homme. Ne pouvant voir notre interlocuteur, nous en sommes réduits à le juger par ses discours, et, si nous devons recevoir avec reconnaissance les bons conseils, les exhortations au bien, les théories scientifiques qui nous semblent rationnelles et bien établies, autant nous devons rejeter les communications niaises, banales, insipides qui ne proviennent que d'Esprits peu élevés.

Dans la vie ordinaire, nous recherchons les gens instruits et bien élevés; faisons de même pour nos correspondants de l'espace et n'acceptons pas le premier venu à l'honneur d'être reçu parmi nous.

Ceci nous amène à l'identité des Esprits. Vous qui expérimentez, ne craignez jamais de demander trop de renseignements aux Esprits qui se manifestent. Exigez qu'ils vous donnent leurs noms et prénoms, l'âge qu'ils avaient quand ils ont quitté la terre, le lieu où ils ont vécu, les circonstances dans lesquelles ils ont été en rapport avec vous; en un mot, assurez-vous par tous les moyens possibles que celui qui se manifeste est bien l'individualité que vous avez connue pendant sa vie. Si l'Esprit répond qu'il lui est défendu de donner ces renseignements, soyez bien convaincus qu'il ne dit pas la vérité et qu'il cherche à vous tromper ; dans ce cas, cessez de l'interroger, et il ne reviendra plus, voyant qu'il ne peut vous duper.

Une des causes du discrédit du spiritisme dans certains milieux est que, trop souvent, les communications spirites sont signées de noms ronflants bien fait pour ébahir les ignorants ou attirer la considération des badauds. Il est malheureusement exact que, dans certains centres spirites, Napoléon 1ᵉʳ voisine avec Marie Stuart; Sémiramis, Zoroastre, Socrate, Jésus, défilent à tour de rôle en dictant des platitudes navrantes ; chez d'autres, ce sont les orateurs de la Révolution clamant par la voix de vieilles femmes des radotages séniles; chez d'autres enfin, des savants comme Lavoisier ou Berthollet, Laplace ou Mesmer, formulent des systèmes qui feraient sourire de pitié le plus piètre des cancres de collège.

Il faut soigneusement réagir contre cette facilité à croire aux signatures. N'évoquez que des Esprits que vous avez connus, avec lesquels vous avez été en rapport. L'esprit de Grosjean, du moment qu'il se manifeste, est tout aussi intéressant que celui de Confucius, plus même, car vous avez connu Grosjean, tandis que le philosophe chinois aura toutes les peines du monde à établir son identité.

Il est bien évident, cependant, que les Esprits élevés peuvent aussi se manifester : nous n'allons pas jusqu'à leur contester ce pouvoir, qui appartient au premier venu de l'espace, mais ils le font bien moins souvent que l'on ne le croirait si l'on acceptait leur signature comme valable dans tous les cas où elle est donnée. Dans un milieu instruit, intelligent, artiste, on aura probablement des poètes, des littérateurs et même des savants, mais, encore une fois, leur personnalité devra se déceler bien nettement pour que le doute ne soit plus permis.

Combien il est préférable, pour tous ceux que la perte d'un être aimé a brisés, de converser avec le cher disparu ! Avec quel bonheur une mère retrouvera son enfant, un amant sa bien-aimée, ou une veuve son époux ! Au lieu de filandreuses pages de philosophie, ce seront des dialogues émus, attendrissants, de deux êtres qui s'aiment, se retrouvent, se causent à travers la tombe ! Evoquez donc les vôtres, ceux dont la vie vous a été chère et familière, dont toutes les circonstances vous sont connues, et, quand vous serez bien sûrs qu'ils ne sont pas morts, qu'ils vivent comme vous, que seul le corps a disparu à vos yeux, demandez-leur des détails sur leur situation, leur mode d'existence, leurs occupations. Instruisez-vous sur le monde spirituel dans lequel nous irons tous, et alors vous constaterez par vous-même que le spiritisme est une grande vérité, une immense consolation, et qu'il se base sur la science la plus haute, la plus intéressante : celle de l'être humain dans toutes ses manifestations animiques, c'est-à-dire sur la terre et dans l'espace.

QUATRIÈME PARTIE

CHAPITRE PREMIER

LA DOCTRINE SPIRITE

Matérialisme et spiritisme. — L'esprit dans l'espace. — Les vies successives. — Preuves de la réincarnation. — Conclusion.

Matérialisme et Spiritisme.

Le mouvement scientifique qui caractérise le xixe siècle est celui de la recherche positive. Loin de s'attacher comme jadis à établir des hypothèses admises *à priori*, et à faire concorder les phénomènes de la nature avec leurs vues préconçues, les savants ont cherché dans l'étude méticuleuse des faits leur ligne de conduite, et ils sont arrivés, en suivant cette méthode, aux merveilleux résultats que nous constatons chaque jour. Mais si, quittant le domaine matériel, les hommes de science veulent appliquer le positivisme aux réalités spirituelles, ils se heurtent à des difficultés insurmontables, ou du moins qu'ils présentent comme telles.

L'école allemande, avec Buchner et Moleschott, déclare tout net que les vieilles conceptions de Dieu et de l'âme ont fait leur temps et que la science a réduit au néant ces fabuleuses croyances. Moleschott s'est appliqué surtout à démontrer que l'idée est directement le produit d'un travail moléculaire du cerveau, et Karl Vogt ne craint pas de dire que le cerveau sécrète la pensée à peu près de la même manière que l'urine est sécrétée par les reins. A notre époque, Hæckel a développé des théories analogues ; il n'y a de jeune dans son système que ces mots : « le mécanisme » et « l'adaptation pathologique », qui signifient tous au fond : matérialisme.

Eh bien, nous, spirites, nous venons dire aux positivistes ceci : « Nous sommes devenus vos disciples, nous avons adopté votre méthode, et nous n'acceptons pour vraies que les vérités démontrées par l'analyse, les sens et l'observation. Loin de nous conduire aux résultats auxquels vous êtes arrivés, ces instruments de recherche nous ont fait découvrir un nouveau mode de vie et nous apportent la certitude sur les points les plus discutés. »

Les grandes voix des Crookes, des Wallace, des Zoëllner, proclament que de l'examen positif des phénomènes spirites il ressort clairement que l'âme est immortelle et que, non seulement elle ne meurt pas, mais encore qu'elle peut se manifester aux humains, au moyen des lois, encore peu connues, qui régissent la matière impondérable. Tout effet a une cause, et tout effet intelligent suppose une cause intelligente : tels sont les premiers principes, les axiomes inébranlables sur lesquels reposent nos démonstrations.

Les matérialistes pouvaient, il y a peu de temps encore, repousser les arguments des philosophes en leur disant qu'ils ne possédaient pas la vraie méthode qui conduit à la vérité ; mais, avec les procédés spirites, rien de semblable n'est à craindre. Nous ne venons pas dire : Il faut la foi pour comprendre notre révélation. Nous n'interdisons pas la recherche libre, nous disons au contraire : Venez, instruisez-vous, faites des expériences, cherchez à vous rendre compte de tous les phénomènes, soyez de méticuleux observateurs, n'acceptez une expérience que si vous avez pu la répéter souvent et dans les circonstances les plus variées, en un mot avancez prudemment dans la recherche de l'inconnu, car en marchant à la découverte de nouveaux principes, les erreurs sont faciles à commettre. Une fois que vous aurez suffisamment étudié, le phénomène vous instruira lui-même sur sa nature et son pouvoir. N'est-ce pas là une conduite positive par excellence ? Et que pourront répondre à Robert Hare, au professeur Mapes, à M. Oxon, les plus déterminés matérialistes ?

Nous nous servons des armes de nos ennemis pour les vaincre ; c'est au nom de leur méthode que nous proclamons l'immortalité de l'âme après la mort.

Toutes les théories qui veulent faire de l'homme un automate, tous les savants qui se sont fait de la science une égide pour proclamer la matérialité de l'être humain, se voient donner le plus formidable démenti par le témoignage des faits. Non, il n'est pas vrai qu'en nous tout soit matière ; non il n'est pas juste de penser qu'à la mort du corps, les éléments qui le composaient étant réduits en poussière, il ne restera rien de ce qui fut un être pensant ; l'expérience nous démontre qu'ainsi que le papillon sort de la chrysalide, l'âme quitte son grossier vêtement de chair pour s'élancer, radieuse, dans l'éther, son éternelle patrie. Rien ne meurt ici-bas, car rien ne se perd. L'atome de matière qui s'échappe d'une combinaison rentre dans le grand laboratoire de la nature, et l'âme qui devient libre par la dissolution de ses liens corporels retourne là d'où elle était venue. La froide nuit du tombeau n'est plus terrifiante pour nous, car nous avons la preuve certaine que les mausolées ne renferment que des cendres inertes, et que l'être aimant et pensant n'a pas disparu.

Ah ! c'est surtout pour les misérables, pour les déshérités de ce monde, qu'est douce et consolante cette sublime preuve de l'immortalité. La certitude absolue d'une vie meilleure aide le travailleur dans la lutte acharnée qu'il soutient chaque jour contre la nécessité. La mort ne lui apparaît plus morne et brutale comme l'anéantissement suprême ; c'est au contraire la porte qui s'ouvre sur un monde meilleur, l'aurore éclatante d'un jour nouveau, plus rémunérateur de ses souffrances que cette triste terre sur laquelle il végète.

Que tous ceux que la perte d'un être tendrement chéri a laissés las, découragés, relèvent la tête, car les voix des esprits nous crient que cette douleur les afflige, qu'ils vivent autour de nous, qu'ils nous entourent de leur tendresse et que des prières s'élèvent constamment de leur cœur pour demander à l'Éternel de nous protéger contre les périls de l'existence. Voilà les clartés sublimes qui se dégagent de l'expérience spirite, voilà les certitudes bienheureuses que ne pouvaient nous donner ni les religions ni les philosophies car leurs dogmes et leurs doctrines, n'étant plus en harmonie avec les progrès du siècle, laissent l'homme aux prises avec le doute, ce vers rongeur de la société moderne.

Ne cherchons pas à nous le dissimuler, le temps de la croyance aveugle est passé ; il est nécessaire aujourd'hui, pour qu'une théorie philosophique, morale ou religieuse soit acceptée, qu'elle repose sur l'inébranlable fondement de la démonstration scientifique. Autres temps, autres mœurs : le monde antique s'est appuyé sur la révélation, maintenant il faut la certitude lentement conquise ; la foi ne suffit plus, il est indispensable que la raison sanctionne ce que l'on veut nous faire accepter comme des vérités.

La grande puissance du spiritisme consiste dans la liberté d'examen qu'il laisse à ses adeptes. Tous ses principes peuvent être discutés et remis en question, mais chaque fois que cette expérience a été faite, il est sorti plus fort et plus robuste que jamais de cette redoutable épreuve. Les religions, à l'heure actuelle, ressemblent à ces lisières qui ont été indispensables à l'enfant pour apprendre à marcher, mais qui lui deviennent inutiles et même nuisibles lorsqu'il a pris assez de développement pour se diriger seul. Emprisonné dans un dogmatisme étroit, l'homme du dix-neuvième siècle sent que cet enseignement suranné n'est plus en harmonie avec ses connaissances, et, forcé de choisir entre les certitudes de la science et la foi imposée, il se jette à corps perdu dans le matérialisme. Mais, si cet homme rencontre une doctrine qui concilie à la fois les exigences de la science et les besoins de son âme de croire à quelque chose, il n'hésite plus : il adopte cette foi nouvelle, qui satisfait si bien toutes ses aspirations. Ces considérations sommaires expliquent l'immense extension du spiritisme. Il ne faut pas croire, néanmoins, que le spiritisme soit opposé aux religions ; il ne combat que leurs abus, il s'adresse plus particulièrement aux matérialistes et à ceux qui, sans être complètement athées, sont dans l'indécision au sujet de la vie future.

Au lieu d'être raillée et combattue, cette doctrine devrait se trouver à la base de tout enseignement moral ou religieux. En donnant à l'homme la preuve évidente que son passage sur la terre n'est que temporaire, qu'il aura à répondre plus tard du bien ou du mal qu'il a fait, on imposerait ainsi une digue salutaire aux mauvais instincts, qui, de nos jours surtout, menacent de bouleverser la société. Le spiritisme fait connaître, en effet, les conditions dans lesquelles se trouve l'âme après la mort. Au lieu de considérer l'esprit d'une manière abstraite, notre doctrine démontre que c'est, après la mort, une véritable individualité, qui a non moins de réalité que l'homme; seulement la nature du corps a changé quand les conditions d'existence n'ont plus été les mêmes.

L'Esprit dans l'espace.

L'esprit est revêtu d'une enveloppe que nous appelons *périsprit*. Ce corps est formé par le fluide universel terrestre, c'est-à-dire par la matière sous sa forme primordiale. L'union du corps et de l'âme peut être comparée à une combinaison. Lorsque cette combinaison se défait, ce qui arrive à la mort, l'âme se dégage avec son enveloppe spirituelle, qui est indécomposabl., puisqu'elle est formée par la matière sous sa forme initiale, et l'âme conserve ses propriétés, comme l'oxygène sortant d'une combinaison n'a rien perdu de ses affinités. Dans cet état, le corps spirituel, suivant l'expression de saint Paul, a des sensations qui nous sont inconnues sur la terre, mais qui doivent lui procurer des jouissances bien supérieures à celles que nous éprouvons ici-bas. La science nous apprend que nos sens ne nous font connaître qu'une infime partie de la nature, mais qu'en deçà et au-delà des limites imposées à nos sensations il existe des vibrations subtiles, en nombre infini, qui constituent des modes d'existence dont nous ne pouvons nous rendre compte, faute de mots pour exprimer les idées qui y correspondent.

L'âme assiste donc à des spectacles que nous sommes impuissants à décrire, entend des harmonies que nulle oreille humaine n'a perçues, et se meut dans un milieu en complète opposition avec les conditions de viabilité terrestre. L'esprit dégagé des entraves du corps n'a plus besoin de se sustenter, il ne rampe plus sur le sol, la matière impondérable dont il est formé lui permet de se transporter dans les endroits les plus lointains avec la rapidité de l'éclair, et, suivant le degré de son avancement moral, ses occupations spirituelles s'éloignent plus ou moins des préoccupations qu'il avait sur la terre.

On ne peut nier aujourd'hui l'existence du corps spirituel, car des expériences directes nous ont permis d'étudier sa nature et son mode de condensation.

Nous avons vu, dans les expériences de Crookes et d'Aksakof, ce corps spirituel revêtir peu à peu les caractères de la matière, et les moulages nous montrent que ce corps est rigoureusement identique à celui que l'Esprit avait sur la terre.

Une simple analogie peut, sinon expliquer, du moins aider à comprendre ce qui a lieu dans ce cas.

Le périsprit peut être assimilé à un électro-aimant, le corps au spectre magnétique, et la vie à l'électricité.

Tant que le fluide électrique ne circule pas, il n'y a pas de spectre, le fer de l'électro-aimant reste indifférent, c'est le périsprit dans l'espace ; il contient virtuellement toutes les lois qui formeront l'organisme, mais il ne les exerce pas. Aussitôt que le courant circule dans l'électro-aimant, la limaille de fer se range suivant un certain ordre et forme ce dessein que l'on nomme le spectre magnétique ; de même le périsprit, sous l'influence du fluide vital emprunté au médium, range la matière suivant le dessein de l'organisme, et reproduit le corps humain tel qu'il était pendant la vie terrestre.

Le périsprit, bien que formé de la matière primitive,

est plus ou moins pur d'alliage suivant le monde habité par l'Esprit. Cette remarque nous amène à signaler la véritable place que nous occupons dans l'univers.

Une vérité que l'astronomie a rendue aujourd'hui banale, c'est que notre monde n'est plus le pivot de l'Univers, et que, loin d'être le centre du monde, notre pauvre petite terre est une des planètes les plus mal partagées du système solaire. Rien dans son volume ou dans la position de son écliptique, de laquelle résultent les saisons, ne lui donne le droit de s'enorgueillir de la place qu'elle occupe, et pas très loin de nous, le monde de Jupiter nous offre l'exemple de conditions d'habitabilité bien préférable aux nôtres. Avec ces connaissances, qui font des étoiles des soleils comme le nôtre autour desquels circulent des planètes, sont tombées les erreurs séculaires de nos aïeux, qui avaient placé l'enfer au centre de la terre, et le troisième ciel, celui où fut ravi saint Paul, aux confins de la création. Ces données cosmologiques se basaient sur l'ignorance dans laquelle se trouvaient les théologiens des véritables proportions de l'Univers.

Lorsque la science, avec l'inexorable logique des faits, a ouvert devant nos yeux étonnés et ravis les perspectives sans bornes de l'infini, lorsque l'astronomie a porté son flambeau dans les espaces sidéraux, les vieilles légendes se sont évanouies au souffle de la réalité. Les mondes qui peuplent l'univers sont des terres comme la nôtre, sur lesquelles palpite la vie universelle, et l'homme moderne rit des enfantines prétentions de nos pères, de borner à cet imperceptible grain de sable qui s'appelle la terre les manifestations de la force infinie, incréée, éternelle, de Dieu.

Mais alors, si le ciel n'existe plus à l'endroit qu'on indiquait, où donc est-il transporté ! Dans quels parages de l'immense Univers devons-nous placer le lieu de délices que l'on promet aux âmes qui auront rempli dignement leur mission ici-bas ? C'est ce qu'aucune religion n'indique, et, seul, le spiritisme, en démontrant la véritable destinée de l'homme, nous met à même de comprendre le progrès indéfini de l'esprit, par des transmigrations successives. En prenant comme point de départ les attributs de Dieu et la nature de l'homme, Allan Kardec a montré quel devait être notre avenir spirituel. Nous allons exposer sa théorie en la résumant.

L'homme est composé du corps et de l'esprit; l'esprit est l'être principal, l'être de raison, l'être intelligent ; le corps est l'enveloppe matérielle que revêt temporairement l'esprit pour l'accomplissement de sa mission sur la terre, et l'exécution du travail nécessaire à son avancement. Le corps, usé, se détruit, et l'âme survit à cette destruction. En somme, l'esprit est tout, et la matière n'est qu'un accessoire, de sorte que l'âme dégagée des liens corporels rentre dans l'espace, qui est sa véritable patrie.

Il y a donc le *monde corporel*, composé des Esprits incarnés, le monde spirituel, formé par les Esprits désincarnés. Les êtres du monde corporel, par le fait même de leur enveloppe matérielle, sont attachés à la terre ou à un globe quelconque ; le monde spirituel est partout, autour de nous et dans l'espace ; aucune limite ne lui est assignée. Ainsi que nous l'avons dit, en raison de leur nature fluidique, les êtres qui le composent ont un mode de vie particulier qui dépend de leur organisme impondérable.

Les Esprits sont créés simples et ignorants, mais avec l'aptitude à tout acquérir et à progresser en vertu de leur libre arbitre. Par le progrès, ils acquièrent de nouvelles connaissances, de nouvelles facultés, et par suite, de nouvelles jouissances inconnues aux Esprits inférieurs ; ils voient, entendent sentent et comprennent ce que les Esprits arriérés ne peuvent ni voir, ni entendre, ni sentir, ni comprendre. Le bonheur est en raison directe du progrès accompli : de sorte que, de deux esprits, l'un peut n'être pas aussi heureux que l'autre, uniquement parce qu'il n'est pas aussi avancé intellectuellement et moralement, sans qu'ils aient besoin d'être chacun dans un lieu distinct. Quoique étant à côté l'un de l'autre, l'un peut être dans les ténèbres, alors que tout est resplendissant autour de l'autre, absolument comme pour un aveugle et un voyant qui se donnent la main : l'un perçoit la lumière, qui ne fait aucune impression sur son voisin. Le bonheur des Esprits étant inhérent aux qualités qu'ils possèdent, ils le puisent partout où ils se trouvent, à la surface de la terre, au milieu des incarnés ou dans l'espace.

Il est facile de comprendre que l'organisme fluidique soit plus ou moins apte à percevoir les sensations, suivant que l'Esprit est plus ou moins grossier. Nous savons que les passions mauvaises vicient l'enveloppe périspritale, comme les maladies corrompent la chair terrestre ; dès lors, il existe pour les êtres désincarnés une récompense qui est proportionnelle à la somme de vertus qu'ils possèdent. Sur la terre, il nous arrive parfois d'être saisi d'admiration devant les magiques tableaux d'un radieux coucher de soleil ou d'une auréole immaculée, mais que sont ces jeux de lumière à côté des vibrations fluidiques sans nombre qui s'entrecroisent sans cesse dans l'espace et qui procurent à ceux qui en sont témoins les plus ineffables jouissances ! Une comparaison vulgaire fera mieux comprendre cette situation.

Si, dans un concert, se trouvent deux hommes, l'un bon musicien à l'oreille exercée, l'autre sans connaissances musicales et à l'ouïe peu délicate, le premier éprouve une sensation de bonheur, tandis que le second reste insensible, parce que l'un comprend et perçoit ce qui ne fait aucune impression sur l'autre. Ainsi en est-il de toutes les jouissances des Esprits ; elles sont proportionnelles à leur aptitude à les ressentir.

Le monde de l'erraticité a partout des splendeurs et des harmonies que les esprits inférieurs, encore soumis à la matière, n'entrevoient même pas, et qui ne sont accessibles qu'aux Esprits épurés.

Le spiritisme enseigne que notre situation au delà de la tombe est la résultante absolue de notre état moral et des efforts que nous avons faits pour nous élever dans la voie du bien. Nous pouvons travailler à notre avancement spirituel avec activité ou négligence, suivant notre désir, mais aussi nos progrès en sont hâtés ou retardés, et, par suite, notre bonheur est proche ou lointain, suivant notre volonté. Les Esprits sont les propres artisans de leur avenir selon cette parole du Christ : « A chacun selon ses œuvres ! » Tout Esprit qui reste en arrière ne peut s'en prendre qu'à lui-même, de même que celui qui avance en a tout le mérite ; le bonheur qu'il a conquis n'en a que plus de prix à ses yeux.

La vie normale de l'Esprit est dans l'espace, mais l'incarnation sur une des terres qui peuplent l'infini est nécessaire à son double progrès, moral et intellectuel : au progrès intellectuel par l'activité qu'il est obligé de déployer dans le travail, au progrès moral par le besoin qu'ont les hommes les uns des autres. La vie sociale est la pierre de touche des bonnes et des mauvaises qualités. La bonté, la méchanceté, la douceur, la violence, la bienveillance, la charité, l'égoïsme, l'avarice, l'orgueil, l'humilité, la sincérité, la franchise, la loyauté, la mauvaise foi, l'hypocrisie, en un mot tout ce qui constitue l'homme de bien ou l'homme pervers, a pour mobile, pour but ou pour stimulant les rapports de l'homme avec ses semblables ; pour celui qui vivrait seul, il n'y aurait ni vices ni vertus ; si, par l'isolement, il se préserve du mal, il annule le bien.

Une seule existence corporelle est manifestement insuffisante pour que l'Esprit puisse acquérir tout ce qui lui manque en bien et se défaire de tout ce qui est mauvais en lui. Le sauvage, par exemple, pourra-t-il jamais dans une seule incarnation atteindre le niveau moral de l'Européen le plus avancé ? Cela est matériellement impossible. Doit-il donc rester éternellement dans l'ignorance et la barbarie, privé des jouissances que peut seule procurer le développement des facultés ? Le simple bon sens repousse une telle supposition, qui serait à la fois la négation de la justice et de la bonté de Dieu, et celle de la loi progressive de la nature.

Les Vies successives.

La loi des existences successives nous est enseignée par les Esprits instruits. Le témoignage des milliers d'âmes qui se communiquent vient apporter à cette croyance l'autorité de l'expérience journalière, car tous nous disent qu'ils voient les erreurs de leurs vies passées, en souffrent et cherchent à revenir sur la terre pour réparer les fautes qu'ils y ont commises antérieurement.

Voici, à ce sujet, ce que dit Allan Kardec :

« Le dogme de la réincarnation, disent certaines personnes, n'est point nouveau : il est ressuscité de Pythagore. Nous n'avons jamais dit que la doctrine spirite fût d'invention moderne ; le spiritisme, étant une loi de nature, a dû exister depuis l'origine des temps, et nous nous sommes toujours efforcé de prouver qu'on en retrouve les traces depuis la plus haute antiquité. Pythagore, comme on le sait, n'est pas l'auteur du système de la métempsycose ; il l'a puisée chez les philosophes indiens et chez les Egyptiens, où elle existait de temps immémorial. L'idée de la transmigration des âmes était donc une croyance vulgaire, admise par les hommes les plus éminents. Par quelle voie leur est-elle venue ? Est-ce par révélation ou par intuition ? Nous ne le savons pas ; mais, quoi qu'il en soit, une idée ne traverse pas les âges et n'est pas acceptée par des intelligences d'élite, sans avoir un côté sérieux. »

L'antiquité de cette doctrine serait donc plutôt une preuve qu'une objection. Toutefois, comme on le voit également, il y a entre la métempsycose des anciens et la doctrine moderne de la réincarnation cette grande différence que les Esprits rejettent de la manière la plus absolue la transmigration de l'homme dans les animaux. « Les Esprits, en enseignant le principe de la pluralité des existences corporelles, renouvellent donc une doctrine qui a pris naissance dans les premiers âges du monde et qui s'est conservée jusqu'à nos jours dans la pensée intime de beaucoup de personnes ; seulement ils la présentent sous un point de vue plus rationnel, plus conforme aux lois progressives de la nature et plus en harmonie avec la sagesse du Créateur, en la dépouillant de tous les accessoires de la superstition. Une circonstance digne de remarque, c'est que ce n'est pas dans nos seuls livres qu'ils l'ont enseignée dans ces derniers temps ; dès avant leur publication, de nombreuses communications de même nature ont été obtenues en diverses contrées et se sont considérablement multipliées depuis (1).

---

(1) La pluralité des existences a été enseignée dans l'antiquité par Platon, Plotin, Porphyre, Jamblique, Origène, Timée de Locres. Les druides en faisaient un enseignement public. Dans les temps

« Examinons la chose sous un autre point de vue, et abstraction faite de toute intervention des Esprits (mettons ceux-ci de côté pour un instant), supposons que cette théorie ne soit pas un fait, supposons même qu'il n'ait jamais été question d'Esprits ; plaçons-nous donc momentanément sur un terrain neutre, admettons au même degré la probabilité de deux hypothèses, savoir : la pluralité et l'unité des existences corporelles, et voyons de quel côté nous portera la raison et notre propre intérêt.

« Certaines personnes repoussent l'idée de la réincarnation par ce seul motif qu'elle ne leur convient pas, disant qu'elles ont bien assez d'une existence et qu'elles ne voudraient pas en rencontrer une pareille ; nous en connaissons que la seule pensées de reparaître sur la terre fait bondir de fureur.

« Nous avons entendu faire ce raisonnement : Dieu, qui est souverainement bon, ne peut imposer à l'homme de recommencer une série de misères et de tribulations. Trouverait-on, par hasard, qu'il y a plus de bonté à condamner l'homme à une souffrance perpétuelle pour quelques moments d'erreur, plutôt qu'à lui donner les moyens de réparer ses fautes ? La pensée que notre sort est à jamais fixé par quelques années d'épreuve, alors même qu'il n'a pas toujours dépendu de nous d'atteindre à la perfection sur la terre, a quelque chose de navrant, tandis que l'idée

---

modernes : Delormel, Charles Bonnet, Dupont de Nemours, Constant, Savy, Ballanche, Jean Raynaud, Henri Martin, Esquiros, Flammarion, sont partisans de vies successives sur notre terre ou sur d'autres planètes.

contraire est éminemment consolante : elle nous laisse l'espérance. Aussi, sans nous prononcer pour ou contre la puralité des existences, sans admettre une hypothèse plutôt que l'autre, nous disons que, si nous avions le choix, il n'est personne qui préférât un jugement sans appel.

« S'il n'y a pas de réincarnation, il n'y a qu'une existence corporelle, cela est évident ; si notre existence corporelle est la seule, l'âme de chaque homme est créée à sa naissance. En admettant, suivant la croyance vulgaire, que l'âme prend naissance avec le corps, ou, ce qui revient au même, qu'antérieurement à son incarnation, elle n'a que des facultés négatives, nous posons les questions suivantes :

« 1°. — Pour qui l'âme montre-t-elle des aptitudes si diverses, et indépendantes des idées acquises par l'éducation ?

« 2°. — D'où vient l'aptitude extra-normale de certains enfants en bas âge pour tel art ou pour telle science, tandis que d'autres restent inférieurs ou médiocres toute leur vie ?

« 3°. — D'où viennent chez les uns les idées intuitives ou innées qui n'existent pas chez d'autres ?

« 4°. — D'où viennent, chez certains enfants, ces instincts précoces de vices ou de vertus, ces sentiments innés de dignité ou de bassesse qui contrastent avec le milieu dans lequel ils sont nés ?

« 5°. — Pourquoi certains hommes, abstraction faite de l'éducation, sont-ils plus avancés les uns que les autres ?

« 6°. — Pourquoi y a-t-il des sauvages et des hommes civilisés ? Si vous prenez un enfant hottentot à la mamelle et si vous l'élevez dans nos lycées les plus renommés, en ferez-vous jamais un Laplace ou un Newton ?

« Nous demandons quelle est la philosophie ou la théosophie qui peut résoudre ces problèmes ? Ou les âmes à leur naissance sont égales ou elles sont inégales, cela n'est pas douteux. Si elles sont égales, pourquoi ces aptitudes si diverses ? Dira-t-on que cela dépend de l'organisme ? Mais alors c'est la doctrine la plus monstrueuse et la plus immorale. L'homme n'est plus qu'une machine, le jouet de la matière ; il n'a plus la responsabilité de ses actes ; il peut tout rejeter sur ses imperfections physiques. Si elles sont inégales, c'est que Dieu les a créées ainsi ; mais alors pourquoi ? Cette partialité est-elle conforme à la justice et à l'égal amour qu'il porte à toute ses créatures ?

« Admettons, au contraire, une succession d'existences antérieures progressives, et tout est expliqué. Les hommes apportent en naissant l'intuition de ce qu'ils ont acquis ; ils sont plus ou moins avancés, suivant le nombre d'existences qu'ils ont parcourues. Dieu, dans sa justice, n'a pu créer des âmes plus ou moins parfaites, mais, avec la pluralité des existences, l'inégalité que nous voyons n'a plus rien de contraire à l'équité la plus rigoureuse ; c'est que nous ne voyons que le présent et non le passé. Ce raisonnement repose-t-il sur une hypothèse, une supposition gratuite ? Non, nous partons d'un fait patent, incontestable : l'inégalité des aptitudes et du développement intellectuel et moral, et nous trouvons ce fait inexplicable par toutes les théories qui ont cours, tandis que l'explication en est simple, naturelle, logique par une autre théorie. Est-il rationnel de préférer celle qui n'explique pas à celle qui explique ?

« A l'égard de la sixième question, on dira sans doute que le Hottentot est d'une race inférieure : alors nous demanderons si le Hottentot est un homme ou non. Si c'est un homme, pourquoi Dieu l'a-t-il, lui et sa race, déshérité des privilèges accordés à la race caucasique ? Si ce n'est pas un homme, pourquoi chercher à le faire chrétien ? La doctrine spirite est plus large que cela ; pour elle, il n'y a pas plusieurs espèces d'hommes, il n'y a que des hommes dont l'esprit est plus ou moins arriéré, mais susceptible de progresser : cela n'est-il pas plus conforme à la justice de Dieu ? »

La croyance aux vies successives était le fondement de l'enseignement des mystères ; les philosophes anciens, Platon en tête, croyaient aux vies antérieures ; n'est-ce pas ce dernier qui disait : « apprendre, c'est se souvenir ? »

La pluralité des existences de l'âme a donc pour elle l'autorité de la tradition, de la raison et de l'expérience, et il est logique qu'elle soit acceptée avec enthousiasme par tous ceux qui ont senti le vide des autres théories. Avec les vies successives, l'Univers nous apparaît peuplé d'êtres qui sillonnent dans tous les sens l'infini de l'étendue. Et combien est petite et mesquine la théorie qui circonscrit l'humanité sur un imperceptible point de l'espace, qui nous la montre commençant à un instant donné pour finir également un jour avec le monde qui la porte, n'embrassant ainsi qu'une minute dans l'éternité ! Quelle est triste, froide et glaciale, quand elle nous montre le reste de l'Univers avant, pendant et après l'humanité terrestre, sans vie, sans mouvement, comme un immense désert plongé dans le silence ! Quelle est désespérante par la peinture qu'elle fait du petit nombre des élus, voués à la contemplation perpétuelle, tandis que la majorité des créatures est condamnée à des souffrances sans fin ! Quelle est navrante, pour les cœurs aimants, par la barrière qu'elle pose entre les morts et les vivants !

Combien est sublime, au contraire, la théorie spirite ! Combien sa doctrine agrandit les idées, élargit l'entendement ! La terre nous offre le spectacle d'un monde essentiellement progressif. Sorti de l'état cosmique, il s'est transformé et modifié à mesure qu'il avançait dans sa course séculaire. Les êtres apparus à sa surface ont suivi la même loi de progression, et leur structure s'est perfectionnée harmoniquement avec les conditions extérieures qui devenaient meilleures. L'homme, enfin, sortant des bas-fonds de la bestialité, s'est élevé jusqu'à la connaissance du monde extérieur.

Est-il possible de supposer qu'il n'y a aucun lien entre les âmes qui vécurent aux époques passées et à la nôtre ? Etant donnée la nature si imparfaite de l'homme, peut-on croire qu'après la mort, il va s'arrêter et jouir d'un repos éternel ? Et cette station, ce terme du progrès s'accorde-t-il avec les notions que

Dieu nous permet de prendre de lui et de ses œuvres ? La nature marche toujours, elle travaille, parce que Dieu est la vie et qu'il est éternel et que la vie est le mouvement progressif vers le souverain bien, c'est-à-dire vers Dieu lui-même ; et l'homme seul dans la nature arrêterait sa marche pour se trouver brusquement aussi parfait que possible, et sans sa participation, lui qui est créé libre ! Cela est incompréhensible.

Entre deux doctrines, dont l'une amoindrit et l'autre étend les attributs de Dieu, dont l'une est en désaccord et l'autre en harmonie avec la loi du progrès, dont l'une reste en arrière et l'autre marche en avant, le bon sens indique de quel côté se trouve la vérité. Que chacun interroge sa raison : elle répondra, et sa réponse sera confirmée par un guide certain qui ne peut jamais nous tromper : la conscience.

Si notre manière de voir est la bonne, on peut se demander pourquoi la puissance créatrice n'a pas, dès le principe, révélé à l'homme sa véritable nature et ses destinées. Par la même raison que l'on n'enseigne pas à l'enfance ce qu'on enseigne à l'âge mûr. La révélation restreinte était suffisante pendant une certaine période de l'humanité ; Dieu la proportionne aux forces de l'esprit. Ceux qui reçoivent aujourd'hui une révélation plus complète sont les *mêmes Esprits* qui en ont reçu déjà une partielle en d'autres temps, mais qui, depuis lors, ont grandi en intelligence. Avant que la science leur eût montré les forces vives de la nature, la constitution des astres, le véritable rôle et la formation de la terre, auraient-ils compris l'immensité de l'espace, la pluralité des mondes ? Avant que la géologie eût fait connaître la formation de la terre, auraient-ils pu déloger l'enfer de son sein ? Avant que l'astronomie eût découvert les lois qui régissent l'Univers, auraient-ils pu comprendre qu'il n'y a ni haut ni bas dans l'espace, que le ciel n'est pas au-dessus des nuages ni borné par les étoiles ? Avant les progrès de la science psychologique, auraient-ils pu s'identifier avec la vie spirituelle ? Concevoir après la mort une vie heureuse ou malheureuse, autrement que dans un lieu circonscrit et sous une forme matérielle ? Non, comprenant plus par les sens que par la pensée, l'Univers était trop vaste pour leur cerveau ; il fallait le réduire à des proportions moins étendues, sauf à l'élargir plus tard. C'est ce que nous faisons aujourd'hui en démontrant, non pas l'inanité, mais l'insuffisance des premiers enseignements.

Les spirites n'admettent donc pas de paradis, suivant l'acceptation que l'on donne ordinairement à ce mot. Ils ne peuvent comprendre qu'il existe un lieu spécial de délectation spirituelle où les élus soient affligés d'une éternelle *oisiveté*, pas plus qu'ils ne supposent qu'il puisse exister un pénitencier où des âmes seraient éternellement torturées.

Il n'y a, suivant les Esprits, aucune race maudite, et les démons n'existent pas ; il y a des esprits mauvais en très grand nombre, mais ils ne sont pas éternellement voués au mal, et ils ont constamment la faculté de s'améliorer par des réincarnations successives. Dans ce cas encore, le témoignage des faits est formel. Chaque jour, nous sommes à même de constater que des Esprits endurcis reviennent au bien, au moyen des prières que nous faisons pour eux et des exhortations que nous leur adressons. Pour beaucoup de ces malheureux, la situation intolérable dans laquelle ils se trouvent leur semble éternelle. Plongés depuis le moment où ils quittent la terre dans d'épaisses ténèbres, et souffrant horriblement, ils croient que cet état n'aura pas de fin et se désespèrent ; mais, si une sincère pensée de repentir pénètre dans leur cœur, leurs yeux se désillent ils voient leur véritable situation et demandent comme une faveur de revenir sur la terre, pour racheter par une vie d'expiation et de souffrances leurs crimes antérieurs. On constate que dans le monde des esprits il en est qui sont depuis longtemps réfractaires à toute idée de soumission, car ils ont le libre arbitre, mais nous savons que leur tour viendra et que nul ne sera éternellement châtié.

Conclusion

Nous avons suivi pas à pas la longue série des phénomènes spirites depuis les premières manifestations qui eurent lieu en Amérique jusqu'aux magnifiques expériences de Crookes et d'Aksakof. Nous avons été à même de constater que toutes les théories ayant pour but d'expliquer le phénomène par d'autres causes que les Esprits, ont été manifestement reconnues fausses ou insuffisantes. Nous pouvons donc affirmer aujourd'hui que l'immortalité de l'âme est rigoureusement démontrée.

Il résulte aussi de cet exposé que le spiritisme est, avant tout, une science expérimentale ; il ne s'est pas constitué tout d'une pièce sur des idées à priori ; il n'est pas l'œuvre d'un homme ou d'une secte : il est directement le produit de l'observation.

La certitude de l'immortalité de l'être pensant se dégage radieuse de l'étude des faits. Il est prouvé que le moi conscient survit à la mort, que ce qui constitue vraiment l'homme n'est pas atteint par la désagrégation du corps et que, par delà le tombeau, l'individualité humaine persiste dans son intégralité.

C'est ce moi conscient qui acquiert, par sa volonté, toutes les vertus et toutes les sciences qui lui sont indispensables pour s'élever sur l'échelle des êtres. La création n'est pas bornée à la faible partie que nos instruments nous permettent de découvrir ; elle est infinie dans son immensité. Loin de nous considérer comme les habitants exclusifs de notre petit globe, le spiritisme démontre que nous devons être les citoyens de l'Univers.

Nous allons du simple au composé. Partis de l'état le plus rudimentaire, nous nous sommes petit à petit élevés à la dignité d'êtres responsables, chaque connaissance nouvelle que nous fixons en nous nous fait entrevoir des horizons plus vastes nous fait goûter un bonheur plus parfait. Loin de placer notre idéal dans une béate et éternelle oisiveté, nous croyons, au contraire, que la suprême félicité consiste dans l'activité incessante de l'esprit, dans la science de plus en plus grande, et dans l'amour qui se développe pour nos frères, à mesure que nous gravissons la route ardue du progrès.

On comprend que ces idées nous obligent à admettre la pluralité des existences et la négation complète d'un paradis circonscrit ou d'un enfer, quel qu'il soit. Lorsque l'on songe à la possibilité de vivre un grand nombre de fois sur la terre avec des corps humains différents, cette idée semble tout d'abord bizarre; mais, lorsqu'on réfléchit à la somme énorme d'acquis intellectuel que nous devons posséder pour habiter l'Europe, à la distance qui sépare le sauvage de l'homme civilisé, à la lenteur avec laquelle on acquiert une habitude, on voit se dessiner l'évolution des êtres, et l'on conçoit les vies multiples et successives comme une nécessité absolue qui s'impose à l'esprit, aussi bien pour gagner le savoir que pour racheter les fautes que l'on a pu commettre antérieurement. La vie de l'âme, envisagée sous ce point de vue, démontre que le mal n'existe pas, ou plutôt qu'il est créé par nous et qu'il résulte de notre ignorance.

Il existe des lois éternelles que nous ne devons pas transgresser; mais, si nous ne nous y conformons pas, nous avons éternellement la faculté d'effacer par de nouveaux efforts les fautes et les crimes que nous avons commis. C'est par des avatars sans nombre que nous devons tous passer afin de parvenir au bonheur, qui est l'apanage futur de tous les êtres vivants.

Notre philosophie rehausse le cœur; elle considère les malheureux, les déshérités de ce monde, comme des frères auxquels on doit l'appui d'une main secourable. C'est en nous plaçant à ce point de vue que nous croyons qu'une simple question de temps sépare les sauvages les plus abrutis des hommes de génie de nos nations civilisées. Dans le domaine moral, il en est encore de même, et des monstres tels que les Néron et les Caligula, peuvent et doivent dans l'avenir s'élever au degré sublime d'un saint Vincent de Paul.

L'égoïsme est entièrement détruit par le spiritisme. Cette doctrine proclame que nul ne peut être heureux, s'il n'a aimé ses frères et s'il ne les a aidés à progresser moralement et intellectuellement. Dans la lente évolution des existences, nous pouvons être à diverses reprises et réciproquement : père, mère, époux, fils, frères, etc. Et les affections si différentes que font naître ces positions diverses cimentent dans les cœurs les liens si puissants de l'amour. C'est par l'aide mutuelle que nous nous prêtons tous, que nous pouvons acquérir les vertus nécessaires à notre avancement spirituel.

Aucune philosophie ne s'est élevée à une plus haute conception de la vie universelle, aucune n'a prêché une morale plus pure ; c'est pourquoi nous nous nous présentons hardiment au monde, appuyés sur les bases inébranlables de la certitude scientifique.

Le spiritisme est une science progressive : elle se base sur la révélation des esprits et sur l'analyse minutieuse des faits. Nous n'avons ni dogmes ni points de doctrine inébranlables ; en dehors de la communication des vivants et des morts et de la réincarnation, qui sont absolument démontrées, nous admettons toutes les théories rationnelles qui se rattachent à l'origine de l'âme et à son avenir. En un mot, nous sommes des positivistes spirituels, ce qui nous donne une supériorité incontestable sur les autres philosophies, dont les adeptes sont renfermés dans d'étroites limites.

Telle est, dans ses grandes lignes, cette philosophie, que l'on a cherché à avilir par le mensonge et la calomnie. On conçoit que nos idées et notre manière de voir nous placent fort au-dessus des critiques vulgaires, et que nous faisons bon marché des anathèmes lancés contre nous par les ignorants ; mais il est bon de propager nos idées, afin que le soleil de la justice se lève sur nous et permette aux penseurs d'apprécier dans toute sa grandeur cette noble doctrine.

Fin.

Fig. 1. — Expérience d'Aksakow.
Reproduction de le photographie transcendante d'un esprit matérialisé,
obtenue dans une obscurité absolue

Fig. 2. — Expérience d'Aksakow.
Reproduction d'une photographie d'Eglinton et d'un esprit matérialisé obtenue à la lumière du magnésium.

Fig. 3.
Expérience de Zoëllner sur le passage de la matière à travers la matière.

Fig. 4.

Photographie de William Crookes et de l'esprit Katie-King à la lumière du magnésium.

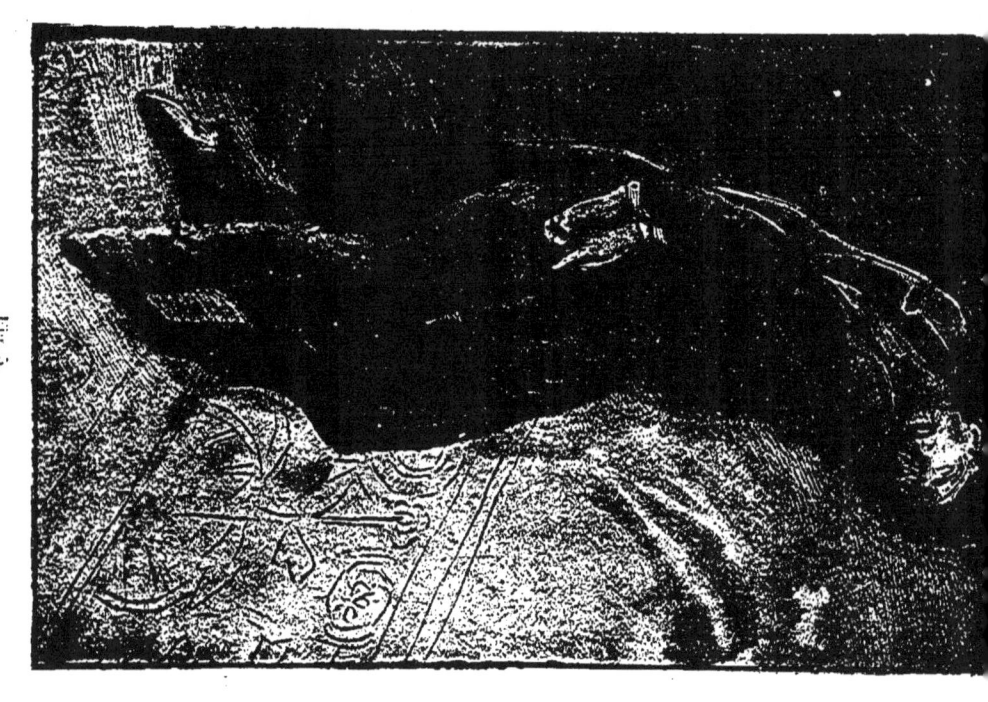

Fig. 5.
Un médium en transe.

Fig. 6 — Une séance obscure.
Lumières qui apparaissent autour des assistants.

TABLE DES MATIÈRES

Préface 1

PREMIÈRE PARTIE

CHAPITRE PREMIER

Antiquité

Le spiritisme est aussi vieux que le monde. — Preuves tirées des Védas. — L'initiation antique. — Phénomène d'évocation chez les Egyptiens, les Hébreux. — En Grèce, les pythonisses. — Les tables tournantes chez les Romains. — Les Sorciers du moyen-âge. — Perpétuité de la tradition à travers les âges. . . 1

CHAPITRE II

Les Temps modernes

La famille Fox, le premier frappeur. — Les persécutions à Rochester. — Développement considérable du phénomène. — Ses multiples aspects. — Les savants étudient. — Le professeur Mapes. — Le juge Elmonds. Robert Hare. — Les expériences. — Robert Dale Owen. — Le spiritisme à l'heure actuelle. — En Angleterre : Les recherches de Crookes. — La Société dialectique de Londres. — Les témoignages d'Alfred Wallace, Varley, de Morgan, Oxon, Dr Sexton, Dr Chambers, Dr Gully. — En France : Travaux du baron de Guldenstubbé. — L'œuvre d'Allan Kardec. — Les adversaires du Spiritisme. — Agénor de Gasparen, Thury, des Mousseaux, Chevillard. etc. — Les adhésions d'hommes célèbres. — Etat actuel. — En Allemagne : Les recherches du Dr Kerner, les faits de Mottlingen, les expériences de Zoëllner, Fechner, Ulrici. — Enumération des spirites illustres dans le reste de l'Europe. — Les principaux journaux qui traitent de la doctrine. — Importance du mouvement. — Résumé 9

DEUXIÈME PARTIE

CHAPITRE PREMIER

La Force psychique

Le Spiritisme chez Victor Hugo. — Premières objections. — Enlèvement de la table sans contact. — Rapport de la Société dialectique de Londres. — Mesures de la force psychique. — La lévitation humaine. — La Médiumnité. 47

CHAPITRE II.

L'Intelligence et la Force psychique

Les phénomènes ne sont pas dus à une force aveugle. — Quelques expériences le prouvent. — Les objections des incrédules. — La transmission de la pensée. — Recherches de la Société psychique de Londres. — Discussion. — Preuve absolue de l'existence des Esprits. — Les enfants morts dans l'Inde. — Un télégraphiste d'outre-tombe. — La planchette clairvoyante. — Le cas d'Abraham Florentine. — Le tailleur écrasé — Le capitaine Wheatcroft 83

CHAPITRE III

Médiumnités diverses

Les médiums écrivains. — Quelques communications remarquables — Fables, vers, musique. — Incorporations ou incarnations. — Un garçon de comptoir. — La fille du juge Edmonds. — Anesthésie pendant la transe. — Les objections. — M. Binet. — Les expériences de M. Janet. — Médiumnité voyante. — Médiumnité auditive. — Ecriture directe ou psychographie. — Expériences de Wallace, Oxon, Zoëllner. — Le Dr Gibier. — En Amérique. — Remarques. 112

CHAPITRE IV

Spiritisme transcendantal

Désagrégation de la matière. — Les expériences de Crookes et de Zoëllner. — Les recherches de Wallace, les apports. — Apparitions lumineuses. — Apparitions de mains lumineuses par elles-mêmes ou visibles à la lumière ordinaire. — Formes et figures de fantômes. — Les matérialisations. — Les Expériences de Crookes avec l'esprit Katie-King. — Formation lente d'une matérialisation. — La photographie spirite — Photographies d'Esprits reconnus par les parents. — Médiumnité voyante et Photographie d'Esprits. — Les Expériences d'Aksakof. — Photographies transcendantes en pleine obscurité — Photographies transcendantes en plein jour. — Photographies du médium et d'une forme matérialisée à la lumière du magnésium. — Remarques de M. Aksakof. — Empreintes et moulages de formes matérialisées. — Expériences à Naples, en Amérique, en Angleterre, en Allemagne. — Le Spiritisme et la Psychiatrie. — Expériences de Lombroso à Naples. — L'explication du célèbre professeur. — Réfutation. 162

TROISIÈME PARTIE

Conseils aux Médiums et aux Expérimentateurs

Recueillement. — Homogénéité de pensées. — Régularité. — Patience. — Circonspection vis-à-vis des Esprits qui se manifestent. — Identité des Esprits. — Se défier des grands noms. — Raisons pour lesquelles les esprits appelés ne se manifestent pas. 272

QUATRIÈME PARTIE

La Doctrine spirite

Matérialisme et Spiritisme. — L'Esprit dans l'espace. — Les vies successives. — Preuves de la réincarnation. — Conclusion. 281

OUVRAGES A CONSULTER

Allan Kardec.	Le Livre des Esprits.
	Le Livre des Médiums.
	L'Evangile selon le Spiritisme.
	Le Ciel et l'Enfer.
	La Genèse, les Miracles et les Prédictions.
d° (abrégés)	Qu'est-ce que le Spiritisme ?
	Le Spiritisme à sa plus simple expression.
	Résumé de la loi des phénomène spirites.
	Caractère de la révélation spirite.
D{}^r Paul Gibier.	Le Spiritisme (Fakirisme occidental).
	Analyse des choses : physiologie transcendantale.
William Crookes.	Recherches sur le spiritualisme.
Léon Denis.	Après la Mort. — Exposé de la philosophie des Esprits. — Ses bases scientifiques et expérimentales. — Ses conséquences morales.
Gardy.	Cherchons.
Alex. Bellemare.	Spirite et Chrétien.
J.-W. Draper.	La Science et la Religion.
Eug. Nus.	Choses de l'autre monde.
	Les Grands Mystères.
De Rochas.	Extériorisation de la sensibilité.
	Extériorisation de la motricité.
	Un cas de dématérialisation partielle du corps d'un médium.
	Recueil de documents relatifs à la lévitation.

Anonymes.	Les Origines et les Fins (par médiumnité de trois dames lyonnaises).
Eug. de Bonnemère.	L'Ame et ses manifestations.
	Le Roman de l'avenir.
Rossi de Giustiniani.	Le Spiritualisme dans l'histoire.
Michel Bonnamy.	La Raison du Spiritisme.
Tournier.	Le Spiritisme devant la Raison (les faits, la doctrine).
Léon Denis.	Pourquoi la vie ? Ce que nous sommes. D'où nous venons. Où nous allons.
***	Congrès spirite et spiritualiste de 1889.
D' Wahu.	Le Spiritisme dans l'antiquité et dans les temps modernes.
M'me Bourdin.	La Médiumnité au verre d'eau.
	Les Deux Sœurs.
	La Consolée.
	Pour les Enfants.
M***.C***.	Instruction pratique pour l'organisation des groupes spirites.
***	Procès des Spirites.
Marc Baptiste.	Lettres à Marie sur le Spiritisme.
	Lettres aux paysans sur le Spiritisme.
H. Stecki.	Le Spiritisme dans la Bible.
Timoléon Jaubert.	Les Deux Commandements du Christ, suivis de fables, contes, sonnets.
D.-D. Home.	Révélations sur ma vie surnaturelle.
André Pezxani.	La Pluralité des existences de l'âme.
Cam. Flammarion.	La Pluralité des mondes habités.
	Dieu dans la nature.
	Discours prononcé sur la tombe d'Allan Kardec.

Cam. Flammarion.	Les habitants de l'autre monde.
A. de Gasparin.	Les Tables tournantes.
Louis Figuier.	Le Lendemain de la mort.
	Histoire du Merveilleux dans les temps modernes.
De Guldenstubbé.	Pneumatologie positive.
	La Réalité des Esprits.
G. des Mousseaux.	Mœurs et pratiques des démons ou esprits visiteurs.
De Mirville.	Des Esprits et de leurs manifestations diverses.
Jean Reynaud.	Terre et Ciel.
Dr Friese.	Stimmen aus dem Reich der Geister.
Max. Perty.	Die mystischen Erschenungen.
	Der jetzige Spiritualismus.
Von Fichte.	Der neue Spiritualismus, sein Werth und seine Taüschungen.
Zollner.	Wissenschaftliche Abhandlungen.
	Naturwissenschaft und christliche Offenbarung.
W.-H. Harrison.	Psychic Facts.
M. A. (Oxon).	Psychography.
	Spirit Identy.
Mrs H. Britten.	History of Modern American Spiritualism.
Robert Hare.	Experimental Investigations of the Spirit Manifestations, demonstrating the Existence of Spirits, and their Communications with Mortals.
R. Dale Owen.	Foot-falls on the Boundary of Another World.
Dial. Soc. Commit.	Report on Spiritualism.
A. R. Wallace.	On Miracles and Modern Spiritualism.

Vannes. — Imprimerie Lafolye, 2, place des Lices.

OUVRAGES DU MÊME AUTEUR

Le Spiritisme devant la Science. . . . . 3.50.
L'Évolution Animique 3.50
Le Périsprit (*sous presse*) 3.50

La Revue Scientifique et Morale du Spiritisme

Mensuelle, Illustrée, Directeur, M. DELANNE

Prix : 7 fr. en France — 10 fr. Étranger

Tient ses lecteurs au courant du mouvement spirite dans le monde entier. Les travaux des savants modernes y sont soigneusement analysés et elle compte parmi ses rédacteurs les écrivains les plus autorisés dans cette branche nouvelle de la science.

Bureau de la Revue : 5, rue Manuel, Paris.

Vannes. — Imprimerie LAFOLYE, 2, place des Lices.

www.ingramcontent.com/pod-product-compliance
Lightning Source LLC
Chambersburg PA
CBHW060452170426
43199CB00011B/1176